Vocabulaire philosophique

ARMAND CUVILLIER

Vocabulaire philosophique

ARMAND COLIN

Dans Le Livre de Poche :

COURS DE PHILOSOPHIE, *tomes 1 et 2.*

© Librairie Armand Colin, 1956.

AVANT-PROPOS

Parmi les difficultés qui attendent le débutant au seuil des études philosophiques, celles qui viennent du langage ne sont pas les moindres.

De tout temps, les philosophes ont eu leur langue spéciale, et l'on trouvera par exemple dans cet ouvrage l'indication du sens scolastique *de certains termes qui ne sont plus aujourd'hui d'usage très courant, encore que certains d'entre eux (par exemple quand on parle de quelque chose qui n'existe qu'« en puissance ») persistent — et d'ailleurs fort utilement — dans notre langage actuel. On a souvent contesté à la philosophie le droit d'user de ce langage spécial et l'on a écrit des livres entiers pour démontrer qu'elle devait parler « comme tout le monde ». Nous n'hésitons pas à dire qu'il y a là, selon nous, une erreur, et une erreur très grave : car elle implique une complète méconnaissance de la tâche propre de la pensée philosophique. A notre sens, la philosophie est essentiellement un effort pour se libérer des confusions verbales et pour atteindre à la pensée claire, c'est-à-dire à la probité intellectuelle : car la pensée confuse est une pensée qui ne croit pas à sa propre valeur, et qui, par suite, ne fait pas l'effort nécessaire pour se clarifier. Qu'on veuille bien se reporter à quelques articles de ce petit* Vocabulaire *tels que les articles* cœur, croyance, esprit, idée, liberté, sentiment, *et même — qu'on nous pardonne ! —* exister, *et l'on constatera la multitude de sens différents, parfois opposés, qu'un même mot peut véhiculer avec lui. Le « sens commun » ne se soucie guère de distinctions rigoureuses et le langage courant ne fait que refléter cette confusion de pensée. Il reste donc vrai que la philosophie, autant et plus que toute autre discipline intellectuelle, a besoin d'un langage technique.*

Encore ne faut-il point en abuser. Certains auteurs contemporains semblent se complaire à entourer leur pensée de barbelés terminologiques qui en défendent l'accès aux profanes. Déjà, lorsque les logiciens nous parlent de « discours apophantique » ou d'« induction épagogique », nous concevons fort bien qu'un débutant reste perplexe. Mais ce sont surtout la phénoménologie et l'existentialisme qui ont fait preuve, en ce domaine, d'une virtuosité qui ne fut pas toujours du meilleur aloi. Ce n'est pas, en tout cas, sans une sérieuse initiation préalable, qu'on peut arriver à se débrouiller parmi les contenus hylétiques, les modalités doxiques, la noèse et le noème, l'existentiel et l'existential, l'ontique et l'ontologique, etc.

Il est pourtant, dans le langage philosophique contemporain, un autre obstacle plus grave encore, parce que moins évident. Comme le remarquait récemment M. Léon Bérard dans son livre Science et humanisme, *publié en commun avec le professeur Pasteur Vallery-Radot, l'usage s'est établi d'employer « quantité de mots tirés de notre vieux vocabulaire, mais pris dans un sens nouveau et mystérieux :* présence, témoignage, engagement, structures », *à tel point qu'« on s'applique, pourrait-on croire, à ne plus appeler les choses par leur nom ». Même les mots techniques du langage philosophique traditionnel sont aujourd'hui galvaudés en des significations presque directement contraires à celles qu'on leur donnait jusqu'ici (voir par exemple les articles* Profond *et* Transcendant*).*

Les philosophes eux-mêmes, ceux du moins qui demeurent fidèles aux exigences de la pensée claire, en même temps qu'au génie de cet « idiome réputé pour sa loyauté, sa probité vigoureuse » qu'est la langue française, n'ont pas manqué de dénoncer ces équivoques. Dans l'un de ses derniers livres, Héritage de mots, héritage d'idées, *Léon Brunschvicg parlait de ce mot de* dialectique *que l'on charge aujourd'hui « de significations suffisamment obscures et diverses pour qu'y soit sous-entendu le pouvoir de tout contredire comme de tout concilier » et il signalait ce « désir de total égarement » qui*

Avant-propos

pousse certains de nos contemporains à brouiller la valeur des termes en jouant avec « la scintillation de leurs sens ». Notre maître André Lalande a protesté lui aussi contre ce goût de l'équivoque et cette « obscurité verbale qui donne l'illusion de la profondeur ».

La chose se complique encore du fait de cette défrancisation *du langage philosophique qui amène certains de nos jeunes philosophes à ne plus pouvoir s'exprimer, semble-t-il, qu'en farcissant un français approximatif de termes calqués sur l'anglais et surtout l'allemand. On ne dit plus* recherche : *on dit* approche *(par imitation de l'anglais* approach*) ; on ne dit plus* état de fait, *on dit* facticité *(par imitation de l'allemand* Faktizität*), et j'imagine le nombre de contresens qu'a dû entraîner chez les non-initiés ce terme ainsi employé en un sens exactement opposé à celui qu'il a en bon français !*

Nous nous sommes efforcé, dans ce Vocabulaire, *d'aplanir pour les débutants — et peut-être aussi pour d'autres qui veulent y voir clair — toutes ces difficultés, en donnant des définitions abordables tant des principaux termes philosophiques que de certains mots du langage courant qui peuvent être pris en un sens philosophique. Nous avons même introduit quelques termes étrangers, tels que* aufheben, Erlebnis, Dasein, Gestalt, pattern, *etc., dans leur langue d'origine, parce qu'ils sont parfois employés ainsi, ce qui, après tout, vaut peut-être mieux que de les accoutrer en un français douteux. Nous avons enfin, le plus souvent, éclairé ces définitions par de courts exemples précisant leur emploi. Il va de soi que nous avons utilisé pour ce travail les ouvrages plus considérables tels que le si précieux* Vocabulaire technique et critique de la philosophie *d'A.* LALANDE *et le* Vocabulaire de la psychologie *d'H.* PIÉRON, *et nous leur avons même fait quelques emprunts directs, indiqués par le nom de leur auteur entre parenthèses.*

Signes et abréviations

EN TÊTE DES ARTICLES

L'*étymologie* est indiquée entre [ ] :

[G. signifie : Du grec. [All. signifie : De l'allemand.
[L. signifie : Du latin. [Angl. signifie : De l'anglais.

DANS LE CORPS DES ARTICLES

1. Les abréviations suivantes indiquent les disciplines au langage desquelles le mot est emprunté :

Biol. – Biologie.
Car. – Caractérologie, psychologie des caractères.
Crit. – Critique ou théorie de la connaissance.
Éc. pol. – Économie politique.
Éc. soc. – Économie sociale.
Épist. – Épistémologie.
Esth. – Esthétique.
Ethn. – Ethnologie.
Hist. – Histoire de la philosophie.
Jur. – Droit.
Ling. – Linguistique.
Log. – Logique.
Log. form. – Logique formelle.
Math. – Mathématiques.
Méd. – Médecine.
Méta. – Métaphysique, philosophie générale.
Mor. – Morale.
Péd. – Pédagogie.
Phol. – Physiologie.
Phys. – Sciences physiques.
Pol. – Politique.
Psycho. – Psychologie.
Ps. an. – Psychanalyse.
Ps. métr. – Psychométrie.
Ps. path. – Psychologie pathologique.
Ps. phol. – Psycho-physiologie.
Ps. phys. – Psychophysique.
Soc. – Sociologie.
Techn. – Technique.
Théol. – Théologie.
Vulg. – Sens vulgaire, courant.

Abréviations

2. Les chiffres en caractères gras **(1, 2)** distinguent les différentes acceptions du mot ;

3. Le signe * indique les mots définis à leur ordre alphabétique et auxquels il y a lieu de se reporter pour plus complète explication ; lorsque ces mots présentent plusieurs acceptions, l'étoile est remplacée par un chiffre mis en exposant (ex. : *absolu*^{2}) qui détermine le sens qu'il convient de choisir ;

4. Les termes contraires (Ctr.), opposés (Opp.) ou synonymes (Syn.) sont indiqués entre ( ) ;

5. Le signe ☞ désigne les impropriétés, confusions, incorrections, le plus souvent commises et contre lesquelles on doit se tenir en garde ;

6. Les signes suivants indiquent certaines nuances de sens :

○ Sens abstrait	● Sens concret
□ Sens subjectif	■ Sens objectif
△ Doctrine, théorie, ou : sens normatif	▲ État de fait, ou : sens positif.
	= Équivalent à.

7. Les références aux textes sont données à l'aide des abréviations suivantes :

Bergson, *D. I.*, Données immédiates de la conscience.
Bergson, *2 Sources*, Les Deux Sources de la morale et de la religion.
Bergson, *E. C.*, L'Évolution créatrice.
Bergson, *E. S.*, L'Énergie spirituelle.
Bergson, *Mat. et Mém.*, Matière et Mémoire.
Bergson, *P. M.*, La Pensée et le mouvant.
Bull., Bulletin de la Société française de Philosophie, A. Colin édit.
C. C., Code civil (le chiffre est le numéro de l'article du Code).
Comte, *Cours*, Cours de philosophie positive.
Descartes, *Méd.*, Méditations métaphysiques.
Descartes, *Méth.*, Discours de la méthode.
Descartes, *Princ.*, Principes de la philosophie.
Descartes, *Reg.*, Regulae ad directionem ingenii.

Descartes, *Rép.*, Réponses aux Objections (Méditations).
Kant, *Jug.*, Critique du jugement.
Kant, *R. pr.*, Critique de la raison pratique.
Kant, *R. pure*, Critique de la raison pure.
Kant, *R. pure*, Analyt., Analytique transcendantale.
Kant, *R. pure*, Esth., Esthétique transcendantale.
Kant, *R. pure*, Dial., Dialectique transcendantale.
Kant, *R. pure*, Log., Logique transcendantale, introduction.
Leibniz, *Mon.*, Monadologie.
Leibniz, *N. E.*, Nouveaux Essais.
Leibniz, *Théod.*, Théodicée.
Malebranche, *Écl.*, Éclaircissements à la Recherche de la vérité.
Malebranche, *Entr.*, Entretiens sur la Métaphysique.
Malebranche, *R. V.*, Recherche de la vérité.
Montesquieu, *Lois*, De l'Esprit des lois.
Pascal, « Pensées » (le chiffre indique le n° du fragment dans l'édition Brunschvicg).
Pascal, *Prov.*, Provinciales.
Port-Royal, Logique de Port-Royal.
R. M. M., Revue de Métaphysique et de Morale, A. Colin édit.
R. ph., Revue philosophique, P. U. F. édit.
Spinoza, *Eth.*, Éthique.
Saint Thomas, *S. th.*, Somme théologique.

AUTRES ABRÉVIATIONS

Adj. – Adjectif.
Anal. – Par analogie.
Auj. – Aujourd'hui.
Autref. – Autrefois.
Cf. – Se reporter à.
Ctr. – Contraire.
Dist. – Distinguer (de), ne pas confondre (avec).
Ext. – Par extension.
Gén. – Généralement, en général.
Ibid. – [*Ibidem*] Même référence.
Id. – [*Idem*] Même auteur.
I. e. – [*Id est*] C'est-à-dire.
L. – Lettre.
Lang. – Langage.
Lato. – Au sens large.
Latiss. – Au sens très large.
Laud. – Avec un sens laudatif, élogieux.
Not. – Notamment.
Opp. – Par opposition à.
Péj. – Avec un sens péjoratif.
Ppt. – Proprement.
Qq. – Quelque.
Qqc. – Quelque chose.
Qqfs. – Quelquefois.
Qqn. – Quelqu'un.
Spéc. – Spécialement.
Str. – Au sens étroit, précis.
Trad. – Traduction de.
Vg. – [*Verbi gratia*] Par exemple.

Les références à notre *Cours de philosophie* (Le Livre de Poche n°s 4053 et 4054) ont été indiquées à l'aide des abréviations Ph. I *ou* II.

Vocabulaire
philosophique

A

A. – *Log. form.* Désigne les propositions universelles* affirmatives : « Tous les hommes sont mortels » est une « proposition en A ».

Abaque [L. *abacus*, boulier-compteur]. – *Math.* **1.** *Autref.*, instrument à compter. – **2.** *Auj.*, tableau de courbes permettant la détermination de certaines grandeurs par le recoupement des tracés (cf. Ph. I, p. 446).
☞ Ce mot est du *masculin*.

Abduction – *Log. form.* Syllogisme dont la mineure n'est que probable.

Aberration. – *Psycho.* **1.** Se dit de toute activité détournée de son but naturel : « Les aberrations de l'instinct ». – *Vulg.* **2.** Égarement : « Il y a des moments d'aberration dans les multitudes » (Lamartine).

Aboulie [G. *a* privatif et *boulesthai*, vouloir]. – *Ps. path.* Impuissance anormale de la volonté, soit par insuffisance de « l'incitation psychique » (Baruk), soit par incapacité de la pensée réfléchie de passer à l'acte : « Le mot *aboulie* ne désigne pas la suppression d'une action quelconque : il désigne exactement la suppression de l'action *réfléchie* » (Janet).

Abréaction. – *Ps. an.* Décharge émotionnelle permettant au sujet de se libérer d'un choc ancien qui n'avait pu aboutir à une réaction satisfaisante. Cf. *Catharsis.*

Absolu [L *ab, solutum*, séparé de]. – *Crit.* et *Méta.* (Ctr. : *relatif**). **1.** Qui a en soi-même sa raison d'être ; qui, par suite, n'a besoin, ni pour être conçu, ni pour exister, d'aucune autre chose ; qui est en* soi et par* soi : « Dieu est l'Être absolu ». – *Spéc.*, qui a en soi sa raison d'être « en tant que parfait, achevé, total » (Hamilton). *Chez Schelling :* « l'Absolu » est l'Être universel en qui matière[2] et forme[2], sujet[4] et objet[5], pensée et nature sont identiques. – **2.** Qui est indépendant de tout point de repère conventionnel : « Mouvement absolu ». *Espace absolu :* indépendant des objets qui le remplissent. *Temps absolu :* indépendant des phénomènes qui s'y passent. –

3. (Syn. : *a priori**). Indépendant de l'expérience : « Des vérités absolues, c'est-à-dire indépendantes de la réalité » (Cl. Bernard). – *Vulg.* 4. Qui ne comporte aucune limite, aucune restriction ni réserve : « Pouvoir absolu », « Nécessité absolue ». – *Math.* 5. La *valeur absolue* d'un nombre algébrique est la valeur arithmétique de ce nombre considéré indépendamment de son signe.

Abstraction. – *Psycho.* 1. ○ Opération intellectuelle qui consiste à abstraire*. – 2. ● Produit de cette opération : « Un point géométrique est une abstraction de l'esprit » (Voltaire).

Abstraire [L. *abs. trahere*, retirer de]. – *Psycho.* Isoler, pour le considérer à part, un élément d'une représentation* qui n'est pas donné séparément dans la réalité : « Abstraire, c'est intellectualiser ou spiritualiser les données sensibles en les dématérialisant, en laissant tomber les particularités individuelles » (A. Marc).

Abstrait. – *Psycho.* et *Log.* 1. (Ctr. : *concret*). Qui constitue une abstraction[2]. Une idée est « plus ou moins abstraite » qu'une autre, selon que sa compréhension[2] est plus ou moins restreinte que celle de cette autre. ☞ Ne pas dire qu'un phénomène psychique est « abstrait » sous prétexte qu'il n'est pas perceptible par les sens (voir *Concret**). – *Épist.* 2. *Sciences abstraites.* Expression équivoque qui désigne : *a)* soit, *dans le lang. courant,* les Mathématiques, la Physique mathématique, qqfs. même la Logique et la Métaphysique ; – *b)* soit, *chez Aug. Comte*, les sciences qui ont pour objet « la découverte des lois qui régissent les diverses classes de phénomènes », opp. aux *sciences concrètes* qui appliquent ces lois « à l'histoire effective des différents êtres existants » : en ce sens, même la Physiologie et la Sociologie sont abstraites ; – *c)* soit, *chez Spencer*, celles qui traitent « des formes sous lesquelles les phénomènes nous apparaissent » (Logique et Mathématiques), opp. aux *sciences abstraites-concrètes* qui étudient « les phénomènes eux-mêmes dans leurs éléments » (mécanique, physique, chimie), et aux *sciences concrètes* qui traitent des phénomènes « considérés dans leur ensemble » (astronomie, géologie, biologie, psychologie, sociologie).
– *Esth.* 3. *Art abstrait* (Ctr. : *figuratif*) : celui qui vise à produire l'effet esthétique par la seule combinaison des formes ou des couleurs sans chercher à reproduire la réalité sensible.

Absurde. – *Log.* 1. Contradictoire[3]. ☞ *Dist.* faux : le faux peut ne pas être absurde. – 2. *Démonstration par l'absurde :* celle qui démontre une proposition en prouvant que sa contradictoire[1] est absurde ou (*vg.* en Math.) contradictoire[1] avec l'hypothèse[2]. – **3.** *Réduction à l'absurde :* opération qui consiste à tirer d'une proposition une conséquence absurde, ce qui montre la fausseté de cette proposition.

– *Méta.* **4.** Dans le lang. philosophique contemporain, le sens de ce terme a été étendu par les existentialistes jusqu'à désigner, soit la pure *facticité*[2] ou l'*étrangeté* de l'univers (Kierkegaard, Heidegger, Camus), soit le *non-sens* (Sartre), la condamnation à l'*échec* (Jaspers) ou le *mystère*[3] (G. Marcel) de l'existence humaine : « Cette épaisseur et cette étrangeté du monde, c'est l'absurde » (Camus).

Académie. – *Hist.* École philosophique de Platon. – *Nouvelle Académie :* école probabiliste* d'Arcésilas, Carnéade, etc. D'où, qqfs, au XVIIe siècle : « les Académiciens » = les sceptiques.

Acceptation. – *Ps. an.* Attitude qui consiste à résoudre par une intégration[2] psychique, *not.* par la socialisation de sa personnalité, un conflit opposant le sujet[5] à une situation donnée.

Accident. – *Méta.* **1.** (Opp. : *essence**). Ce qui peut être modifié ou supprimé sans que la chose elle-même change de nature ou disparaisse : « Le poids, la couleur et tous accidents sensibles » (Montaigne) ; « Les déterminations d'une substance qui ne sont rien d'autre que de ses manières particulières d'exister, s'appellent *accidents* » (Kant, *R. pure*, Analyt., II, 2, 3, 1re analogie de l'expérience). Cf. *Forme*[1b].

– *Log. form.* **2.** *Conversion par accident :* conversion* de l'universelle affirmative en particulière affirmative. – **3.** *Sophisme de l'accident :* celui qui consiste à prendre un accident[1] pour une qualité essentielle (*vg.* définir la matière[4] par l'état solide).

Accommodation. – *Soc.* Processus social conduisant à la cessation des conflits entre individus ou entre groupes.

Accoutumance. – *Biol.* Modification contractée par un être vivant sous l'influence d'un agent extérieur et qui fait que celui-ci ne l'affecte plus comme au début.

Acculturation. – *Soc.* Terme employé par les sociologues américains pour désigner les changements qui s'effectuent dans la civilisation d'un groupe mis en contact avec un autre, surtout si ce dernier est de civilisation supérieure.

Achromatopsie [G. *a* privatif ; *chrôma*, couleur ; *opsis*, vision]. – *Ps. phol.* Anomalie de la vision dans laquelle le sujet ne perçoit pas les couleurs.

Acmè [mot grec]. – Point culminant (de la vie, d'un désir, etc.).

Acquis. – *Biol.* **1.** (Ctr. : *congénital**, *inné**). *Caractères acquis :* ceux qui apparaissent chez l'être vivant au cours de son existence (*opp.* à ceux qu'il a en naissant).

– *Psycho.* **2.** (Ctr.: *immédiat*², *inné**). Qui est le fruit de l'expérience² ou d'un travail mental.

Acroamatique [G. *acroasthai*, entendre]. – *Hist.* S'est dit d'abord des écrits d'Aristote réservés à ses disciples. D'où *ext.* : ésotérique*.

Acte. – *Vulg.* **1.** Tout exercice d'un pouvoir matériel ou spirituel : « Un acte d'attention » ; « Un acte moral ». Cf. *manqué**.
– *Méta.* **2.** (Ctr.: *puissance*²). *Chez Aristote :* l'être pleinement réalisé (*opp.* à l'être en voie de devenir) : *vg.* la plante est l'*acte* de la graine. *Acte pur :* Dieu, parce qu'il est soustrait au devenir (voir *Forme*¹). – **3.** *Chez Lavelle :* l'être lui-même considéré dans l'unité de son action : « L'acte n'est point une opération qui s'ajoute à l'être, mais son essence même. »

Action. – *Vulg.* **1.** ○ Activité¹, exercice d'un pouvoir quelconque : « L'action de la volonté ». — **2.** ● Ensemble de gestes coordonnés en vue d'une fin : « Une bonne action ».
– *Mor.* et *Méta.* **3.** (Ctr.: *spéculation, théorie.* Syn. *pratique*³). Ensemble de tous nos actes et principalement de nos actes volontaires ; conduite humaine. – **4.** *Chez Maurice Blondel :* « L'action est la synthèse du vouloir, du connaître et de l'être. » Cf. Le Roy (*R. M. M.*, 1901) : « Il faut séparer plusieurs sens du mot *action*. Il y a l'action *pratique*¹, l'action *discursive* et l'action *profonde*. La première engendre le sens commun ; la seconde règle la science ; c'est la troisième qui doit servir de critère en philosophie. »
– *Math.* **5.** En Mécanique : produit de l'énergie par le temps. *Principe de moindre action :* principe selon lequel l'action⁵ est toujours minimum. – Cf. *Quantum** et *Réaction*¹.

Activisme. – *Crit.* △ Doctrine qui, sans accepter les conclusions du pragmatisme*, fait de la vérité « une affaire de vie et d'action plutôt que de pur intellect » (Eucken).

Activité. – *Vulg.* **1.** Tout exercice d'une force, d'un pouvoir quelconque : « L'activité sociale ».
– *Psycho.* **2.** *Str.* (Opp.: *affectivité*² et *connaissance*¹). Ensemble des phénomènes psychiques tendant à l'action², tels que tendance, instinct, habitude, désir, volonté. – **3.** *Lato.* (Ctr.: *passivité*). Aspect très général de la vie psychique qui se révèle aussi bien dans les faits d'affectivité et de connaissance que dans les précédents : « Je suis actif quand je juge » (Rousseau).

Actualiser. – Faire passer de la puissance² à l'acte².

Actualisme. – *Hist.* △ Doctrine (*not.* de G. Gentile) selon laquelle toute réalité est immanente à l'acte créateur et libre de l'Esprit ; d'où résulte que l'homme doit se dégager de l'individualité pour s'intégrer au « Moi » absolu.

Actuel. – *Vulg.* **1.** (Opp. : *passé* ou *futur*). Présent : « L'époque actuelle » ; « La pensée religieuse ne s'exerce que dans l'actuel » (G. Marcel).
— *Méta.* **2.** (Syn. : *formel*[1]. Ctr. : *potentiel, virtuel*). Qui est *en acte*[2], pleinement réalisé : « Tout ce qui est actuel, peut être conçu comme possible » (Leibniz).
— *Phys.* **3.** Cf. *Énergie**.
— *Théol.* **4.** *Grâce actuelle :* celle que Dieu accorde comme secours momentané (opp. *grâce habituelle* ou *sanctifiante* : celle qui réside dans l'âme de façon permanente).

Acuité sensorielle. – *Ps. phol.* Finesse, pouvoir de discrimination* des sens : « L'acuité tactile ».

Adaptation. – *Phol.* **1.** Ensemble des mouvements par lesquels un organe se prête à sa fonction.
— *Biol.* **2.** Ensemble des modifications que subit ou effectue un être vivant pour se mettre en harmonie avec ses conditions d'existence.
— *Soc.* **3.** Équilibre de l'accommodation* et de l'assimilation* (Piaget).

Adéquat. – *Ps. phol.* **1.** *Excitant adéquat* d'un organe : celui qui agit normalement sur cet organe (*vg.* pour la vue, la lumière).
— *Crit.* **2.** Qui correspond parfaitement à son objet. – **3.** *Chez Spinoza,* « idée adéquate » : celle qui, considérée en elle-même, a toutes les propriétés intrinsèques de l'idée vraie (*Éth.,* II, déf. 4).

Adéquation. – Correspondance exacte. Les Scolastiques* définissaient la vérité « l'adéquation de l'objet et de l'entendement ».

Adjectif. – *Méta. Chez F. H. Bradley :* caractère du *what* (prédicat) qui vient « s'ajouter » au *that* (sujet concret). – Voir Ph. I, p. 168.

Adventices (Idées). – *Hist. Chez Descartes :* représentations[1] qui nous arrivent par les sens : « Entre mes idées[4], les unes me semblent être nées avec moi ; les autres, être étrangères et venir du dehors ; et les autres, être faites et inventées par moi-même » (*Méd.,* III) ; les premières sont les *idées innées* ; les secondes, les *idées adventices* ; les troisièmes, les *idées factices*.

Affect. – *Psycho.* État affectif* élémentaire.

Affectif. – *Psycho.* Les « phénomènes affectifs » sont les phénomènes de la sensibilité[3], considérés simplement en tant qu'ils affectent notre moi d'une certaine manière (*vg.* agréable, désagréable, plaisir, douleur, sentiments, émotions, etc.) : « Beaucoup de sensations représentatives ont un caractère affectif » (Bergson, *D. I.*).

Affection. – *Méta.* **1.** *Autref.* (not. chez Spinoza), Manière d'être,

modification d'un être considéré comme passif : « Les affections de la haine, de la colère, de l'envie, etc., considérées en soi, résultent de la même nécessité de la nature que les autres choses singulières » (*Eth.*, III).
– *Psycho.* 2. (Vulg.) Sentiment tendre : « Avoir de l'affection pour qqn ». – 3. État affectif. – 4. *Chez Maine de Biran :* « affection simple » (syn. : *affectivité pure*), état « purement sensitif » auquel l'homme se trouve réduit quand il n'a pas encore ou qu'il n'a plus aucune conscience de sa personnalité.

Affectivité. – *Psycho.* 1. Ensemble des phénomènes affectifs*. – 2. Fonction psychique correspondant aux phénomènes affectifs*. – 3. *Affectivité pure :* cf. *Affection*[4].

Afférent. – Voir *Centre**.

Affirmation. – *Log.* (Ctr. : *négation*). 1. ○ Acte d'affirmer*. – 2. ● Produit de cet acte ; proposition affirmative : « Une affirmation ». ☞ *Dist.* assertion*, et cf. *Assertorique** et *Catégorique**.

Affirmer. – *Psycho.* et *Log.* Poser un rapport ou une existence comme vrais : « Une proposition est rarement affirmée avant d'avoir été niée » (Piaget).

A fortiori. – *Log.* A plus forte raison. *Raisonner a fortiori,* c'est raisonner du plus au moins, de l'universel au particulier, du général au spécial : *vg.* « Si la médisance est condamnable, la calomnie, qui est une médisance doublée d'un mensonge, l'est aussi ».

Agapè [mot grec]. – L'amour-charité[1] (opp. *Érôs*[2]).

Agent. – *Phys.* 1. Force considérée comme une forme spéciale de l'énergie : « Les agents physiques », la lumière, la vapeur, l'électricité, la chaleur, etc.
– *Mor.* 2. *Agent moral :* l'être raisonnable en tant qu'il est soumis à la loi morale.
– *Psycho.* 3. Voir *Intellect*[2].
– *Méta.* 4. Tout être en tant qu'il exerce une action[1] : « Bien que l'agent et le patient soient souvent fort différents... » (Descartes).

Agnosie [G. *a* priv. et *gnôsis*, connaissance]. – *Ps. path.* Amnésie perceptive consistant dans l'« incapacité de reconnaître les objets ou les symboles usuels » (Lalande). Elle peut être visuelle (cécité psychique), auditive (surdité psychique) ou tactile. ☞ *Dist.* apraxie*.

Agnosticisme [G. *agnôstos*, inconnaissable]. – *Crit.* △ Doctrine selon laquelle le fond des choses est inconnaissable pour l'esprit humain. ☞ *Dist.* scepticisme*, et cf. *Relativisme** et *Subjectivisme**.

Agoraphobie [G. *agora*, place publique, et *phobos*. peur]. – *Ps. path.* Peur maladive des grands espaces.

Agraphie [G. *a* priv. et *graphein*, écrire]. – *Ps. path.* Apraxie*

Agréable. – Voir *Plaisir**.

Agressivité. – *Ps. an.* Tendance à l'attaque et à la destruction qui est, selon Freud, une des pulsions* fondamentales de l'homme.

Airain (Loi d'). – *Éc. pol.* Loi (ainsi nommée par Lassalle, 1864) selon laquelle le salaire du travailleur se réduit fatalement à ce qui lui est nécessaire pour vivre.

Aleph. – *Math.* Nom de la première lettre de l'alphabet hébraïque (א) qui, dans la Théorie des ensembles*, symbolise le nombre transfini* : « Le nombre des opérations à faire est infini, il est même plus grand que aleph-zéro » (H. Poincaré).
– Voir Ph. I, p. 404.

Alexie. – Voir *Cécité**.

Algèbre. – *Épist.* Science du nombre considéré sous sa forme la plus générale, indépendamment de ses valeurs particulières, et où l'on étudie surtout les relations[2] entre ces valeurs.

Algiques (Sensations) [G. *algos*, douleur]. – *Psycho.* Les sensations de douleur[2], considérées comme spécifiques[2] (cf. Ph. II, p. 42).

Algophilie [G. *algos*, et *philia*, amour]. – *Ps. path.* Recherche (*gén.* pathologique) de la douleur[2].

Algorithme [de Al Korismi, mathématicien arabe du IXe siècle].
– *Épist.* Système de symboles* permettant d'effectuer des opérations : *vg.* le langage algébrique.

Aliénation [L. *alienus*, étranger].
– *Ps. path.* **1.** État de l'aliéné, *i. e.* de l'anormal que ses troubles psychiques rendent « étranger » à la vie sociale.

– *Méta.* **2.** *Chez Hegel* : état de la conscience qui, en tant qu'opposition du sujet et de l'objet, se dépouille de son moi et en fait une chose ; l'esprit devient ainsi *être pour-soi**, puis *nature* : « La nature, l'esprit aliéné, n'est dans son propre *être-là**, que l'éternelle aliénation de sa propre subsistance » (Hegel).

– *Soc.* **3.** *Chez les hégéliens* : projection de l'activité propre de l'homme en une force étrangère à lui, sous forme soit de représentations religieuses (Feuerbach), soit d'une puissance économique échappant à son contrôle, mais qui est le résultat de son travail (K. Marx).

Altérité. – Caractère de ce qui est *autre** aux sens **1** ou **2** : « Quoi ! l'âme ne connaît pas elle-même sa distinction [d'avec Dieu] ou, comme parle cet auteur [Ruysbroek], son *altérité ?* » (Bossuet).

Alternative. – *Vulg.* **1.** Situation dans laquelle on n'a le choix qu'entre deux partis possibles.
☞ Il est *incorrect* de dire :

« Avoir le choix entre deux alternatives ».

– *Log.* **2.** Ensemble de deux propositions dont l'une est vraie si l'autre est fausse, et inversement (schéma : « de deux choses l'une : ou A est B, ou C est D »), *spéc.* de deux propositions contradictoires[1] (schéma : « ou tout A est B, ou quelque A n'est pas B »). – **3.** *Principe de l'alternative :* « Deux propositions contradictoires[1] ne peuvent être toutes deux fausses » (cf. *Contradiction**).

Altruisme. – *Psycho.* et *Mor.* (Ctr. : *égoïsme*). Mot créé par A. Comte pour désigner les sentiments désintéressés qui s'opposent à l'égoïsme.

Ambiguïté. – *Log.* **1.** ■ Équivoque* (en parlant des termes).
– *Méta.* **2.** □ *Dans le lang. existentialiste :* condition de l'être humain qui est « manque d'être », mais pour qui « il y a une manière d'être de ce manque, qui est l'existence » (S. de Beauvoir).

Ambivalence. – **1.** Dualité de sens opposés de certains termes, *vg.* en latin, *altus* (à la fois : *profond* et *élevé*), *sacer* (sacré et maudit). *Par anal., Ps. an.* Dualité de sens de certains symboles du rêve.
– **2.** *Ps. an.* « Tendance à éprouver un phénomène psychologique à la fois sous deux aspects contraires, à affirmer et nier successivement un même fait, à exprimer en même temps deux sentiments opposés » (Piéron.)
– **3.** *Soc.* Double aspect de certaines valeurs qui reflètent à la fois la société existante (*spéc.* bourgeoise) et l'accroissement du pouvoir de l'homme : « Toutes les valeurs culturelles du monde capitaliste sont ambivalentes » (H. Lefebvre).

Ame. – *Méta.* **1.** Principe de la vie et de la pensée [L. *anima*]. *vg.* selon Aristote, les végétaux ont une *âme nutritive*, les animaux ont de plus une *âme motrice*, l'homme seul possède une *âme pensante*. Cf. Voltaire : « Nous appelons âme ce qui anime ».
– **2.** Substance immatérielle qui, selon les spiritualistes*, est le principe de la vie psychique : « Je connus de là que j'étais une substance dont toute l'essence ou la nature n'est que de penser..., en sorte que ce moi, c'est-à-dire l'âme [latin : *mens*] par laquelle je suis ce que je suis, est entièrement distincte du corps » (Descartes, *Méth., IV*).
– *Psycho.* **3.** (Syn. : *conscience*[2], *esprit*[6]). Ensemble des faits psychiques, indépendamment de toute idée métaphysique : « Un état d'âme » ; « La psychologie est l'étude de l'âme ou de l'esprit » (Burloud). ☞ Bien dist. tous ces sens : tandis qu'au sens 3, *âme* et *esprit* s'identifient, certains auteurs, surtout allemands, se sont plu, à la suite de Nietzsche, à opposer l'*âme* (all. : *Seele*) comme principe de

vie (sens 1) à l'*esprit* (all. : *Geist*), celui-ci étant dit « parasitaire » (L. Klages), extérieur au monde et à la conscience. Voir *Esprit*[7].
– *Soc.* **4.** *Ame des foules, âme collective.* Ensemble des faits de psychologie sociale. *Spéc. Ps. an.* : « Dans l'humanité collective, il y avait quelque chose comme une âme collective, à la place de notre conscience individuelle qui n'émergea que graduellement au cours de l'évolution » (Jung).
– *Hist.* **5.** *Ame du monde.* Principe gén. spirituel (matériel cependant chez les Stoïciens) qui, selon certains philosophes, joue par rapport à l'univers, comme principe de vie et d'unité, le même rôle que l'âme[1] par rapport au corps.

Amnésie [G. *a* priv. et *mnêmé*, mémoire]. – *Ps. path.* Disparition totale ou partielle de la mémoire. – *Amnésies de fixation* (syn. : *de conservation*) : celles où la faculté de retenir elle-même est abolie (cf. *Continu*[3]). – *A. d'évocation* (syn. : *de reproduction*) : celles où le sujet conserve ses souvenirs, mais ne peut les rappeler à volonté. – *A. lacunaires* : amnésies partielles d'évocation portant sur une ou plusieurs périodes déterminées de la vie du sujet (cf. *Périodique** et *Rétrograde**). – *A. systématisées* : amnésies partielles d'évocation portant sur tous les souvenirs relatifs à un ordre d'idées déterminé. — *A. de reconnaissance* : celles qui consistent dans un trouble de la reconnaissance*, soit des objets extérieurs (cf. *Agnosie**), soit des idées (cf. *Réminiscence**). – *A. de localisation* : celles où un souvenir récent est pris pour un souvenir ancien ou inversement.

Amoral. – *Mor.* **1.** Qui ne comporte pas d'appréciations morales : « La science est amorale. » – **2.** En parlant d'une personne : qui manque de sens moral.

Amoralisme. – *Mor.* **1.** △ Doctrine qui rejette tout point de vue moral. – **2.** ▲ État de l'être amoral[2].

Amour. – *Psycho.* **1.** *Lato.* Mouvement de la sensibilité qui nous porte vers un être ou un objet et qui s'accompagne de la pensée de cet être ou de cet objet : « amour du prochain » (*spéc.* en parlant des sentiments de famille : « amour maternel ») ; « amour du vrai » ; « amour de Dieu » : « Il y a deux principales espèces d'amour, un amour de bienveillance, et un amour qu'on peut appeler d'union » (Malebranche). – *Théol. Pur amour* : amour exclusif de Dieu indépendant du désir d'être heureux et du souci du salut (v. *Quiétisme*). – **2.** *Str.* L'inclination sexuelle. Cf. *Érôs*[2].

Amour-propre. – *Psycho.* **1.** *Autref.* (vg. *chez Pascal, La Rochefoucauld*), amour de soi, égoïsme.

– 2. *Auj.*, sentiment de la valeur personnelle.

Amphibologie. – *Log.* Équivoque* (en parlant des propositions).

Anagogique. [G. *anagôgè*, action d'élever]. – *Théol.* 1. (Dans l'interprétation de l'Écriture). Qui tend des choses visibles aux invisibles. – *Épist.* 2. *Chez Leibniz:* qui procède par induction[3].

Analgésie. – *Ps. phol.* Disparition de la sensibilité à la douleur.

Analogie. – *Épist.* 1. *Autref.* (not. chez les mathématiciens grecs, et aussi chez Cournot), rapport quantitatif, proportion mathématique. – 2. *Auj.*, rapport qualitatif, ressemblance : « on raisonne par analogie » quand on conclut d'une ressemblance constatée à une ressemblance non constatée.

Analogon [mot grec]. – *Psycho.* Représentant, substitut d'un objet. « Dans la conscience d'image, nous appréhendons un objet comme *analogon* d'un autre objet » (Sartre).

Analyse [G. *analuein*, résoudre]. – *Math.* 1. *Autref.*, méthode de résolution des problèmes qui consistait à supposer d'abord le problème résolu : « L'analyse des anciens » (Descartes) ; cf. *Analytique*[1]. 2. *Auj.*, l'algèbre (*spéc.* calcul des fonctions ou calcul infinitésimal).

– *Log.* 3. (Ctr. : *synthèse*[1]). Décomposition d'un tout en ses éléments[1] ; réduction d'un donné complexe à ses composants simples. ☞ *Dist.* division[1].

– *Ps. métr.* 4. *Analyse factorielle:* forme d'analyse consistant à isoler, dans un ensemble de variables, des facteurs* qui permettent d'exprimer la valeur[6] de celles-ci par une fonction linéaire de ces facteurs.

Analytique. – *Math.* 1. *Méthode analytique* (Ctr. : *synthétique*[1]) : celle qui consiste : *a)* dans un problème, à supposer le problème résolu et à remonter de là aux principes de la solution ; *b)* dans un théorème, à supposer la conclusion démontrée et à remonter de là à une proposition déjà établie. – 2. *Géométrie analytique:* voir *Géométrie*[2].

– *Log.* (Ctr. : *synthétique*). 3. Qui repose sur l'analyse[3]. – 4. *Proposition analytique :* celle où l'attribut est nécessairement[1] compris dans le sujet : *vg.* « Les corps sont étendus. »

– *Hist.* 5. *Chez Kant :* « analytique transcendantale », partie de la Logique[5] transcendantale[2] qui consiste dans « la décomposition de notre connaissance a priori dans les éléments de la connaissance pure de l'entendement », *i. e.* les catégories*.

Anamnèse [G. *anamnèsis*, rappel]. – 1. *Psycho.* Remémoration*. – 2. *Ps. path.* Rappel des phénomènes antérieurs à une période donnée de la maladie.

Anaphorique. – Qui implique un transport, spéc. un passage d'un être du néant à l'existence plénière : « L'art est la dialectique de la promotion anaphorique. » (E. Souriau).

Anarchie [G. *an* priv. et *arché*, commandement]. – *Soc.* **1.** ▲ État d'une société inorganisée ou désorganisée qui n'a pas ou n'a plus de gouvernement.
– *Pol.* et *Éc. soc.* △ **2.** Doctrine selon laquelle la société devrait rejeter tout appel à la contrainte et se passer de gouvernement. – **3.** Doctrine (*vg.* de Proudhon) selon laquelle le « gouvernement des hommes » (politique) doit être remplacé par « l'administration des choses » (économique). ☞ Aux sens 2 et 3, dire plutôt : *anarchisme*.

Anarthrie [G. *an* priv. et *arthron*, articulation]. – *Méd.* Trouble purement moteur de l'articulation des mots qu'on distingue qqfs (Dr Pierre Marie) de l'aphasie*.

Anatomie [G. *anatomè*, dissection]. – *Épist.* Étude de la structure des organes des êtres vivants. *Anatomie fine :* cf. *Histologie**.

Anesthésie [G. *an* priv. et *aisthèsis*, sensation]. – *Ps. phol.* Disparition totale ou partielle de la sensibilité², *spéc.* de la sensibilité tactile². ☞ Les anesthésies visuelles s'appellent *amaurose* (cécité totale), *amblyopie* (cécité partielle) ou *achromatopsie**; la disparition de la sensibilité³ à la douleur s'appelle *analgésie**.

Angélisme. – *Méta. (Péj.)* Terme employé par J. Maritain pour désigner l'attitude philosophique qui fait de l'homme un « ange », *i. e.* un être désincarné.

Angoisse. – **1.** *Psycho.* Malaise fait à la fois d'une crainte sans objet bien déterminé et d'une sensation physique de constriction (« cœur serré ») : « La conscience de l'angoisse est la conscience d'une ambivalence² instinctive » (J. Favez-Boutonier). Cf. *Anxiété**.
– **2.** *Méta.* Chez les existentialistes : état d'inquiétude qui résulte, chez l'existant² humain, soit de sa liberté et du pressentiment de la faute possible (Kierkegaard), soit de son insécurité sous la menace du Néant (Heidegger) : « L'angoisse est la saisie réflexive de la liberté par elle-même » (Sartre).

Anima [mot latin]. – *Ps. an.* Chez *Jung :* image archétype² de l'âme chez l'homme, qui représente sa féminité inconsciente (*vg.* la Kundry de Parsifal, la Béatrice de Dante).

Animal. – **1.** *Biol. Vie animale :* voir *Relation*⁵. – *Hist.* **2.** *Animaux-machines :* voir *Automatisme*⁴. – **3.** *Esprits animaux :* voir *Esprit*².

Animisme. – *Psycho. Soc.* **1.** Croyance selon laquelle la nature est régie par des *âmes*, des *esprits*⁴ ou par des volontés analogues à la volonté humaine.

- *Méta.* **2.** △ Doctrine selon laquelle l'âme[1] serait le principe de la vie organique aussi bien que de la vie psychique.

Animus [mot latin] – *Ps. an. Chez Jung :* image archétype[2] de l'âme chez la femme, qui représente sa masculinité inconsciente (*vg.* Dionysos, Siegfried).

Anomalie. – Altération du type normal.

Anomie. – Absence de loi ou d'organisation.

Antécédent. – *Épist.* (Ctr. : *conséquent*). **1.** Fait qui précède un autre fait. – *Log.* **2.** Dans une proposition hypothétique, partie de la préposition qui exprime la condition.

Anthropocentrisme. – État d'esprit dans lequel l'homme se considère lui-même comme le centre de l'univers et s'imagine que le monde est fait pour lui.

Anthropologie. – **1.** *Autref.*, façon de parler humaine : : « L'Écriture est pleine d'anthropologies » (Malebranche).
– *Épist.* **2.** *Chez Kant :* étude philosophique de l'homme. – **3.** *Auj.*, ensemble des sciences naturelles, sociales, etc., traitant de l'homme comme être animal (anthropologie *somatique*) ou social (anthropologie *culturelle* ; syn. : *Ethnologie*).

Anthropomorphisme. – État d'esprit dans lequel l'homme se représente tous les êtres (*not.* Dieu) sur le modèle de sa propre nature.

Antinomie. – *Crit. Chez Kant :* contradiction dans laquelle tombe la raison[2] quand elle prétend résoudre les problèmes de la cosmologie* rationnelle. Voir Ph. I, p. 567.

Antithèse. – *Log.* et *Crit.* **1.** Opposition* (*spéc.* celle des contraires*) entre deux propositions. – **2.** *Chez Kant et Hegel :* proposition contraire à la *thèse*[2] et formant le second moment de l'antithèse[1].

Antithétique. – *Chez Kant :* l'« antithétique de la raison pure » est la partie de la Dialectique transcendantale qui contient la théorie des antinomies*.

Antitypie. – *Hist.* « L'antitypie est l'impossibilité d'occuper un même espace avec un autre corps et la nécessité que l'un ou l'autre se meuve ou reste au repos » (Leibniz, *L. à Thomasius*, 1669).

Anxiété. – *Psycho.* **1.** *Autref.* (*vg.* Brissaud, 1890), état psychique concomitant de l'angoisse*, celle-ci étant définie comme phénomène purement physique. – **2.** *Auj.*, l'opposition est abandonnée sous cette forme. Mais il reste vrai qu'« on vit l'angoisse plus qu'on ne la pense, tandis qu'on pense l'anxiété autant qu'on la vit » (J. Favez-Boutonier). Cf. *Inquiétude*[2].

Apagogique (Raisonnement) [G. *apagôgé*, abduction*] – *Log.* Démonstration par l'absurde[2] : « Il est difficile de se passer toujours des démonstrations apagogiques » (Leibniz, *N. E.*, IV, 8, 2).

Apathie [G. *a* priv. et *pathos*, affection]. – *Car.* **1.** Insensibilité se manifestant par la faiblesse et la lenteur des réactions : « L'apathique est méditatif et morose » (Le Gall).
– *Hist.* **2.** *Chez les Stoïciens :* état de l'âme devenue inaccessible au trouble des passions (cf. *Ataraxie**) et insensible à la douleur.

Aperception. – *Hist.* **1.** *Chez Leibniz :* perception[4] vive et claire (*opp.* perception obscure, subconsciente ou « petite perception »). – *Psycho.* **2.** Appréhension[1].

Aphasie [G. *a* priv. et *phasis*, parole]. – *Ps. path.* Perte totale ou partielle des fonctions du langage (voir notre Ph. I, pp. 311-315), les organes de la phonation* restant intacts. ☞ *Dist.* aphonie, qui suppose au ctr. un trouble, paralysie ou lésion, de ces organes. – *Aphasie motrice* (autref. *aphémie*) : abolition de la mémoire motrice verbale (prononciation des mots). – *A. sensorielle* (syn. : *a. de Wernicke* ou *surdité verbale*) : abolition de la mémoire auditive verbale (intelligence des mots entendus). – *A. de Broca :* nom donné par Pierre Marie à l'aphasie sensorielle (ou « aphasie vraie ») compliquée d'anarthrie*. – Cf. *Agraphie** et *Cécité** verbale*.

Aphorisme. – Maxime générale et concise résumant une théorie médicale, juridique, morale, métaphysique, etc. : « On a de Mahomet quelques aphorismes de médecine » (Voltaire) ; cf. Bacon : *Aphorismes sur l'interprétation de la nature* (dans le *Novum Organum*), – Schopenhauer : *Aphorismes sur la sagesse dans la vie.*

Apodictique (Proposition) [G. *apodeiktikos*, convaincant]. – *Crit.* Proposition nécessairement[1] vraie, soit en vertu d'une évidence immédiate, soit en vertu d'une démonstration déductive. Cf. *Modalité**.

Apollinien. – *Hist.* Chez Nietzsche (opp. : *dionysiaque*), le principe apollinien est le principe contemplatif, source d'harmonie et de beauté. Ce qualificatif a été appliqué aussi par Spengler à la civilisation antique.

Apologétique. – *Théol.* Partie de la théologie qui a pour objet la défense de la foi[5] contre les objections.

Apophantique. – **1.** (Adj.) Qui énonce un rapport susceptible d'être dit vrai ou faux : « Le discours apophantique pose [chez Aristote] le rapport de la substance et de ses accidents » (Serrus). – **2.** (Nom fém.) Théorie logique des propositions : « L'apophantique aristotélicienne ».

Aporie [G. *aporia*, situation sans issue]. – *Épist.* Difficulté insoluble : « Les apories du cartésianisme. »

A posteriori. – *Crit.* (Ctr. : *a priori*). Postérieur à l'expérience[1] ; acquis grâce à l'expérience[1] (s'il s'agit d'une notion) ou qui se fonde sur l'expérience[1], sur les faits (s'il s'agit d'un raisonnement, d'une méthode).

Apparence. – Voir *Dialectique*[4].

Appartenance. – *Log. form.* Relation logique entre un sujet x et la classe A dans l'extension de laquelle il rentre (le signe de l'appartenance est ε ; on écrit : $x\, \varepsilon\, A$, ce qui s'énonce : « x est un A »).

Appétit. – *Psycho.* **1.** *Lato.* Tendance, activité[2] : « L'appétit est l'essence même de l'homme » (Spinoza, *Éth.*, III, 9, scolie). *Dans le lang. scolastique*, « appétit concupiscible » : « celui où domine le désir » : on y rattache l'amour et la haine, le désir et l'aversion, la joie et la tristesse ; – « appétit irascible », « celui où domine la colère », mais qui « serait peut-être appelé plus convenablement courageux » (Bossuet) : on y rattache le courage et la crainte, l'espérance et le désespoir, enfin la colère. – **2.** *Str.* Tendance se rapportant à l'organisme (*vg.* faim, soif, appétit sexuel, besoin d'exercice).

Appétition. – *Hist. Chez Leibniz :* « action du principe interne qui fait le changement ou le passage d'une perception à une autre » dans les monades[2] (*Mon.*, 15).

Appréhension. – *Psycho.* **1.** Acte le plus simple de la connaissance par lequel l'esprit saisit immédiatement l'objet connu. – **2.** Acte par lequel la mémoire saisit immédiatement et retient une série de souvenirs. – **3.** (Vulg.) Crainte vague et légère.

Approche (par imitation de l'angl. *approach*, intérêt pour qqc.). – *Épist.* Recherche ; façon d'aborder un objet d'étude.

Apraxie [G. *a* priv. et *praxis*, action]. – *Ps. path.* « Incapacité d'exécuter correctement des actes habituels, sans qu'il y ait paralysie » (Lalande). ☞ *Dist.* agnosie*.

A priori. – (Ctr. : *a posteriori*). *Crit.* **1.** Logiquement antérieur à *toute* expérience[1] ; qui ne s'explique pas par l'expérience. *Chez Kant :* « formes a priori », voir *Forme*[2]. *Raisonnement a priori :* celui qui, au lieu de se fonder sur les faits, s'appuie uniquement sur les règles logiques de la raison (*vg.* preuve ontologique*).

– *Log.* **2.** Antérieur à *telle* série d'expériences[1] : « L'idée expérimentale [*i. e.* l'hypothèse[3]] est une *idée a priori* » (Cl. Bernard). ☞ *Peu correct en ce deuxième sens.*

Apriorisme. – *Hist.* △ Doctrine qui pose des « a priori »[1] (*vg.* le rationalisme[1] classique). Max Scheler a opposé à l'apriorisme formel et rationaliste de Kant un « apriorisme matériel[1] » dont le contenu consiste en états affectifs, sentiments ou valeurs, M. Dufrenne dist. des « a priori de l'affectivité » et des « a priori de l'imagination » (vg. archétypes[2] de Jung).

Aprosexie [G. *a* priv. et *prosexis*, attention]. – *Ps. path.* Incapacité de fixer son attention ; dispersion intellectuelle morbide.

Aptitude. – *Psycho.* Disposition physique ou psychique innée formant le substrat d'une capacité déterminée.

Arbitre (Libre). – Voir *Liberté*[6].

Archéologie. – *Épist.* Étude des monuments anciens.

Archée. – *Hist.* Chez Paracelse, Van Helmont, etc. : principe vital tenant à la fois de la matière et de la pensée (voir Ph. I, p. 600).

Archétype. – **1.** *Méta.* Type idéal des choses sensibles : *vg. chez Platon*, les Idées[1] ; *chez Malebranche*, les idées[3] divines : « La substance [de Dieu] renferme l'archétype ou le modèle éternel des créatures » (*R. V.*, IV, 11, 3).
– **2.** *Ps. an.* Chez Jung, les *archétypes* sont les images et symboles ancestraux, dont l'ensemble forme l'*inconscient*[4] *collectif* et qu'on retrouve dans les mythologies, légendes, contes de fées, traditions religieuses, etc. (Ph. II, p. 126).

Architectonique. – *Hist. Chez Kant :* partie de la Logique[5] qui enseigne à coordonner les éléments de la connaissance.

Argument. – *Log.* Raisonnement destiné à prouver ou à réfuter une proposition, une théorie[2].

Aristocratie. – *Soc.* ▲ Système de gouvernement dans lequel le pouvoir appartient à une caste* ou à une classe* (aristocraties *sacerdotales*, fondées sur la religion ; *militaires*, sur la naissance ; *bourgeoises*, sur la fortune).

Arithmétique [G. *arithmos*, nombre]. – *Épist.* Science théorique du nombre considéré en tant que valeur déterminée, exprimée par des chiffres.

Arithmologie. – Nom donné par Ampère (1834) à la science générale du nombre, de la quantité pure, comprenant selon lui l'arithmétique*, l'algèbre*, le calcul* des fonctions et le calcul* des probabilités[2].

Art. – *Vulg.* **1.** (Par opp. d'une part au *savoir théorique*, d'autre part à la *pratique spontanée*). Pratique méthodique, soumise à un ensemble de règles » ; « Les arts mécaniques » ; « La Logique[2] ou art de penser ». *Arts libéraux :* au Moyen Age, grammaire, rhétorique, dialectique[3] (formant le *trivium*), arithmétique, géométrie, astronomie, musique (formant le *quadrivium*). – **2.** Habileté qqfs. innée, plus souvent acquise par la pratique ; adresse plus ou moins calculée dans l'emploi des moyens pour arriver à un but : « L'art de plaire » ; « L'art de mentir » ; « L'art le plus in-

nocent tient de la perfidie » (Voltaire).
— *Esth.* **3.** Activité esthétique[3] : « Les beaux-arts » ; « Les arts plastiques » ; « La beauté est l'objet propre et exclusif de l'art » (Ravaisson).

Artificialisme. — *Psycho.* ▲ État d'esprit de l'enfant qui croit que les objets et phénomènes extérieurs sont l'œuvre de l'homme (voir *Précis*, Ph. I, p. 49).

Ascèse [G. *askêsis*, exercice]. — *Mor.* Tout mode de vie impliquant un effort de volonté et de renoncement aux plaisirs sensibles en vue soit d'acquérir la perfection morale, soit de poursuivre une œuvre.

Ascétisme. — *Mor.* **1.** Ensemble d'austérités et de mortifications ayant pour but la perfection morale individuelle (*gén.* avec une idée religieuse) : « Il y a dans l'ascétisme de la négation » (Le Senne). — **2.** △ Doctrine morale préconisant ce mode de vie.

Aséité [L. *a se*, par soi]. — *Théol.* Attribut de Dieu consistant en ce qu'il est l'être existant « par* soi ».

Assentiment. — *Psycho.* (Ctr. : *doute*). Adhésion donnée par l'esprit à un jugement[2]. L'assentiment comporte plusieurs degrés, not. : *a)* l'opinion[1]. — *b) la certitude*[1].

Assertion. — *Log.* Affirmation* ou négation* de la *lexis** d'un jugement[2].

Assertorique (Proposition). — *Log.* et *Crit.* (Opp. *apodictique* et *problématique*). Celle qui énonce une simple assertion sans la poser comme logiquement nécessaire[1] : *vg.* « Il pleut. » — Cf. *Modalité**.

Assimilation. — *Biol.* **1.** Fonction par laquelle la matière vivante convertit en sa propre substance les matériaux dont elle se nourrit.
— *Soc.* **2.** Processus par lequel un groupe social, une nation, une civilisation absorbe dans sa propre culture, sans nécessairement les y identifier tout à fait, les éléments étrangers, groupes ou individus, qui y entrent.
— *Psycho.* **3.** Fonction par laquelle la conscience[1], en recevant les impressions qui lui viennent du dehors, les fond en un tout où elles se mêlent les unes aux autres.

Association. — *Biol.* **1.** Voir *Symbiose**.
— *Phol.* **2.** Connexion dynamique entre les diverses parties d'un organisme, entre les éléments des centres nerveux, etc.
— *Psycho.* **3.** *Association des idées :* phénomène psychique par lequel un état de conscience amène spontanément[3], machinalement la réapparition d'autres états de conscience. ☞ *Dist.* liaison logique des idées et jugement.
— *Soc.* **4.** *Lato.* Groupement volontaire de plusieurs personnes dans un but quel-

conque. – **5.** *Str. (Jur.):* « Convention par laquelle deux ou plusieurs personnes mettent en commun d'une façon permanente leurs connaissances ou leur activité dans un but autre que de partager des bénéfices. » (Loi 1er juillet 1901).

Associationnisme. – *Psycho.* △Doctrine selon laquelle : 1. toutes les opérations intellectuelles, même les liaisons logiques d'idées (jugement, raisonnement) et les principes de la raison, se ramèneraient à l'association[3] des idées ; 2. celle-ci serait elle-même un phénomène purement automatique[2].

Assumer. – **1.** *Log.* Admettre une proposition simplement comme hypothèse pour voir quelles conséquences en résultent.
 – **2.** *Mor.* Accepter une situation avec les responsabilités qu'elle comporte : « Nous devons assumer notre temps déchiré et triomphant, dans ses incertitudes dernières » (Gusdorf).

Astrologie. – *Hist.* Art de prédire l'avenir par l'observation des astres.

Astronomie. – *Épist.* Étude scientifique des astres.

Ataraxie [G. *a* priv. et *taraxis*, trouble]. – *Hist.* Tranquillité de l'âme. *Chez les Stoïciens*, c'était l'idéal du sage (cf. *Apathie**).

Atavisme [L. *atavus*, ancêtre]. – *Biol.* **1.** Forme d'hérédité où l'être vivant hérite de caractères d'ancêtres éloignés. – **2.** *Ext.* Tendance des êtres vivants à revenir aux types ancestraux.

Athéisme. – △ *Méta.* **1.** Négation de l'existence de Dieu. – **2.** *Str.* Négation de l'existence de Dieu selon la conception traditionnelle, soit qu'on nie sa personnalité (c'est en ce sens que Spinoza fut accusé d'athéisme), soit qu'on le dise valeur plutôt qu'être (Lagneau).

Athymhormie [G. *a* priv. ; *thymos*, cœur ; *hormè*, élan]. – *Ps. path.* Diminution générale de la vitalité qui s'observe dans l'hébéphrénie* et la schizophrénie* et qui se manifeste par l'indifférence affective, le dégoût de tout effort et le désintérêt à l'égard d'autrui et du monde extérieur.

Atome [G. *atomos*, insécable, indivisible]. – *Phys.* **1.** *Dans l'antiquité :* particule de matière indivisible qui est l'élément dernier de tout ce qui existe ; selon Démocrite, les atomes sont éternels, homogènes entre eux, ils ont une forme, un poids, etc., mais ne possèdent pas les propriétés sensibles (couleur, etc.) des composés. ☞ *Dist.* cette notion de la conception moderne (sens 2) : l'*atome* des anciens correspondrait plutôt à la *molécule* des chimistes modernes. – **2.** Particule de matière indivisible, dans les conditions ordinaires, par les forces physiques : « La molécule d'hydrogène est composée de deux atomes ». *Théorie atomique :* hypothèse de Dalton (1803) selon laquelle ¹es corps sont formés d'atomes², ayant, pour chaque corps simple, un poids invariable (poids *atomique*), et produisant les différentes combinaisons chimiques par leur juxtaposition. – **3.** *Ext.* Tout élément physique indivisible : « Atome d'électricité, d'énergie. »

– *Méta.* **4.** Tout être, même spirituel, simple et indivisible : « Les monades* sont les véritables atomes de la nature » (Leibniz, *Mon.*, 3).

Atomisme. – △ *Méta.* **1.** Doctrine philosophique (Démocrite, Épicure, Lucrèce) selon laquelle la matière est formée d'atomes¹. – *Phys.* **2.** Théorie atomique². – *Ext. Psycho.* **3.** *Atomisme psychologique :* conception selon laquelle l'esprit serait un composé d'éléments psychiques simplement juxtaposés les uns aux autres. – *Soc.* **4.** *Atomisme social :* conception selon laquelle un groupe social n'est qu'un total d'individus.

Atone. – *Car.* Sans énergie : « L'apathique est un rétracté atone » (Le Gall).

Atopique [G. *atopos*, original]. – Étrange, déroutant : « Tout ce qui est ambivalent¹ est de nature atopique » (Jankélévitch).

Attention. – *Psycho.* Concentration de l'activité mentale sur un objet déterminé. – *Attention périphérique :* celle qui porte sur les sensations *(a. sensorielle)* ou sur les mouvements *(a. motrice).* –

A. centrale : celle qui porte, soit sur l'état intérieur du sujet (observation de soi-même ou introspection*), soit sur les idées (a. intellectuelle ou réflexion²). – *A. spontanée :* celle qui dérive de nos goûts, de nos tendances naturelles ou acquises. – *A. volontaire :* celle qui consiste à prendre intérêt, par un effort mental, à ce qui n'en présente pas naturellement pour nous. ☞ On parle qqfs. d'une *attention passive* qui s'imposerait à nous du dehors (*vg.* un bruit violent), mais cette expression est impropre.

Attitude. – *Phol.* **1.** Réaction relevant de la fonction posturale*.

– *Psycho.* **2.** *Attitude mentale* (notion introduite par Binet et l'école de Würzbourg) : état de conscience antérieur au mot et à l'image et qui consiste en « une préparation à l'acte qui reste intérieure et nous est révélée par les sensations subjectives qui l'accompagnent » (voir Ph. I, pp. 282-284).

– *Soc.* **3.** *Attitude sociale :* comportement ou disposition à agir qui, dans un groupe social, s'impose plus ou moins aux individus par suite de normes* ou de représentations collectives (cf. Ph. II, pp. 177-179).

Attribut. – *Log. form.* **1.** (Syn. : *prédicat**). Terme qui, dans une proposition, désigne ce qu'on affirme ou nie du sujet².

– *Méta.* **2.** Tout ce qui peut être dit attribut (au sens 1) d'une substance¹ : « La fluidité, la dureté, la mollesse... se pouvant séparer de la matière, il s'ensuit que tous ces attributs ne lui sont point essentiels » (Malebranche, *R. V.*, III, 2, 8, 2). – **3.** Propriété essentielle et permanente d'une substance[1] (*gén.* opp. aux modes[1] qui sont des propriétés accidentelles et changeantes) : « Nous distinguons qqfs. une substance de qqn de ses attributs [*vg.* l'âme, de la pensée ; la matière, de l'étendue] sans lequel néanmoins il n'est pas possible que nous en ayons une connaissance distincte (Descartes, *Princ.* I, 62 ; cf. *Mode*[1]) : « Par attribut, j'entends ce que l'entendement saisit de la substance comme constituant son essence » (Spinoza, *Eth.*, I, déf. 4).

Atypique. – Non conforme au type. Se dit *not.*, dans la *Psycho.* des opinions, des façons de penser non conformistes.

Audition colorée. – *Psycho.* Synesthésie* qui fait que, pour certaines personnes, tel son est invariablement lié à certaines couleurs (cf. Rimbaud, *Voyelles*).

Aufheben. – *Méta. Chez Hegel :* mot allemand qui désigne l'action de *dépasser* une contradiction : « *Aufheben* a dans la langue un double sens : il signifie *garder, conserver* et en même temps *faire cesser, mettre fin à*. L'idée de conserver contient déjà en elle cet élément négatif consistant en ce que, pour le garder, qqc. est enlevé à son être immédiat » (*Grande Log.*, IV).

Voir *Médiation*[2] et cf. Ph. I, p. 165, n.

Authenticité, Authentique. – ■ **1.** *Épist.* En histoire, un document est dit *authentique* quand il émane bien de la source à laquelle il est attribué. ☞ Ce qui ne signifie pas nécessairement qu'il est *véridique*. – □ **2.** *Méta. Chez Heidegger :* l'existence *authentique* est celle qui assume[2] sa situation d'*être-pour-la-mort* au lieu de se réfugier dans l'inauthenticité du *On**. – **3.** *Plus gén. Mor.* Sincérité : « L'authenticité de l'obligation suppose la sincérité du cœur » (Le Senne).

Autisme [G. *autos*, soi-même]. – *Ps. an.* Nom donné par Bleuler à l'état mental des schizophrènes*, où la pensée a pour unique but la satisfaction personnelle (comme dans la rêverie) sans souci d'adaptation à autrui ni au réel.

Automate. – *Vulg.* **1.** Machine qui se meut elle-même. Qqfs. appliqué *péj.* à l'homme : « Le sot est un automate, il est machine » (La Bruyère).

– *Méta.* **2.** Être qui a en lui le principe de ses mouvements ou de ses déterminations : « Chaque corps organique d'un vivant est une espèce d'automate naturel » (Leibniz, *Mon.*, 64) ; « L'âme est un automate spirituel » (id., *Théod.*, 403).

Automation. – *Techn.* Système de mécanisation du travail poussée à l'extrême et où le contrôle même des machines est exercé par des machines.

Automatisme. — *Phol.* **1.** *Mouvement automatique :* celui qui, tout en ayant sa source dans l'être qui se meut, s'explique d'une façon purement mécanique. Chez les êtres supérieurs : mouvement qui échappe à la direction des centres cérébraux et relève seulement des centres inférieurs (*vg.* réflexe*).
— *Psycho.* **2.** *Fonction automatique :* celle qui s'expliquerait de façon purement mécanique (*vg.* l'association des idées selon l'associationnisme*). – **3.** *Automatisme psychologique* (Janet) : l'activité psychique inconsciente. Cf. *conservatrice**.
— *Hist.* **4.** *Automatisme des bêtes :* théorie de Descartes selon laquelle les animaux seraient dénués de toute vie psychique et agiraient comme des machines, par le simple jeu des esprits[2] animaux.
☞ Bien *dist.* tous ces sens ; chez Descartes, l'*automatisme* des animaux est purement physiologique ; l'épiphénoménisme* est aussi une théorie qui fait de nous des *automates*, au sens physiologique, mais des automates *conscients* ; par contre, on peut parfaitement dire que l'instinct *vg.* est *automatique* sans admettre la théorie de Descartes ; de même, la doctrine de Janet (sens 3) ne doit pas être confondue avec l'épiphénoménisme.

Automorphisme. — *Psycho.* « Disposition d'esprit par laquelle nous tendons à imposer la forme de notre âme à l'âme d'autrui » (Dr Logre).

Autonomie [G. *autos*, soi-même, et *nomos*, loi]. — *Mor.* (Ctr. hétéronomie*). État de la volonté raisonnable qui n'obéit qu'à une règle émanant d'elle-même.

Autopsie. — *Méd.* **1.** Examen, par dissection, de toutes les parties d'un corps mort. – *Hist.* **2.** *Chez Ampère* (syn. : *Emesthèse*) : système mental (opp. au *système sensitif*) impliquant la prise de conscience par le moi de sa propre causalité.

Autorité. — *Épist.* **1.** Pouvoir de se faire croire : « L'autorité d'un document, d'un témoin. » – **2.** *Méthode d'autorité :* celle qui consiste à établir une assertion, non sur des preuves, mais sur le seul témoignage.
— *Pol.* **3.** Droit de commander. ☞ *Dist.* contrainte.

Autoscopie. — *Ps. path.* **1.** Exagération morbide de la cénesthésie* consistant en ce que certains sujets, gén. hystériques, sentent fonctionner leurs organes internes, *vg.* leur cœur. – **2.** « Hallucination consistant à se voir soi-même devant soi » (Lalande) : *vg.* Musset dans la *Nuit de Décembre*.

Autosuggestion. — *Psycho.* Action de se suggestionner[1] soi-même, volontairement ou involontairement, *vg.* par « la lecture d'un livre ou d'un journal, une conversation, une méditation, un spectacle » (G. Dumas).

Autotélique [G. *autos*, soi-même ; *telos*, fin]. – *Chez Baldwin :* qui a sa fin en lui-même (*vg.* l'art pour l'art).

Autre (L'). – **1.** (Masc.) Autrui : « Autrui, c'est l'*autre*, c'est-à-dire le moi qui *n'est pas* moi » (Sartre). – **2.** (Neutre). *Chez Platon :* le divers, l'hétérogène, le multiple, opp. au Même et à l'Un. Cf. Lalande : « Cette valeur [de la Raison] consiste dans la supériorité du Même sur l'Autre ».

Axiologie. – Théorie des valeurs : « La science des valeurs a reçu le nom d'axiologie et c'est sous ce terme qu'on la désigne en général. Le mot *axios* indique en grec ce qui est précieux, digne d'être estimé et le verbe *axioô* veut dire *j'apprécie*. L'Axiologie serait donc la science de l'estimation et de l'appréciation » (Lavelle).

Axiomatique. – *Épist.* **1.** Système d'axiomes* au sens 3 : « L'axiomatique de Hilbert. » – **2.** Théorie de ces axiomes[3] considérés comme règles purement formelles : « L'Axiomatique s'impose comme loi de tout explicitation sans rien présupposer » (R. Blanché).

Axiome [G. *axiôma*, jugement ; d'où : principe]. – *Log.* **1.** Toute proposition évidente par elle-même : « Les axiomes généraux de la pensée » (*vg.* principe d'identité*).

– *Spéc. Math.* **2.** *Str.* Proposition indémontrable, évidente par elle-même et s'appliquant d'une façon très générale à des quantités indéterminées, *vg. :* « Deux quantités égales à une troisième sont égales entre elles » (Ph. I, p. 406). – **3.** *Lato.* Principe indémontrable se trouvant à la base d'un raisonnement mathématique (y compris définitions et postulats) [Ph. I, p. 408]. ☞ *Dist.* 2 et 3 : *Henri Poincaré* emploie toujours ce mot dans le sens 3, *vg. :* « Les axiomes géométriques ne sont ni des jugements synthétiques* a priori ni des faits expérimentaux : ce sont des conventions. »

B

Babillage. – Voir *Lallation**.

Baroque [de l'espagnol *barroco*, irrégulier]. – *Vulg.* **1.** *Péj.* Bizarre, inattendu. – *Esth.* **2.** Se dit d'un style qui recherche l'artificiel (*vg.* colonne torse), voire le tourmenté, et la surcharge ornementale.

Base. – *Vulg.* **1.** Ce sur quoi repose une construction matérielle ou intellectuelle. ☞ Syn. : *fondement**. On a cherché à *dist.* les deux termes comme correspondant respectivement à un ordre de *fait* et à un ordre de *droit*[2]. Cette distinction paraît arbitraire : « la base d'un raisonnement » est à la fois son point de départ et ce qui le justifie ; « la base de l'ordre social » est à la fois ce qui le rend possible et légitime. Cf. Massillon : « La foi, cette base de l'esprit chrétien », et Voltaire : « Son honneur [d'un ministre] est la base de son crédit. »

– *Soc.* **2.** *Dans le lang. marxiste :* infrastructure économique de la société constituée essentiellement par les *forces productives* matérielles et humaines) et secondairement par les *rapports de production* (classes[3], institutions, etc.).

– *Psycho.* **3.** *Personnalité de base :* v. *Personnalité*[2].

Béatitude. – *Théol.* et *Méta.* Bonheur stable et parfait : « La béatitude des élus » ; « La Béatitude n'est pas la récompense de la vertu : c'est la vertu elle-même » (Spinoza, *Eth.*, V, 42).

Beau. – *Esth.* Dist. : **1.** Le sens propre, purement esthétique : « Un beau tableau », « Un beau visage est le plus beau de tous les spectacles » (La Bruyère). ☞ Encore le *beau* doit-il être *dist.*, en ce sens, du *joli*, du *gracieux*, etc. (voir Ph. II, pp. 219-222) ; – **2.** Le sens esthético-moral : « Une belle action » ; « Là, si tu veux mourir, trouve une belle mort » (Corneille).

– **3.** Qqfs. ironiquement : « C'est un beau sophisme. » *Chez Hegel :* « la belle âme », la conscience qui se réfugie « dans son intimité la plus profonde » et qui craint « de souiller la splendeur de son intériorité par l'action » (*Phénoménologie*, VI, C, *c*).

Behaviourisme [Angl. *behaviour*, conduite, comportement]. – *Psycho.* **1.** Comme *méthode* (Bechterev, Pavlov, Watson) : syn. de « psychologie* de réaction ». – **2.** △ Comme *doctrine* (Watson, Perry) : forme de l'épiphénoménisme* qui identifie l'esprit avec l'ensemble des réactions de l'organisme.

Besoin. – *Phol.* **1.** Privation d'une chose nécessaire à la vie organique : « Plante qui a besoin de lumière ».

– *Psycho.* **2.** État de conscience qui accompagne la privation de ce qui est nécessaire (ou regardé comme nécessaire) à la vie organique ou à la vie spirituelle : « Besoin d'affection ». ☞ *Besoin* désigne surtout l'élément affectif de cet état ; l'élément actif s'appelle *tendance* ou *appétit*.

Bien. – *Mor. Dist. :* **1.** Le *bien naturel* (syn. : *bonheur*), ce qui satisfait nos besoins et nos facultés ; – **2.** Le *bien moral* ou la valeur : « Si le bien n'était que ce qui plaît, on ne verrait pas comment les hommes eussent été amenés à concevoir le devoir » (Le Senne).

Bien (Souverain). – *Mor.* **1.** Celui qui est au-dessus de tous les autres biens et dont ceux-ci ne seraient que les différents aspects ou les conséquences. – **2.** *Chez Kant :* le bien complet, union du bonheur et de la vertu.

Biocœnose [G. *bios*, vie, et *koinônésis*, communauté]. - *Biol.* Association d'animaux ou de végétaux, définie statistiquement par les espèces qui y participent.

Biogénétique (Loi). - *Biol.* (Syn. *loi de Serres*). Voir *Phylogénie**.

Biologie [G. *bios*, vie, et *logos*, étude : mot introduit, en français, par Lamarck]. - **1.** *Lato.* Ensemble des sciences concernant la vie. - **2.** *Str.* Science des phénomènes généraux de la vie, communs aux animaux et aux végétaux.

Biologique. - **1.** Qui concerne la biologie. - **2.** Qui concerne la vie ; qui explique un phénomène par les nécessités vitales : « Théorie biologique de la conscience » (voir Ph. I, p. 36) ; « Toute morale est d'essence biologique » (Bergson).

Biosphère. - *Biol.* (Terme créé par E. Suess). « Les vivants se tiennent et forment un système, une enveloppe de la planète, la *biosphère* » (Le Roy).

Bonheur. - *Mor.* Le bonheur peut être conçu : **1.** tantôt négativement ou statiquement, comme un repos, une absence de douleur, de soucis (*vg.* Épicure) ; - **2.** tantôt positivement et dynamiquement, comme le développement de l'ensemble des virtualités de l'être : « L'homme est un être vivant : son bonheur est donc de vivre, et la vie est un mouvement, par conséquent un effort, un regret, une espérance et une crainte » (Bersot).

Bonne forme. - *Psycho.* Dans la *Gestaltpsychologie* : celle qui présente le plus d'unité, de simplicité, etc.

Bonne volonté. - *Hist. Chez Kant :* celle qui n'a d'autre règle que le Devoir[6] et qui lui obéit uniquement par respect pour lui ; elle est donc « bonne » par sa forme[2], et non par son but.

Bon sens. - *Hist.* **1.** *Chez Descartes :* faculté de discerner le vrai du faux : « La puissance de bien juger et distinguer le vrai d'avec le faux, qui est proprement ce qu'on nomme le bon sens ou la raison, est naturellement égale en tous les hommes » (*Méth.*, I).
- *Vulg.* **2.** Tendance naturelle à juger sainement dans les choses de la vie pratique : « Il avait du bon sens ; le reste vient ensuite » (La Fontaine). - **3.** (*Opp.* folie, colère, etc.) État sain de l'esprit : « Est-il dans son bon sens ? »

But - *Mor.* Certains auteurs (*vg.* Scheler) distinguent le *but (Ziel)* qui implique une représentation en image, de la *fin (Zweck)* qui est ce vers quoi tend l'aspiration.

C

Ça (Trad. all. : *Es*). - *Ps. an.* Chez Freud : ensemble des instincts[3] qui constituent le fond de la personnalité : « Le noyau de notre être est constitué par le ténébreux *ça* qui ne communique pas directement avec le monde extérieur. » ☞ On traduit aussi *Es* par *Soi*.

Calcul. – *Math.* Art d'exécuter des opérations à l'aide d'un système de signes. – *Calcul différentiel**, *des fonctions**, *infinitésimal**, *intégral**, *des probabilités** : voir ces mots. ☞ *Dist.* arithmétique*.

Canon [G. *canôn*, règle]. – *Log.* Règle : « Les canons de la méthode expérimentale » (J. S. Mill).

Canonique. – *Hist.* Chez les *Épicuriens* : la logique².

Capacité. – Voir *Aptitude**.

Capital. – *Éc. pol.* 1. Richesse ne servant pas à la consommation immédiate et mise en réserve, soit pour être consommée plus tard, soit pour produire des richesses nouvelles. – 2. Richesse qui produit un revenu (rente, loyer, bénéfice, intérêt) à son propriétaire indépendamment du travail de celui-ci.

Capitalisme. – *Éc. pol.* ▲ Régime économique caractérisé par la grande production (industrialisme, machinisme, production en série, spécialisation du travail) et par la propriété individuelle des capitaux.

Caractère. – *Log.* et *Épist.* 1. *Str.* (caractère *propre*, *distinctif*). Ce qui distingue un individu³ ou une espèce² des autres individus ou espèces. – *Spéc. Biol. Caractère dominateur :* dans la systématique classique, caractère plus général qui conditionne un caractère *subordonné : vg.* « vertébré » par rapport à « mammifère », « oiseau », « reptile », etc. – *Caractère dominant :* dans la théorie mendélienne, celui qui reparaît seul à la première génération et qui semble effacer les autres, dits *récessifs*, qui reparaissent cependant aux générations suivantes (Ph. I, p. 475). 2. Qqfs. *Lato.* (syn. *propriété*¹). Tout ce qui peut être attribut¹ d'un individu³ ou d'un genre¹ considéré comme sujet². – *Car.* 3. Type de structure psychique d'un individu². (Toutefois certains auteurs réservent ce nom aux dispositions innées : *vg.* Le Senne : « Par caractère, on entend le noyau de dispositions foncières, congénitales*, qui constitue la substructure somato-psychologique d'un individu ».) – 4. *Spéc.*, disposition psychique où domine l'énergie de la volonté : « On dit d'un homme qu'il n'a point de caractère lorsque les traits de son âme sont faibles, légers, changeants ; mais cela même fait un caractère³ » (Vauvenargues).

Caractériel. – *Car.* 1. Qui concerne le caractère³ : « Les types caractériels. » – 2. Qui présente des troubles du caractère³ : « Un enfant caractériel. »

Caractérologie. – *Épist.* Branche de la psychologie qui classe et étudie les caractères³.

Cardinales (Vertus). – *Mor.* La

prudence[1], le courage, la tempérance et la justice (cf. Cicéron, *De officiis*, I, 5) : « Les quatre vertus cardinales ont disparu avec les temps d'innocence » (Voltaire).

Carnot (Principe de). – Voir *Dégradation**.

Cartésien (de *Cartesius*, non latinisé de Descartes). – *Hist.* **1.** Qui se rapporte à Descartes : « La doctrine cartésienne. » – **2.** Disciple de Descartes : « Malebranche est, de tous les cartésiens, celui qui a le mieux aperçu la cause de nos erreurs » (Condillac).

Cas. – *Soc.* **1.** *Méthode des cas particuliers* (angl. : *case study*). Étude d'un phénomène social chez un individu ou un groupe particulier (cf. Ph. I, p. 519). – *Mor.* **2.** *Cas de conscience.* Difficulté à laquelle se heurte la conscience[3] en cas de conflit de devoirs (cf. Ph. II, p. 259). *Qqfs.*, par abréviation : *cas* : « On ne saurait, dit le Père, particulariser trop les cas » (Pascal, *Prov.*, 8).

Casuiste. – *Mor.* **1.** Théologien qui s'occupe de casuistique*. – **2.** *Ext.* : « La conscience est le meilleur des casuistes » (Rousseau).

Casuistique. – *Mor.* Étude des cas[2] de conscience.

Caste. – *Soc.* Voir *Classe*[3].

Catégorielle (Attitude). – *Psycho.* Celle qui implique « une appréhension[1] conceptuelle des rapports » et dégage, par suite, la signification des situations concrètes.

Catégories [G. *catégorein*, attribuer]. – *Crit.* Concepts très généraux exprimant les diverses relations que nous pouvons établir entre nos idées. *Chez Aristote*, il y a dix catégories : l'essence, la qualité, la quantité, la relation, l'action, la passion, le lieu, le temps, la situation, la manière d'être. *Chez Kant*, il y a douze « catégories de l'entendement » se distribuant sous les quatre chefs : *quantité**, *qualité**, *relation**, *modalité** (voir le tableau dans notre Ph. I, p. 345).

Catégorique. – (Ctr. : *hypothétique**). *Log.* **1.** *Proposition catégorique :* celle où l'assertion ne dépend d'aucune condition, *i. e.* qui n'est ni hypothétique*, ni disjonctive*.

– *Mor.* **2.** *Impératif catégorique* (Kant) : le Devoir[6], parce qu'il commande sans condition. Les autres impératifs (ceux de l'habileté ou de la prudence) sont *hypothétiques* : vg. « si vous voulez la santé, soyez tempérants » ; le Devoir dit : « soyez tempérants » sans condition.

Catharsis [mot grec]. – *Hist.* **1.** *Chez Aristote :* purgation des passions par le moyen de l'art[3], qui leur permet de s'épancher sur des objets fictifs.

– *Ps. an.* **2.** (Syn. : méthode cathartique). Thérapeutique psychanalytique qui consiste à débarrasser le sujet de ses troubles, soit par rappel à la conscience de l'idée dont le refoulement* les a causés, soit par abréaction*.

Catoptrique [G. *catoptris*, miroir]. – *Épist. Autref.* : partie de l'Optique traitant de la réflexion de la lumière (opp. *Dioptrique*, traitant de la réfraction) : « Une seule expérience sur la réflexion de la lumière donne toute la Catoptrique, ou science des propriétés des miroirs ; une seule sur la réfraction de la lumière produit... toute la Dioptrique ou science des propriétés des verres concaves et convexes » (D'Alembert).

Causalité. – *Épist.* Rapport de cause* à effet. – *Principe de causalité :* « Tout a une cause et, dans les mêmes conditions, la même cause est suivie du même effet. »

Causation. – *Méta.* Action par laquelle la cause[1] produit son effet.

Cause. – *Méta.* **1.** Force[2] productrice, engendrant l'effet et se prolongeant en lui. Cf. *Efficace** et *Occasionnelle**. – *Épist.* **2.** Antécédent[1] constant (Hume) et inconditionnel (J. S. Mill). – **3.** Phénomène lié au phénomène considéré par une relation fonctionnelle : « La cause n'est jamais vraiment empirique » (Bachelard). ☞ *Dans la science,* l'explication par les forces productrices (sens 1) fait place de plus en plus à l'explication par les relations fonctionnelles (sens 3). Aussi, tandis que F. Bacon disait que « savoir vraiment, c'est savoir par les causes » (sens 2), A. Comte a pu écrire (*Cours*, I) que la science renonce à la recherche des causes (sens 1), ce qui est d'ailleurs auj. discuté.

– *Hist.* **4.** *Aristote* distingue 4 espèces de causes : *a)* la *cause matérielle* (*vg.*, dans une statue, la matière dont elle est faite) ; – *b)* la *cause formelle* (la figure que la statue représente ; cf. *Forme*[1]) ; – *c)* la *cause efficiente, i. e.* la cause au sens 1 (le sculpteur) ; – *d)* la *cause finale*[1] (le but : désir de la gloire ou du gain, visé par le sculpteur).

– *Méta.* **5.** *Cause première :* voir *Premier*[4].

Caverne (Allégorie de la). – *Hist.* Fiction par laquelle Platon (*Rép.*, VII) dépeint la condition de l'homme prisonnier du corps et qui prend les choses sensibles pour les vraies réalités, par comparaison avec des captifs relégués dans une caverne où ils ne voient que des ombres qu'ils croient réelles.

Cécité [L. *caecus*, aveugle]. – État de celui qui est aveugle. *Ps. path.* : *Cécité psychique*, agnosie* visuelle. – *Cécité verbale* (syn. : *alexie*), agnosie visuelle verbale (le sujet voit les caractères écrits, mais ne les reconnaît pas : il ne sait plus lire). – *Cécité morale,* absence anormale de tout sentiment moral.

Cénesthésie ou **Cœnesthésie** [G. *koïnê aisthêsis*, sensibilité générale]. – *Psycho.* Sensibilité organique³, ensemble des sensations internes. ☞ *Dist.* sensations cinesthésiques ou kinesthésiques*.

Censure. – *Psycho.* **1.** Pouvoir de contrôle que l'esprit adulte et normal possède vis-à-vis de lui-même et qui lui permet de distinguer le réel de l'irréel, le praticable de l'impraticable, etc. – *Ps. an.* **2.** *Chez Freud :* fonction par laquelle certains désirs ou images sont repoussés dans l'inconscient. Voir *Refoulement*.

Central. – *Phol.* (Ctr. : *périphérique**). Qui se rapporte aux centres* nerveux, ou qui vient de ces centres*.

Centre. – *Phol.* Centres nerveux : chez l'homme, cerveau², cervelet, bulbe et moelle épinière. Sont dits *centrifuges* (syn. : *efférents*) les nerfs (moteurs ou sécréteurs) qui conduisent l'incitation des centres nerveux vers la périphérie ; *centripètes* (syn. : *afférents*) les nerfs (sensitifs) qui conduisent l'excitation de la périphérie vers les centres. – On a distingué dans le cerveau des *centres sensoriels* (syn. : *de projection*) et des *centres d'association*².

Cercle. – *Log.* **1.** *Cercle vicieux :* sorte de pétition de principe consistant à prouver une proposition P par une proposition R qui ne peut se prouver elle-même que par P.
– *Hist.* **2.** *Cercle cartésien :* celui que Gassendi reproche à Descartes en ces termes : « Vous admettez qu'une idée claire et distincte est vraie parce que Dieu existe, qu'il est l'auteur de cette idée et qu'il n'est pas trompeur ; et d'autre part, vous admettez que Dieu existe, qu'il est créateur et vérace, parce que vous en avez une idée claire. »

Cérébelleux. – *Phol.* Qui concerne le cervelet.

Cérébral. – *Phol.* **1.** Qui concerne le cerveau². « Les hémisphères cérébraux. » ☞ Ne pas confondre avec *cervical* [L. *cervix*, nuque], qui concerne le cou. – *Car.* **2.** Qui vit surtout par la pensée et l'imagination : « Baudelaire était un cérébral. »

Cérébration. – *Ps. phol.* Activité cérébrale. *Cérébration inconsciente :* travail intellectuel qui se fait sans que le sujet en soit conscient.

Certain. – *Psych.* **1.** □ En parlant des personnes : qui se croit en possession de la vérité : « Si l'homme qui se trompe dit, au moment où il se trompe : *je suis certain*, quand il a reconnu son erreur il dit : *je me croyais certain* » (Brochard).
– *Log.* ■ En parlant des propositions : **2.** Qui est assurément vrai : « Il n'y a eu que les seuls mathématiciens qui ont pu trouver quelques démonstrations, c'est-à-dire quelques

raisons certaines et évidentes » (Descartes, *Méth.*, II) ; « Ce qui n'est certifié que par les hommes, peut être cru comme vraisemblable, mais non pas comme certain » (Bossuet) ; « Pour autant que les propositions de la mathématique se rapportent à la réalité, elles ne sont pas certaines » (Einstein). *Qgfs*, en un sens plus fort : démontré : « S'il ne fallait rien faire que pour le certain, on ne devrait rien faire pour la religion ; car elle n'est pas certaine » (Pascal, 234). - **3.** Dont on est plus ou moins assuré : « Toutes les autres choses dont ils se pensent peut-être plus assurés, comme d'avoir un corps [etc.], sont moins certaines [que l'existence de Dieu] ; car, encore qu'on ait une assurance morale de ces choses... » (Descartes, *Méth.*, IV). Cf. *Moral*[5].

Certitude. – ○ *Psych.* **1.** □ (Opp. : *doute*[1] et *opinion*[1]). État de l'esprit qui « se croit en possession de la vérité » (Goblot), qui donne son assentiment* sans réserve aucune : « Certitude, certitude, sentiment, joie, paix » (Pascal, *Mémorial*) ; « La certitude n'existe que par l'harmonie de la nature et de l'esprit » (Lagneau) ; « L'enthousiasme a toujours engendré la certitude » (Espinas), ☞ Cf. *Croyance* et *Moral*[5]. – *Épist.* **2.** ■ Caractère de ce qui est certain au sens 2 : « C'est à la simplicité de leur objet que les mathématiques sont redevables de leur certitude » (D'Alembert). ☞ Terme équivoque comme le précédent : les confusions sont fréquentes entre le sens 1 et le sens 2. Cf. *Conviction**.

– ● **3.** Proposition, croyance ou opinion certaine[2], ou que l'on croit telle : « La jeunesse veut des certitudes. »

Cerveau. – *Phol.* **1.** *Lato.* Encéphale. – **2.** *Str.* Les hémisphères cérébraux (qui, *avec le cervelet et le bulbe*, forment l'encéphale).

– *Vulg.* **3.** Esprit : « Un puissant cerveau. » ☞ Très impropre au sens 3.

Champ. – *Phys.* **1.** « Ensemble des propriétés physiques qui caractérisent à chaque instant les divers points de l'espace et qui s'expriment par des fonctions *gén.* continues des coordonnées d'espace et de temps » (L. de Broglie) ; « Le champ [physique] n'est plus une chose, mais un système de rapports entre des forces ponctuelles : le champ va peu à peu éclipser la substance » (P. Valéry). – *Phol.* **2.** *Champ visuel :* étendue totale qu'un œil peut voir sans bouger.

– *Anal. Psycho.* **3.** *Champ de la conscience :* « nombre le plus grand de phénomènes simples qui peuvent être réunis à chaque moment, à notre personnalité dans une même perception personnelle » (Janet). *Par ext.* du sens 1 : « On peut parler d'un *champ psychologique*, qui est un comportement* systématisé, composé d'un cours de mouvements et d'images, orientés par une tendance » (Bréhier). – **4.** *Soc. Champ social* (notion, inspirée à la fois de celle de la *forme*[4] et de celle de l'espace *topologique**, que K. Lewin a introduite en psycho-sociologie) : réseau des relations et positions respectives des différents éléments (individus, sous-groupes, tabous sociaux, règles, etc.) qui constituent un groupe et représentent sa structure et son orientation dynamique.

Charité [L. *caritas*, amour]. *Mor.* **1.** Amour du prochain*. – **2.** Bienfaisance, et *spéc.* aumône : « Faire la charité » ; « Il faut toujours rendre justice avant d'exercer la charité » (Malebranche). – ☞ Sur l'équivoque du sens 2, cf. Ph. II, p. 323.

Chiffre. – *Math.* **1.** Signe figuré d'un nombre. – *Méta.* **2.** Signe secret à déchiffrer : « Les langues sont des chiffres » (Pascal 45). Spéc., chez Jaspers : signes de la Transcendance cachés dans l'histoire, les mythes, les doctrines philosophiques, etc. : « Il n'est rien qui ne puisse être chiffre » (Jaspers).

Chimie. – *Épist.* Science des propriétés spéciales des corps et des modifications de structure interne qu'ils peuvent subir. – *Théorie chimique (ou physico-chimique) de la vie* : celle qui ramène les phénomènes vitaux à des phénomènes physiques et chimiques.

Chitamnie [Hébreu *chitah*, méthode ; et *amen*, confiance]. – *Ps. path.* Terme proposé par H. Baruk pour désigner une psychothérapie* fondée sur la confiance entre malade et psychiatre.

Choix. – *Psycho.* **1.** *Str.* Décision volontaire par laquelle un parti est élu entre plusieurs possibles. – **2.** *Lato.* Sélection purement spontanée : « La conscience est une activité de choix. » – **3.** Voir *Zermelo*.

Chose. – *Méta.* **1.** Réalité, en *gén.* : « L'âme est une chose qui pense » (Descartes). – **2.** Réalité objective : « Il faut traiter les faits sociaux comme des choses » (Durkheim). – **3.** Réalité statique : « Il n'y a pas de choses, il n'y a que des actions » (Bergson, *E. C.*, III) ; « La *chose* est l'idole d'une pensée que hante un souci de fabrication manuelle » (Le Roy). – Voir *En soi*[3].

Chosisme. – *Crit.* (Péj.). Tendance à traiter le réel comme une chose au sens 3 ou « comme un donné brut extérieur ou plutôt hétérogène à la pensée » (Le Roy).

Cinématique. – *Épist.* Partie de la Mécanique où l'on étudie le mouvement, abstraction faite des forces[4] qui le causent.

Cinétique [G. *kinêsis*, mouvement]. – *Phys.* Qui se rapporte au mouvement : « Énergie* cinétique. » – *Théories cinétiques* (syn. : *mécanisme*[3]) : celles qui ramènent les phénomènes physiques à du mouvement (vg. *théorie cinétique des gaz*: celle qui explique les propriétés des gaz par le mouvement des molécules dont ils sont composés).

Circulaire (Folie). – *Ps. path.* État psychique morbide caractérisé par une alternance régulière de l'excitation (manie*) et de la dépression (mélancolie[2]) : c'est une forme de la *folie intermittente* ou psychose *maniaque-dépressive*.

Civil. – *Pol.* **1.** *Chez Rousseau:* « état civil » (opp. : *état de nature*), condition morale et juridique de l'homme dans une société organisée. – *Jur. et Pol.* **2.** Qui se rapporte à l'individu comme personne. *Droits civils:* droits de propriété, de se marier, d'hériter, de tester, d'être tuteur, témoin, etc. : « L'exercice des droits civils est indépendant de la qualité de citoyen » (*C. C.*, 7).

– *Hist.* **3.** *Chez Hegel:* « société civile » (all. : *bürgerliche Gesellschaft*), la société, considérée surtout dans sa structure économique et politique et en tant qu'elle implique l'indépendance des personnes : « La personne concrète est le principe de la société civile ».

Civilisation. – *Soc.* **1.** *Lato.* Ensemble des institutions*, techniques*, coutumes[1], croyances[2], etc., qui caractérisent l'état d'une société : « La civilisation des Guarani » ; « La civilisation minoenne ». – **2.** *Str.* Il y a plus spéc. « phénomène de civilisation » lorsqu'une civilisation[1] s'étend à une aire très large, comprenant plusieurs peuples distincts, et se hausse à la notion d'un « ensemble de valeurs[2] susceptibles d'être appliquées à la totalité de l'espèce humaine » (R. Hubert) : « La civilisation méditerranéenne. »

– *Mor.* **3.** (Opp. : *barbarie*.) État supérieur de la civilisation[2], apprécié d'après certains critères plus ou moins variables (avancement de la technique, état social et moral, développement intellectuel) : « La Civilisation. »

Civique. – *Jur. et Pol.* Qui se rapporte à l'individu comme citoyen. *Droits civiques:* droits de vote, d'éligibilité, de prétendre « à toutes dignités, places et emplois publics ».

Clair. – *Log.* (Ctr. : *obscur*). Une idée est *claire* quand on ne confond son objet avec aucun autre, quand on connaît bien l'extension* de cette idée. Cf. *Distinct** et *Présent**.

Clan. – *Soc.* **1.** *Lato.* Toute société où la parenté résulte de la communauté du nom (*vg.* la *gens* romaine). – **2.** *Str.* Le clan totémique : forme sociale où les individus, se considérant comme issus d'un même totem*, portent tous le nom de ce totem.

Classe. – *Log. form.* **1.** Ensemble d'êtres, objets ou faits en nombre indéterminé, possédant tous et possédant seuls un ou plusieurs caractères[2] communs : les *genres*[1] et les *espèces*[2] sont des *classes*. ☞ Dist. *classe* au sens scolaire : en Log., une classe d'élèves est une *collection**.

– *Biol.* **2.** Groupe morphologique supérieur à l'*ordre*[8] et inférieur à l'*embranchement* : « La classe des mammifères. »

– *Soc.* **3.** Groupe d'individus caractérisé, dans une société donnée, par son niveau de vie, ses droits ou ses privilèges, et surtout son rôle dans la production économique : « La classe ouvrière ». ☞ Dist. *caste*, groupe héréditaire, impliquant une stratification à base religieuse.

Classification. – *Épist.* Opération qui consiste à répartir les concepts ou les objets étudiés en classes[1] hiérarchiquement ordonnées, en genres[1] et en espèces[2]. – *Classification artificielle :* fondée sur un caractère choisi arbitrairement et gén. apparent, mais secondaire. *Classification naturelle :* fondée sur les caractères essentiels* (dans les sciences biol., psycho., soc., elle vise à reproduire l'enchaînement naturel, la généalogie des formes à classer).

Clinamen [mot latin]. – Voir *Déclinaison**.

Clos. – Voir *Ouvert**.

Cœur. – **1.** *Autref.*, not. *chez Pascal :* intuition, sentiment[2] immédiat : « Nous connaissons la vérité non seulement par la raison, mais encore par le cœur : c'est de cette sorte que nous connaissons les premiers principes... Le cœur sent qu'il y a trois dimensions dans l'espace et que les nombres sont infinis » (*Pensées*, 282). – **2.** Dispositions intérieures, conscience : « Ouvrir son cœur à qqn » ; « Il ne faut pas juger des hommes sur une première vue : il y a un intérieur[4] et un cœur qu'il faut approfondir » (La Bruyère, XII) ; « Son juge [de l'homme] est dans son cœur » (Voltaire). – **3.** Sentiments[4], côté affectif de l'âme : « L'esprit est toujours la dupe du cœur » (La Rochefoucauld) ; « Ce n'est pas la raison de l'homme qui le séduit, c'est son cœur » (Malebranche, *Écl.* XIII) ; « J'appelle héros ceux qui furent grands par le cœur » (Romain Rolland).

Cogent. – Contraignant pour l'esprit, rationnellement nécessaire[2] : « Pour lui [Descartes], toutes les vérités se trouvent seulement sur le plan de la vérité cogente » (Jaspers).

Cogito. – *Hist.* **1.** Expression abrégée pour désigner le « Je pense, donc je suis » *(cogito, ergo sum)* de Descartes (*Méth.*, IV, et *Méd.*, II). – **2.** *Chez Kant :* le « je pense » (cf. *Transcendantale** *[Aperception]*) devient la condition qui rend possible l'expérience. – **3.** *Chez Husserl :* « Cogito pré-réflexif », la pensée comme condition transcendantale de l'expérience, alors qu'elle n'a pas encore pris conscience de son intentionalité* et n'a pas encore pour elle-même qualité d'objet.

Cognitif. – *Psycho.* Qui concerne la connaissance[1].

Coïncidence. – Concomitance accidentelle de deux ou plusieurs phénomènes.

Collectif. – *Log. form.* **1.** (Opp. : *singulier* et *général*[2]). Qui désigne une collection* (voir ce mot).
 – *Psycho.* et *Soc.* **2.** *Psychologie collective* (ou *sociale*) : psychologie des groupes humains. *Conscience collective :* manières de sentir, de penser et d'agir propres à un groupe social déterminé et qui diffèrent des manières de sentir, de penser et d'agir individuelles (cf. Ph. II, p. 176). *Inconscient collectif :* v. ce mot.

Collection. – *Log. form.* Pluralité d'êtres, objets ou faits en nombre déterminé, *vg* : « Les membres de telle association[4] » ☞ *Dist.* classe[1].

Collectivisme. – *Soc.* ▲ **1.** Organisation économique où la propriété individuelle des instruments de production* (mais non des objets de consommation*) est remplacée par la propriété de l'État ou de la nation.
 – *Éc. soc.* **2.** △ Doctrine qui préconise cette organisation : « Le collectivisme diffère du communisme[2] en ce qu'il ne réclame pas l'abolition générale de la propriété individuelle et prétend même la rendre plus solide en lui donnant pour fondement le travail personnel. Mais pour cela il faut [selon lui] la restreindre aux *produits* et l'abolir en ce qui concerne les *instruments de production* » (Ch. Gide).

Colligation. – *Log.* « Opération par laquelle nous réunissons les faits sous une idée » (Whewell) : *vg.* les positions des planètes sous l'idée d'orbite planétaire. Pour Whewell, elle se confond avec l'induction* ; pour Mill, elle lui est préliminaire.

Commun. – *Log.* **1.** *Notions communes :* celles qui, faisant partie intégrante de la raison, sont communes à tous les hommes : « Un philosophe serait bien savant s'il voyait tout ce qui est dans les notions communes » (Condillac). – **2.** *Sens commun :* voir *Sens*.
 – *Math.* **3.** Une quantité est *commune mesure* entre deux autres quand elle est comprise un nombre entier de fois dans chacune d'elles : celles-ci sont dites alors *commensurables*.

Communauté. – *Crit.* **1.** *Chez Kant :* syn. : *réciprocité*.
 – *Soc.* **2.** ○ Caractère de ce qui est commun dans un groupe d'individus : « une communauté d'opinions ». *Spéc.*, se dit du régime économique où la propriété individuelle n'existe pas (syn. : *communisme*[1]) : « L'état de communauté [des biens] est le seul juste » (G. Babeuf). – **3.** ● Groupe, *gén.* à base religieuse, dont les membres sont unis par la même foi et font abandon de leurs

biens personnels : « Les Perses eurent des communautés de cénobites » (Voltaire). – **4.** Type d'organisation sociale défini par F. Tönnies comme reposant sur les liens du sang et de l'instinct et *opp.* par lui à la *Société*[3] reposant sur la volonté réfléchie et l'intérêt (Ph. II, p. 327).

Communication (des consciences). – *Psycho.* Phénomène par lequel les consciences individuelles, au lieu de rester closes et isolées, sympathisent et communiquent entre elles (Ph. II, ch. IX) : « Je ne crois pas à la transmigration* des âmes, mais je ne puis m'empêcher de croire à leur communication » (Buffon) ; « La communication avec un autre être ne peut se produire que grâce à ce mouvement par lequel chacun d'eux ne pense plus à soi, mais au prochain afin de l'appeler à une vie supérieure » (Lavelle).

Communication de masses (Trad. anglais : *mass communications*). – *Soc.* Ensemble des procédés (presse, livres, radio, télévision, cinéma, etc.) qu'utilisent l'information et la propagande pour agir sur l'opinion[2] publique.

Communion. – *Psycho.* **1.** Fusion parfaite des âmes dans les mêmes sentiments : « Toute communion n'est qu'un leurre si elle ne nous donne en même temps une conscience plus vive de notre existence séparée » (Lavelle).

– *Théol.* **2.** *Communion des saints :* union spirituelle de tous les fidèles qui les fait participer aux mêmes mérites. – **3.** Église, confession religieuse : « Les communions protestantes. »

Communisme. – *Soc.* ▲ **1.** Organisation économique reposant sur la communauté[2] des biens et sur le principe : « A chacun selon ses besoins. » *Lato.* Type d'organisation sociale « qui absorbe l'individu dans le groupe » (Durkheim).

– *Éc. soc.* △ **2.** *Autref.*, doctrine qui préconise cette organisation (cf. *Collectivisme*[2]) : « Le communisme ne pense ni ne raisonne... il croit » (Proudhon) ; « Ce communisme [de Platon] est très complet et très ascétique » (Ruyer). – **3.** *Auj.*, collectivisme[2] qui se réclame de l'idéologie marxiste : « Par suite d'une confusion regrettable, on a pris l'habitude de parler du *communisme russe*, alors que le régime soviétique exclut tout à fait l'attribution des biens selon la maxime : *A chacun selon ses besoins* » (B. Lavergne).

Commutative (Justice) [L. *commutare*, échanger]. – *Mor.* (Opp. : *distributive**). Celle qui préside aux échanges, contrats, etc., et est fondée sur l'équivalence des choses, abstraction faite des inégalités entre les personnes (voir Ph. II, p. 322).

Comparaison. – *Psycho.* et *Épist.* Opération réfléchie par laquelle on établit les ressemblances et les différences entre deux termes.

– La *méthode comparative* est celle qui use systématiquement de la comparaison : *vg.* en Soc. l'*observation comparative* suppléée à la difficulté d'expérimenter (Ph. I, p. 519) : « Dans les sciences sociales, le seul moyen pour appliquer le mode de raisonnement expérimental est de *comparer* les diverses formes de la vie sociale » (A.-R. Brown). – *Anatomie comparée :* celle qui compare les organismes et les modifications que subit chaque organe dans la série des êtres vivants. – *Psychologie comparée :* celle qui compare la vie psychique chez l'homme et les animaux ou chez les divers groupes humains, dans les peuples, les classes, les sexes, etc.

Compensation. – *Ps. an. Chez Adler :* « mécanismes de compensation », ceux par lesquels le sujet « essaie de *compenser* ses infériorités* par des efforts pour se mettre au premier plan dans un autre sens » (Baruk) : *vg.* Démosthène bègue devenant orateur.

Complémentaire. – *Phys.* **1.** *Couleurs complémentaires :* celles dont le mélange donne du blanc (*vg.* rouge et bleu-vert).
– *Psycho.* **2.** Voir *Consécutive**.

Complémentarité (Principe de). – *Phys.* Principe énoncé par le physicien danois N. Bohr et d'après lequel, dans les phénomènes ondulatoires, les corpuscules en mouvement et les ondes représentent les deux aspects complémentaires d'une même réalité (voir Ph. I, p. 445).

Complexe (adj.). – *Log.* **1.** (Ctr. : *simple**). Composé d'un grand nombre d'éléments. *Terme complexe :* celui dont la compréhension[2] est très riche. – *Math.* **2.** *Nombre complexe :* voir *Imaginaire*[3].

Complexe (nom). – *Vulg.* **3.** (Syn. : *complexus*). Système complexe[1] de phénomènes se mêlant intimement.

– *Ps. an.* **4.** « Ensemble de contenus représentatifs ou de situations qui, à la suite d'expériences spéciales des années d'enfance, possèdent pour le sujet une forte charge émotive et qui produisent leurs effets consciemment ou inconsciemment au cours du développement psychique » (J. Nuttin). Ces effets consistent en fortes réactions émotives, *qqfs.* en troubles psychiques. – Cf., *infériorité**, *Œdipe**.

Comportement. [Trad. anglais *behaviour*]. – *Psycho.* Ensemble des actes par lesquels l'homme et les animaux réagissent aux impressions reçues du monde extérieur ; manière dont ils se conduisent. Cf. *Behaviourisme**. ☞ Ce mot avait déjà été employé par Pascal : « Pour reconnaître si c'est Dieu qui nous fait agir, il vaut bien mieux s'examiner par nos comportements au-dehors que par nos motifs au-dedans » (L. à Périer, 1661).

Composé. – *Log. form. Proposition composée :* celle qui a plusieurs sujets[2] ou plusieurs attributs[1] (*vg.* une disjonctive*). – *Syllogisme composé :* raisonnement formé de plusieurs syllogismes enchaînés (*vg.* polysyllogisme*).

Composite (Portrait). – *Techn.* Celui qu'on obtient par superposition de photographies analogues sur un même cliché (voir Ph. I, p. 280).

Compossible. – *Méta. Chez Leibniz :* qui est non seulement possible, mais compatible avec l'ensemble de l'univers. Voir *Possible**.

Compréhensif. – *Épist.* On a nommé « psychologie » ou « sociologie compréhensive » (all. : *verstehende*) celle qui cherche à comprendre au sens 4, *i. e.* à saisir par sympathie plutôt qu'à expliquer (Ph. I, p. 511 et 515).

Compréhension. – *Vulg.* **1.** (Syn. : *intelligence*[4]). Action de comprendre* (en tous les sens de ce terme) : « La compréhension met toujours en œuvre tout l'esprit » (Delacroix).

– *Log. form.* **2.** (Opp. : *extension*). Ensemble des caractères, propriétés ou qualités qui constituent un concept, dont il est le sujet[2] (*vg.* pour « oiseau » : animal, vertébré, à sang chaud, ovipare, etc.). – Voir Ph. I, p. 290, note.

Comprendre. – *Psycho.* A) Au sens intellectuel : **1.** Comprendre *un signe, un symbole, une langue,* c'est être capable de lui substituer les concepts, images, etc., qui constituent sa *signification :* « Comprendre une phrase, c'est comprendre et le sens des mots et la construction de la phrase » (Delacroix). – **2.** Comprendre *un fait, une idée, un raisonnement,* c'est l'intégrer dans un système logique (comprendre le fait, c'est connaître sa cause ou sa loi ; l'idée, c'est saisir ses relations avec d'autres idées ; le raisonnement, c'est concevoir l'ensemble des rapports qui le constituent) : « On comprend dès qu'on systématise » (Delacroix). – **3.** Saisir pleinement par la pensée l'essence de ce que l'on connaît : « Si je vous comprenais, mon Dieu, vous ne seriez plus ce que vous êtes » (Bourdaloue). Cf. *incompréhensible*[2].

B) Au sens affectif ou sympathique : **4.** Entrer en communication*, voire en communion* avec (autrui, une œuvre spirituelle, etc.) : « Ils [Corinne et Oswald] se comprenaient mutuellement d'une façon merveilleuse » (Mme de Staël) ; « Comprendre amoureusement un thème musical, c'est s'ouvrir à la suggestion d'évasion qu'il contient » (Pradines). ☞ Certains auteurs, *not.* allemands, opposent, en ce sens, *comprendre* à *expliquer :* « La nature, nous l'expliquons *[erklären]* ; la vie de l'âme, nous la comprenons *[verstehen]* » (Dilthey). Cf. *compréhensif**.

Conation, Conatus [L. *conari*,

s'efforcer]. – *Méta* **1.** *Chez Leibniz* : éléments ponctuels d'énergie, qui composent : *a)* la pensée : « La pensée consiste dans le *conatus* [effort] comme le corps dans le mouvement » (L. à Arnauld) ; puis *b)* le mouvement lui-même : « Non seulement les actions intérieures volontaires de notre esprit suivent de ce *conatus*, mais encore les extérieures, *i. e.* les mouvements volontaires de notre corps. » – *Psycho.* **2.** Qqfs. employé *auj.* pour désigner les faits d'activité[2] : « Dans la vie mentale de l'homme, les conations se transforment couramment en activités volontaires » (Warren).

Concept. – *Psycho., Épist., Crit.* **1.** *Lato.* Idée abstraite et générale : « Les concepts élaborés par la masse et ceux qu'élaborent les savants ne sont pas de nature essentiellement différente » (Durkheim). – **2.** *Str.* Se dit spéc. des idées les plus abstraites et les plus générales : « Les catégories* sont les vrais concepts primitifs de l'entendement pur » (Kant, *R. pure*, Analyt., I, 1, 3). – Voir *Schème*[4].

Conception. – *Psycho.* **1.** ○ Opération ou faculté consistant à concevoir* (au sens 1 ou 2) : « Je remarque premièrement la différence qui est entre l'imagination et la pure intellection ou conception » (Descartes, *Méd.*, VI). – **2.** ● Produit de cette opération ; d'où *ext.*, façon de penser, théorie : « La conception empiriste de la causalité » ; « Les conceptions modernes de la matière ».

Conceptualisation. – *Épist.* Réduction du donné empirique à des concepts[1], du sensible à l'intelligible : « La science est une conceptualisation de la nature. »

Conceptualisme. – *Crit.* (Opp. : *nominalisme*[1] et *réalisme*[3]). △ Doctrine selon laquelle les concepts[1] ou universaux* existent, à titre d'idées[3], dans notre esprit, mais non en tant que réalités à part des objets individuels[2] : « Sans aboutir à un conceptualisme nettement caractérisé, Abélard en approche aussi près que possible » (Gilson).

Concevoir. – *Psycho.* **1.** *Latiss.* Se disait *autref.* gén. de toute appréhension[1] d'un objet par l'esprit : « On appelle *concevoir* la simple vue que nous avons des choses qui se présentent à notre esprit » (Port-Royal). On dit encore *auj.* : « concevoir un projet » (le former/dans son esprit), « concevoir de la haine pour qqn » (commencer à l'éprouver), etc. – **2.** *Lato.* Comprendre[2] : « Concevoir un raisonnement », ou encore : se représenter comme possible : « Cela ne se conçoit pas ». – **3.** *Str.* (Opp. : *imaginer*). Former le concept[1] d'une chose. ☞ Le sens propre est le sens 3.

Conclusion. – *Log.* **1.** Proposition qui clôt un raisonnement* ou une inférence* et que ceux-ci ont pour but d'établir. – *Spéc.* **2.** (Math.) Dans un théorème, proposition à démontrer (opp. : *hypothèse²*). – **3.** (Log. form.). Dans un syllogisme, troisième et dernière proposition implicitement contenue dans les deux premières (opp. : *prémisses**.) ☞ *Dist.* conséquence*.

Concomitant. – Qui se produit en même temps.

Concordance (Méthode de). – *Log.* Une des quatre méthodes expérimentales de J. Stuart Mill (Ph. I, p. 433).

Concret. – *Psycho.* et *Log.* (Ctr. : *abstrait*). Un *objet* est concret quand il est considéré tel qu'il est donné dans l'expérience, soit externe, soit interne : un *fait*, qu'il soit physique, psychique ou social, est concret ; au ctr., une relation mathématique est abstraite. Le concret est *singulier, individuel* (cf. cependant *Universel**), par opp. à l'abstrait qui, seul, est *général*. Une *représentation* est concrète (*vg.* sensation, image, perception) quand elle reproduit son objet tel qu'il est donné dans l'expérience ; elle est abstraite (*vg.* idée) quand on ne considère qu'un élément pris à part. ☞ *Dist.* sensible : tout ce qui est sensible est concret, mais non réciproquement.

Concupiscence. – *Théol.* Appétit¹ déréglé de la volonté corrompue par le péché : « Tout ce qui est au monde est concupiscence de la chair, ou concupiscence des yeux, ou orgueil de la vie : *libido sentiendi, libido sciendi, libido dominandi* » (Pascal, 458, d'après saint Jean, *Épîtres*, I, 2, 16).

Concupiscible. – Voir *Appétit¹*.

Concurrence. – *Éc. pol.* **1.** Dans le phénomène de la *concurrence* économique, *dist.* : *a)* la liberté du travail et des échanges [ctr. *monopole*] ; *b)* la lutte économique (ctr. : *coopération¹*).

– *Biol.* **2.** *Concurrence vitale* : sorte de « lutte pour la vie » gén. inconsciente qui, selon Darwin, s'établit entre les êtres vivants et élimine les moins forts ou les moins bien adaptés (voir Ph. I, p. 471).

Condensation. – *Ps. an.* Procédé de la pensée onirique* par lequel : « 1. certains éléments du rêve latent* sont éliminés ; 2. le rêve manifeste ne reçoit que des fragments de certains ensembles du rêve latent ; 3. des éléments latents ayant des traits communs se trouvent fondus ensemble » (Freud).

Condition. – **1.** (Au pluriel). Circonstances dans lesquelles un phénomène se produit ou dans lesquelles une personne se trouve : « Conditions de température et de pression », « Conditions de vie ». – **2.** (Au pluriel ou au singulier). Circonstance nécessaire², celle sans laquelle le phénomène ne se produirait pas : « Une des *conditions* de l'ébullition est que la pression soit inférieure au point critique ».

Conditionnel. – *Log.* (Syn. : *hypothétique**). Qui dépend d'une condition[2].

Conduite. – Ce terme qui enveloppait *autref.* un sens moral[1], est souvent employé *auj.* comme syn. de *Comportement** : « La Psychologie est la science de la conduite » (Lagache).

Confus. – Ctr. de *distinct**.

Confusion mentale. – *Ps. path.* État pathologique caractérisé par de l'obtusion intellectuelle, de l'amnésie* et une incapacité générale de coordonner les sensations et les idées (voir Ph. I, p. 254).

Congénital. – *Biol.* (Ctr. *acquis*[1]). Que l'être apporte en naissant.

Congruence. – *Épist.* Égalité[2] géométrique : deux figures sont *congruentes* quand elles sont superposables.

Conjecture. – Voir *Hypothèse*[1].

Conjonction. – *Épist.* Liaison fortuite. Voir *connexion**.

Connaissance. – *Psycho.* **1.** ○ (Opp. : *affectivité*[2] et *activité*[2]). Fonction de la vie psychique qui se manifeste par des phénomènes ayant un caractère représentatif* et objectif*. Voir *Connaître*[1]. – *Épist.* **2.** ● (Souvent au pluriel). Résultat de cette fonction : « Acquérir des connaissances », « Dans l'état actuel de nos connaissances ».

– *Crit.* **3.** *Théorie de la connaissance* : voir *Critique*[1].

Connaître. – *Psycho.* ■ **1.** Prendre connaissance[1] de... La connaissance proprement dite suppose la distinction du sujet et de l'objet : « Connaître, c'est sortir de soi » (Lagneau). – **2.** Reconnaître, discerner : « Connaître le bien et le mal ». – **3.** *Spéc.*, reconnaître comme ami, comme parent : « Albe vous a nommé, je ne vous connais plus » (Corneille). – □ **4.** *Se connaître* : avoir conscience de soi-même, de ses forces, de sa valeur : « Il faut se connaître soi-même : quand cela ne servirait pas à trouver le vrai, cela au moins sert à régler sa vie » (Pascal, 66) ; « Et nul ne se connaît tant qu'il n'a pas souffert » (Musset).

Connaturel. – *Méta.* Dans le lang. scolastique : qui est inhérent à la nature d'un être ou en accord avec elle. D'où : **1.** inné* : « Science connaturelle » (saint Thomas) ; – **2.** *connaissance par connaturalité*, celle qui repose sur l'identité de nature du connaissant et du connu, *vg.* la connaissance d'autrui.

Connexion. – Liaison (avec une idée de nécessité) : « La cause et l'effet sont liés, non par une connexion nécessaire [angl. : *connected*], mais par une conjonction constante [angl. *conjoined*] » (Hume).

Connotation. – *Log. form.* Propriété que possède un terme de désigner certains attributs[1] constituant la compréhension[2] du concept correspondant.

Conscience. – *Psycho.* **1.** ○ Intuition[1] plus ou moins claire et explicite que prend l'individu[2] humain des faits qui se passent dans son propre esprit. *Conscience simple* ou *spontanée* : sentiment intérieur, intuition immédiate qu'a le sujet[4], de ses états psychiques et dans laquelle il ne s'oppose pas à ce qui n'est pas lui. *Conscience réfléchie* : celle qui implique la connaissance[1] des états psychiques par un *moi* qui s'en distingue. *Conscience de soi* : sentiment de la personnalité. – **2.** ● Ensemble des faits de conscience au sens 1, ou sujet de ces faits : « Toute conscience est mémoire. Une conscience qui ne conserverait rien de son passé... » (Bergson), ou plus précisément encore : telle structure particulière de ce sujet : « Nous userons du terme *conscience* non pour désigner la monade* et l'ensemble de ses structures psychiques, mais pour nommer chacune de ces structures dans sa particularité concrète » (Sartre).

– *Mor.* **3.** *Conscience morale* : fonction pratique[2] de la conscience[1] qui nous permet de distinguer le bien et le mal et qui juge[2] nos actes : « Il ne faut pas forcer les hommes à agir contre leur conscience » (Malebranche) ; « L'approbation et la réprobation, voilà l'essence bipolaire de la conscience morale » (Le Senne). – **4.** *Liberté de conscience* : absence de contrainte en ce qui concerne les croyances et pratiques religieuses : « La liberté de conscience est la seule qui soit absolue : nul ne peut être incriminé pour ses croyances » (Renouvier).

Conscient. – **1.** □ Qui possède : *a)* soit simplement la conscience[1] spontanée ; *b)* soit la conscience[1] réfléchie. – **2.** ■ Qui est objet de conscience[1] (même distinction). – **3.** ■ A priori[2] ; que l'esprit connaît sans avoir besoin de recourir à l'expérience : « Il y a deux ordres de vérités ou de notions, les unes conscientes, intérieures et subjectives ; les autres inconscientes, extérieures ou objectives » (Cl. Bernard). ☞ *Très impropre au sens 3.*

Consécution. – Simple succession de faits donnée dans l'expérience[2] : « La mémoire fournit une espèce de consécution aux âmes, qui imite la raison, mais qui doit en être distinguée » (Leibniz, *Mon.* 26).

Consécutive (Sensation). – *Psycho.* (Syn. : *complémentaire*). Sensation (qqfs. appelée *image*) qui se produit après la cessation de la sensation visuelle primaire et qui est comme le négatif de celle-ci. – Voir Ph. I, p. 177.

Consensus. – **1.** *Hist. Chez Maine de Biran* : accord, communication* des consciences : « L'homme est en rapport avec son semblable par une sympathie[2] naturelle très bien nommée *consensus* » (Biran).

— **2.** *Biol. Consensus vital* : accord, coopération des fonctions vitales dans l'organisme.

— **3.** *Soc. Chez Comte* : « consensus social », solidarité des phénomènes sociaux, tous « profondément connexes » (*Cours*, 48ᵉ leçon).

Consentement. — *Psycho.* **1.** *Autref.*, Assentiment* donné à un jugement : « On ne doit jamais donner de consentement entier qu'aux propositions qui paraissent évidemment vraies » (Malebranche, *R. V.*, I, 2). — **2.** *Auj.*, accord donné à un projet émanant d'autrui : « Je vous réponds déjà de son consentement » (Racine).

— *Crit.* **3.** *Consentement universel* : accord de tous les hommes sur un jugement ou une croyance.

Conséquence. — *Log.* Conclusion logiquement nécessaire[1b] ; proposition qu'il est impossible de nier sans contradiction, une fois les principes[1] admis

Conséquent. — (Opp. : *antécédent*). *Épist.* **1.** Fait qui suit un autre fait. Cf. *Consécution**. — **2.** *Log.* Dans une proposition hypothétique, partie de la proposition qui résulte de l'antécédent[2].

Conservation. — *Psycho.* **1.** *Conservation des souvenirs* : fonction par laquelle les souvenirs sont censés se « conserver » dans la mémoire.

— *Phys.* **2.** *Principe de la conservation de l'énergie* : l'énergie[1] totale d'un système de corps demeure toujours la même si aucune force n'agit sur ce système.

Conservatrice (Activité). — *Psycho.* Nom donné par Pierre Janet à l'activité psychique qui se borne à conserver le passé et à le restituer intégralement, sans adaptation au présent. Voir Ph. II, pp. 10-11.

Consommation. — *Éc. pol.* Fonction de la vie économique consistant dans l'utilisation directe des richesses produites. *Objets de consommation :* tous ceux qui sont directement utilisables (opp. : *instruments de production*), vg. aliments, vêtements, habitation, etc.

Constatif. — *Épist.* (Opp. : *appréciatif* ou *normatif*). Qui exprime une simple constatation ou un rapport de fait : « La raison n'est pas constative, mais normative » (Lalande).

Contiguïté. — *Psycho.* Deux états de conscience sont « en contiguïté » dans l'esprit quand ils s'y produisent simultanément ou en succession immédiate. *Association par contiguïté :* un des modes de l'association[3] des idées.

Contingence. — *Épist.* et *Méta.* **1.** Caractère de ce qui est contingent[1] : « La contingence des lois de la nature » (Boutroux). Dans les doctrines existentialistes, caractère de ce qui est sans raison, gratuité : « L'être est sans raison, sans cause et sans nécessité ; la définition même de l'être nous livre sa contingence originelle » (Sartre). – **2.** (Syn. : *indétermination*[2]). Caractère de ce qui est contingent[2] ; absence de déterminisme : « La probabilité, en Physique quantique, ne résulterait plus [selon le probabilisme[2]] d'une ignorance : elle serait de la contingence pure » (L. de Broglie). – **3.** *Preuve par la contingence du monde* (syn. : *argument cosmologique*) : une des preuves classiques de l'existence de Dieu : « L'observation et le raisonnement nous montrent de la contingence[1] dans le monde... Or le contingent[1], par définition, ne se suffit point, mais réclame l'existence antérieure du nécessaire » (Le Roy).

Contingent. – *Épist.* et *Méta.* **1.** (Ctr. : *nécessaire*[1]). Ce qui n'est pas de nécessité logique : « Il y a deux sortes de vérités : les unes sont nécessaires et les autres contingentes » (Malebranche) ; « Les lois de la statique et de la dynamique, telles que l'expérience les donne, sont de vérité contingente » (D'Alembert) ; « Ce n'est pas la recherche scientifique, c'est uniquement la prétention d'arriver à se passer de l'expérience qui est condamnée par la doctrine des variations contingentes » (Boutroux). – **2.** Indéterminable : « Cette réduction [qu'opère la science] du particulier au général est aussi un passage du contingent au nécessaire » (Liard). – *Futurs contingents* : événements à venir imprévisibles : « Les philosophes conviennent aujourd'hui que la vérité des futurs contingents est déterminée » (Leibniz, *Théod.*, 36).

Continu. – *Épist.* **1.** Qui ne comporte pas d'intervalles ou d'éléments actuellement distincts : « La classique opposition de l'élément simple et indivisible [cf. *Atome*[1]] avec le continu étendu et divisible » (L. de Broglie) ; « Dans les théories nouvelles, l'étendue continue et divisible, c'est essentiellement le *champ*[1] » (id.). Cf. *Quantum**.

– *Math.* **2.** *Grandeur* ou *quantité continue* : celle qui varie par différences infiniment petites. *Fonction continue* : celle qui est susceptible de varier aussi peu qu'on voudra pour des variations suffisamment petites des variables.

– *Ps. path.* **3.** *Amnésie continue* (syn. : *antérograde*) : amnésie de fixation[1] où le sujet « oublie à mesure » tout ce qu'il perçoit (voir Ph. I, p. 199).

Continuité. – *Méta.* Principe de continuité : « La nature ne fait pas de sauts » (Leibniz), *i. e.* il n'y a pas de solution de continuité entre les êtres ou les phénomènes de la nature.

Contradiction. – *Log. form.* **1.** ○ Action d'affirmer et de nier en même temps une même chose. *Principe de contradiction* : « Deux propositions contradictoires[1] ne peuvent être à la fois toutes deux vraies ni toutes deux fausses » (cf. *Alternative*³). *Impliquer contradiction :* voir *Contradictoire*³. - **2.** ● (Au pluriel) Propositions contradictoires¹ : « On trouve de pareilles contradictions chez tous les peuples... les circonstances introduisent d'âge en âge des usages et des opinions contradictoires » (Condillac)

Contradictoire. - *Log. form.* **A.** Relativement : **1.** *Propositions contradictoires* (entre elles) : propositions opposées* différant à la fois en quantité* et en qualité*, *vg.* « Tous les hommes sont mortels » et « Certains hommes ne sont pas mortels ». - **2.** *Concepts contradictoires* (entre eux) : concepts tels que l'affirmation de l'un implique la négation de l'autre et que la négation de l'un implique l'affirmation de l'autre (*vg.* « coloré » et « non coloré »). - **B.** Absolument : **3.** Une proposition ou un concept est *contradictoire* (en soi) ou « implique contradiction » quand on peut la ou le décomposer en deux propositions contradictoires¹ ou en deux concepts contradictoires².

Contraire. - *Log. form.* **1.** *Propositions contraires :* propositions opposées*, toutes deux universelles, l'une affirmative, l'autre négative, *vg.* « Tous les hommes sont mortels » et « Aucun homme n'est mortel ». - **2.** *Concepts contraires :* concepts tels que l'affirmation de l'un implique la négation de l'autre, mais sans que la négation de l'un implique l'affirmation de l'autre (*vg.* « blanc » et « noir »). ☞ *Dist.* contradictoire* (confusion fréquente).

Contraposition. - *Log. form.* Mode de conversion* consistant à affecter d'une négation le sujet et l'attribut d'une proposition et à les faire permuter (schéma : « tout A est B, donc tout non-B est non-A »).

Contrariété (Principe de). - *Log. form.* « Deux propositions contraires¹ ne peuvent être toutes deux vraies » (mais elles peuvent être toutes deux fausses).

Contraste. - *Psycho.* Opposition de deux qualités. *Loi de contraste :* le contraste renforce l'intensité des états de conscience, *not.* les états affectifs et les sensations (*vg.* contraste des couleurs : *simultané* lorsqu'elles sont juxtaposées, *successif* quand on regarde l'une après avoir observé l'autre). *Association par contraste :* un des modes de l'association³ des idées.

Contrat. - *Jur.* **1.** « Convention par laquelle une ou plusieurs personnes s'obligent, envers une ou plusieurs autres, à donner, à faire ou à ne pas faire qq. ch. » (*C. C.,* 1101). Cf. *Statutaire**.
— *Pol.* **2.** *Chez J.-J. Rousseau,* « contrat social » : contrat fictif qui constitue le fondement idéal du droit politique (cf. *Contrat social,* l, I, ch. VI).

Convaincre. - *Psycho.* **1.** ■ (Au sens propre). Obtenir l'assentiment* d'autrui à l'aide d'arguments d'ordre purement intellectuel : « On ne peut réellement convaincre sans être convaincu soi-même ; car la conviction réelle est la suite de l'évidence » (La Bruyère). ☞ Dist. *persuader**, et cf. *Conviction*[2]. – **2.** *Lato* (et improprement). □ Rendre certain[1] ; persuader : « Il l'exhorte, il le redresse, il le convainc » (Fléchier). ☞ Terme équivoque, comme le mot *certitude**.

Conversion. – *Log. form.* Mode de déduction immédiate* qui consiste, une proposition étant posée, à former une proposition nouvelle (dite *converse*) ayant pour sujet[2] l'attribut[1] de la première et pour attribut le sujet de la première. *Conversion simple* : celle où l'on se borne à faire permuter le sujet et l'attribut, sans autre modification. *Conversion par négation* : celle qui consiste à transformer une particulière négative en particulière affirmative (en faisant porter la négation sur l'attribut) et à convertir ensuite celle-ci simplement. – Cf. *Accident*[2] et *Contraposition**.

Convertible. – *Log. form.* Susceptible de conversion* : « Les universelles affirmatives ne sont convertibles que par accident[2]. »

Conviction. – *Psycho.* **1.** ○ Action de convaincre, *spéc.* au sens 1 : « La conviction agit sur l'entendement, et la persuasion sur la volonté » (D'Aguesseau). – **2.** ● ■ Certitude[1] résultant de ce qu'on a été « convaincu » au sens 1 : « J'exigerais qu'ils [les libertins] eussent des raisons claires et qui emportent conviction » (La Bruyère). – **3.** ● □ Croyance[3] certaine[1] résultant de ce qu'on a été « convaincu » au sens 2 « Ce qui pense, c'est-à-dire ce qui est à l'homme même une conviction qu'il n'est point matière » (La Bruyère). ☞ Terme équivoque comme *convaincre*. La même ambiguïté existe vg. en all. Cf. Kant, *R. pure*, Methodenlehre, II, 3 : « Quand la croyance *[Fürwahrhalten]* est valable pour tout le monde, pourvu seulement qu'on ait de la raison, son fondement est objectivement suffisant, et la croyance s'appelle alors conviction[2] *[Ueberzeugung]*. Si elle n'a son fondement que dans l'état particulier du sujet, elle est nommée persuasion *[Ueberredung]*. » Mais un peu plus loin, *ibid.* : « La suffisance subjective s'appelle conviction[3] *[Ueberzeugung]* (pour moi-même), la suffisance objective s'appelle certitude *[Gewissheit]* (pour tout le monde). »

Coopération. – **1.** ○ Action de coopérer* (en gén.) : « C'est impiété de n'attendre de Dieu nul secours simplement sien et sans notre coopération » (Montaigne). *Spéc. Soc.* Processus social, volontaire ou spontané, par lequel les actions individuelles coopèrent* au lieu de s'opposer ; entraide, solidarité.

– *Éc. soc.* **2.** ● Organisation de la vie économique qui repose sur le principe « de faire remise du profit* au consommateur » (B. Lavergne). Ceci définit surtout les sociétés coopératives *de consommation*. Mais il existe aussi des associations coopératives *de production* (celles où les ouvriers s'associent pour entreprendre des travaux à leur propre compte au lieu de travailler pour le compte d'un patron) et des coopératives *de crédit* (où les adhérents constituent une caisse commune destinée à leur fournir des capitaux).

Coopérer. – Conjuguer, volontairement ou non, son action avec d'autres en vue d'un but à atteindre : « Les impies mêmes coopèrent au bien des élus » (Massillon).

Coordonné. – *Math.* **1.** *Coordonnées :* éléments qui déterminent la position d'un point sur une surface ou dans l'espace.

– *Biol.* **2.** *Caractères coordonnés :* ceux qui sont liés de telle sorte que la présence, l'absence ou la variation des uns entraîne la présence, l'absence ou la variation des autres : *vg.* « la forme de la dent entraîne la forme du condyle, celle de l'omoplate, celle des ongles » (Cuvier).

Copule. – *Log. form.* Mot qui, dans une proposition, exprime le rapport entre le sujet[2] et l'attribut[1] (le verbe « être » dans les prop. d'inhérence[2]).

Corollaire. – *Épist.* Proposition qui résulte déductivement d'une proposition déjà démontrée.

Corporation. – *Éc. pol.* **1.** Corps de métier. – **2.** *Autref.* Groupement hiérarchique et *gén.* local des maîtres et ouvriers d'un corps de métier. – **3.** *Auj.* Groupement hiérarchique et national des patrons et ouvriers d'un corps de métier.

Corps. – **1.** *Lato.* Tout ce qui tombe sous nos sens : « La nature m'enseigne que plusieurs autres corps existent autour du mien » (Descartes, *Méd.*, VI) ; « Il n'y a que la foi qui puisse nous convaincre qu'il y a effectivement des corps » (Malebranche). En *Méta*, un corps est une substance jouissant de deux propriétés essentielles : l'étendue et l'impénétrabilité. En *Phys.*, la propriété fondamentale des corps est la masse. – **2.** *Str.* Espèce chimique : « Les corps simples ».

– **3.** Organisme de l'homme ou de l'animal : « Il n'y a rien que ma nature m'enseigne plus expressément sinon que j'ai un corps » (Descartes, *Méd.*, VI) : « Il est légitime de dire : je suis mon corps pour autant que je reconnais ce corps comme n'étant pas assimilable à un objet : c'est ainsi qu'on est amené à faire intervenir le corps-sujet » (G. Marcel).

– **4.** *Anal.* Groupe social considéré comme une unité vivante : « Le corps social » ; « Les corps constitués » ; « Cet acte

Corps (suite) d'association [le contrat[2] social] produit un corps moral et collectif, composé d'autant de membres que l'assemblée a de voix » (Rousseau). D'où, en *Théol.*, « le corps mystique de J.-C. » : l'Église. – *Esprit de corps* : sentiment d'unité d'un groupe social : « Ce n'est pas seulement dans le militaire qu'on prend l'esprit de corps » (Rousseau).

Corrélation. – *Math.* **1.** *Lato.* Liaison numérique empiriquement constatée entre deux ou plusieurs caractères biologiques, psychologiques ou sociologiques (*vg.* corrélation de la taille et du poids) : « La notion de corrélation généralise celle de liaison fonctionnelle » (Darmois). *Coefficient de corrélation* : nombre variable de – 1 à + 1 qui mesure cette liaison.
— **2.** *Str.* Liaison fonctionnelle impliquant un rapport de causalité entre les variables.
— *Biol.* **3.** *Corrélation des formes* : principe morphologique* d'après lequel les parties d'un organisme vivant sont liées de telle sorte que la forme de l'une entraîne la forme des autres (cf. *Coordonné*[2]).

Cortical. – *Phol.* Qui appartient à l'écorce* cérébrale ou *cortex*.

Cosmique. – *Méta.* Qui se rapporte au cosmos* : « La matière cosmique » ; « La signification cosmique de la conscience » (Gusdorf).

Cosmogonie. – *Épist.* Théorie de l'origine de l'univers.

Cosmographie. – *Épist.* Astronomie élémentaire et descriptive.

Cosmologie. – *Épist.* **1.** Science positive des lois générales de la matière (peu usité *auj.* en ce sens). – *Méta.* **2.** Partie de la métaphysique traitant de l'essence de la matière et de la vie (cosmologie *rationnelle*).

Cosmologique (Argument). – Voir *Contingence*[3].

Cosmos [G. *kosmos*, ordre ; *d'où* : monde]. – Le monde, la nature, considérés comme un tout organisé et harmonieux.

Courage. – **1.** *Autref.*, tous les sentiments du « cœur » : « Ce malheureux visage / D'un chevalier romain captiva le courage » (Corneille).
— *Mor.* **2.** Une des vertus cardinales* : domination de soi-même, caractérisée par l'empire de la volonté sur la sensualité, l'émotivité ou les passions : « Un courage d'esprit, rare même parmi ceux qui ont le courage du cœur » (Fontenelle) ; « D'une âme faible, elle [la philosophie] ne saurait faire une âme forte : il y a bien des sortes de courages » (Condillac).

Courant (de conscience, de pensée) [trad. angl. *stream of consciousness, of thought*]. – *Psycho.* Nom donné par W. James au flux continuel des états psychiques dans la conscience[2], voir Ph. I, pp. 45-47.

Coutume. – *Soc.* **1.** Pratique générale et traditionnelle dans un groupe social donné. Cf. *Mode*[5] et voir Ph. II, p. 180. – *Jur.* **2.** Coutume[1] ayant force de loi (l'ensemble de ces coutumes forme le *droit coutumier*) : « On peut définir la coutume juridique comme une règle de droit obligatoire traditionnelle qui prend naissance spontanément, en dehors de tout organisme spécialisé » (H. Lévy-Bruhl).

Création. – *Théol.* et *Méta.* Action par laquelle Dieu donne l'être à l'univers, le tire du néant. – △ *Création continuée* : théorie selon laquelle « la conservation des choses par Dieu ne se fait pas par une nouvelle action, mais par la continuation de l'action par laquelle il leur donne l'être » (saint Thomas, *S. th*, I, 104, 1). Cf. Descartes, *Méth*, V : « C'est une opinion communément reçue entre les théologiens que l'action par laquelle il [Dieu] le conserve [le monde] est toute la même que celle par laquelle il l'a créé », et voir *Émanation*[2].

Créationnisme. – *Méta.* △ Doctrine selon laquelle l'univers a été, non seulement organisé, mais appelé à l'existence par Dieu. Cf. *Théisme**.

Créatrice (Activité ou **Imagination).** – Voir *Imagination**.

Crédulité. – *Psycho.* Tendance à croire[3] sans réflexion, à accepter les assertions sans critique : « La crédulité des peuples, qui est toujours au-dessus du ridicule et de l'extravagant... » (Montesquieu) : « Un vif intérêt[2] engendre la crédulité » (Condorcet)

Crime. – *Soc.* **1.** Violation des règles que la société considère comme indispensables à son existence : « Un acte est criminel quand il offense les états forts et définis de la conscience collective » (Durkheim).

– *Jur.* **2.** « L'infraction que les lois punissent d'une peine afflictive [mort, travaux forcés, déportation, détention, ou réclusion] ou infamante [bannissement, dégradation civique] est un crime » (*Code pénal*, art. 1).

– *Mor.* **3.** Faute morale grave : « Le crime est d'obéir à des ordres injustes » (Voltaire).

Criminologie. – *Épist.* Partie de la sociologie qui étudie la criminalité, *i. e.* la fréquence des crimes[1], et leurs causes.

Cristallisation. – *Psycho.* Chez Stendhal : phénomène par lequel, dans la passion, l'imagination transfigure l'objet de celle-ci : « Ce que j'appelle cristallisation, c'est l'opération de l'esprit qui tire de tout ce qui se présente la découverte que l'objet aimé a de nouvelles perfections. »

Critérium [G. *krinein*, juger]. – *Crit.* Signe qui permet de distinguer avec sécurité une chose parmi d'autres : « Le critérium de la vérité. »

Criticisme. – *Hist.* △ Doctrine de

Kant selon laquelle le *problème critique*[1] doit être le centre de toute recherche philosophique : elle aboutit au *relativisme**.

Critique. – **1.** *Épist.* et *Crit.* Appréciation d'une chose du point de vue de sa valeur[2] : « critique d'un témoignage ». *Critique historique :* partie du travail de l'historien consistant dans l'analyse des documents et l'appréciation de leur valeur[2] (cf. *Externe*[3]). Spéc. : *problème critique*, problème de la valeur[2] de la connaissance humaine ; *critique* (syn. : *théorie*) *de la connaissance*, partie de la philosophie qui concerne le problème critique.

– *Psycho.* **2.** *Esprit critique* (ctr. *crédulité*) : disposition d'esprit qui permet de ne pas accepter sans contrôle une assertion. ☞ *Dist.* esprit *de* critique (*i. e.* de dénigrement).

Croire, Croyance. – *Psycho.* □ Ces termes peuvent s'appliquer : **1.** à une *opinion*[1] fondée sur une simple probabilité[1] : « Je ne croyais pas que tout fût perdu » (Sévigné) ; « Deux sortes d'hommes : les uns justes qui se croient pécheurs, les autres pécheurs qui se croient justes » (Pascal, 534) ; en ce sens, qqfs. opp. *à savoir* : « Nous ne pouvons pas croire ce que nous savons, et nous ne pouvons pas savoir ce que nous croyons » (Pradines) ; – **2.** (syn. : *foi*[4]) à une certitude[1] qui ne résulte pas uniquement d'une démonstration rationnelle, soit qu'elle se fonde sur l'autorité[2] et le témoignage, soit qu'elle repose sur des motifs affectifs (sentiments) et actifs (aspirations, inclinations, désirs) ou qu'elle relève des exigences de la « raison pratique[2] », soit enfin *(foi*[3] *religieuse)* qu'elle dépasse la raison : « Elle croit, elle qui jugeait la foi impossible » (Bossuet) ; « Il me fallut abolir le savoir *[Wissen]* afin d'obtenir une place pour la croyance *[Glauben]* » (Kant, *R. pure*, préf. 2ᵉ éd.) ; « Une religion est d'autant plus crue qu'elle suscite davantage les sentiments profonds » (Delacroix) ; « On *croit* en Dieu plus qu'on ne le *prouve* » (Le Roy) ; – **3.** *Lato :* à l'*assentiment** en gén. : « Nier, croire et douter bien sont à l'homme ce que courir est au cheval » (Pascal, 259) ; « Toute aperception[2] suppose affirmation implicite, *au sens de croyance*, même si elle était unique, simple... Si elle est multiple, elle est *croyance* à la liaison de ses parties » (Lagneau) ; « La croyance est un genre dont la certitude[1] est une espèce » (Brochard).

– **4.** ■ Objet de la croyance aux sens 1, 2 ou 3 : « Les croyances religieuses » ; « La croyance à la liberté ».

Crucial [L. *crux*, croix ; *d'où :* poteau placé à un carrefour pour indiquer la route]. *Épist.* – *Chez Bacon :* « faits cruciaux » ou « expériences[3] cruciales », cas décisifs qui permettent de se prononcer à coup sûr entre deux hypothèses.

Cryptique. [G. *Kruptein*, cacher]. – *Épist.* Caché, voilé : « La philosophie se propose la conduction des âmes vers l'essence* cryptique » (Jankélévitch).

Culpabilité (Sentiment de). – *Ps. path.* « Hyperesthésie de la conscience morale » (Baruk) qui se rencontre souvent dans la mélancolie*, la paranoïa* et autres psychopathies* et qui torture le malade en le poussant à s'accuser de fautes véritables ou imaginaires.

Culturalisme. – *Ethn. Soc.* Théorie qui distingue ce qui est « culturel », c'est-à-dire social, de ce qui est naturel. Principaux représentants du *culturalisme* aux États-Unis : A. Kardiner, Margaret Mead, Ruth Benedict. En France, Cl. Lévi-Strauss a distingué radicalement la culture de la nature.

Culture. – *Soc.* Ensemble des idées, croyances, sentiments, propres à un peuple. On l'a souvent dist. de la *civilisation**, surtout matérielle et technique.

Cutanées (Sensations). – *Psycho.* Sensations tactiles de la peau.

Cybernétique [G. *kubernêtês*, pilote]. – *Techn.* Technique du fonctionnement et du contrôle des commandes électro-magnétiques et des transmissions électroniques dans les machines à calculer et les automates modernes. On l'a étendue par la suite à l'étude des connexions nerveuses dans les organismes vivants, et on a même prétendu l'appliquer aux groupes humains et en faire une science du gouvernement des hommes réduits à l'état de « robots ». ☞ Éviter d'employer à ce propos les termes : « machines à percevoir, à se souvenir, à penser ». Cette façon de parler est tout à fait impropre.

Cyclique (Théorie). – △ *Hist.* Théorie selon laquelle le genre humain repasse sans cesse par les mêmes âges ou états de civilisation (*vg.* Vico, Spengler). Cf. *Retour** et *Précis*, Ph. II ou M., supplément, p. 15.

Cyclothymie. – *Car.* Type psychologique caractérisé par la tendance aux changements périodiques d'humeur. En s'accentuant, il conduit à la *folie circulaire**.

Cynisme. – *Hist.* **1.** △ École et doctrine d'Antisthène, de Diogène de Sinope, etc.
– **2.** *Mor.* ▲ Attitude qui repose sur « le mépris des conventions sociales et même de la morale communément admise » (Lalande).

Cyrénaïsme – *Hist.* △ École et doctrine d'Aristippe de Cyrène ; hédonisme*.

D

Daltonisme [De Dalton, qui décrivit le premier ce phénomène en 1794].

– *Ps. phol.* Dyschromatopsie* consistant dans l'incapacité de distinguer certaines couleurs complémentaires (*not.* le rouge et le vert).

Darwinisme. – *Biol.* △ Doctrine de Darwin et de ses disciples : c'est une forme du transformisme*, caractérisée par la théorie de la sélection[2] naturelle et de la concurrence[2] vitale.

Dasein [mot allemand = *être-là*]. – *Méta.* **1.** *Chez Kant* : existence en tant qu'elle s'oppose simplement au non-être (cf. *Catégories**). – **2.** *Chez Heidegger* : l'être de l'existant humain en tant qu'existence singulière concrète : « Le propre du *Dasein*, c'est de ne jamais former un tout achevé. »

Décision. – *Psycho.* (Syn. : *choix*[1], *détermination*[3], *résolution*[2]). Phase terminale qui, selon la description classique de l'acte volontaire, succède à la délibération*. Cf. *Volition**.

Déclinaison [Trad. L. *clinamen**] – *Hist. Chez Épicure et Lucrèce* : mouvement par lequel les atomes[1], en tombant dans le vide, s'écartent légèrement de la verticale.

Déduction. – *Log.* Raisonnement par lequel on passe du ou des principes[1] à la conséquence*, *ou* : dans lequel, une ou plusieurs propositions (principes) étant posées, on en tire une autre proposition (conséquence) qui en résulte nécessairement[1b]. *Déduction formelle* : celle où la conclusion, implicitement contenue dans les principes, n'ajoute rien à ceux-ci. *Déd. constructive* (syn. : *démonstration*[1]) : celle où la conclusion constitue un gain pour la pensée théorique : « Déduire, c'est construire. On démontre qu'une chose est conséquence* d'une autre. Pour cela, on construit la conséquence avec l'hypothèse[2] » (Goblot).

Déduction ... { Formelle ... { Immédiate ... { Opposition*. Conversion*. } Médiate (syllogisme*). } Constructive (démonstration). }

Défaut. – *Méta. Chez Descartes* : manque d'être : « Je pouvais croire que, si elles [mes pensées] étaient vraies, c'étaient des dépendances de ma nature en tant qu'elle avait quelque perfection[2], et, si elles ne l'étaient pas, que je les tenais du néant, c'est-à-dire qu'elles étaient en moi pour ce que j'avais du défaut » (*Méth.*, IV).

Défini. – *Log.* **1.** Qui a fait l'objet d'une définition. – **2.** (Syn. : *membrum definitum*). Dans une définition[2], terme sujet dont il s'agit de déterminer la compréhension (*vg.* « l'homme » dans :

« L'homme est un animal raisonnable »).

Définissant. – *Log.* (Syn.: *membrum definiens*). Dans une définition², terme attribut qui détermine¹ la compréhension du défini (*vg.* « animal raisonnable » dans : « L'homme est un animal raisonnable »).

Définition [L. *finis*, borne, limite] – *Log.* ○ **1.** Opération qui consiste à déterminer¹ les « limites » de l'extension³ d'un concept, ce qui se fait par une analyse de sa compréhension². ☞ *Dist.* description*. – **2.** ● Proposition par laquelle s'exprime cette opération : « Il [Leibniz] pose des définitions exactes qui le privent de l'agréable liberté d'abuser des termes dans les occasions » (Fontenelle). – **3.** Syn. de *définissant** : « La définition doit convenir à tout le défini² et au seul défini ».

Dégradation de l'énergie. – *Phys.* (Syn.: principe de Carnot-Clausius). L'énergie¹, tout en restant, à travers ses transformations, constante en quantité (conservation² de l'énergie), tend à déchoir de ses formes supérieures à celles qui ne sont pas utilisables, du moins en totalité (chaleur), de sorte qu'une certaine quantité d'énergie se trouve *pratiquement* perdue dans toute transformation.

Déisme. – *Méta.* (Syn.: *religion naturelle*). △ Doctrine qui admet l'existence de Dieu, mais nie la révélation et qqfs. même la Providence : « La voie ouverte au déisme, c'est-à-dire à un athéisme déguisé » (Bossuet).

Déjà-vu (Sentiment du). – *Psycho.* Celui que nous ressentons en présence d'une preception que nous avons déjà éprouvée. – *Illusion du déjà-vu :* cf. Paramnésie*.

Délibération. – *Psycho.* Une des phases de l'acte volontaire selon la description classique : elle consiste dans le conflit et l'examen des motifs* et des mobiles² favorables et contraires à l'acte projeté.

Délire. – *Ps. path.* Trouble mental temporaire ou progressif où la conscience est envahie par des images hallucinatoires et désordonnées. *Délire aigu :* « agitation confusionnelle violente avec désorientation, égarement, fièvre élevée, signes infectieux [azotémie] » (Baruk). – Voir *Grandeurs*², *Interprétation**, *Onirique**, *Persécution**.

Demande. – *Épist.* Ancien nom des postulats* : « Une longue suite de définitions, de demandes, d'axiomes, de théorèmes... » (Descartes, 2ᵉˢ *Rép.*)

Démence. – *Ps. path.* Trouble mental profond caractérisé par « une destruction organique et définitive de l'intelligence » (Janet). ☞ *Dist.* névrose*. – *Démence précoce :* voir Hébéphrénie*. – *Ext.* : « Une passion sans intervalles est démence » (Buffon).

Démérite. – *Mor.* Diminution de

Démiurge [G. *démiourgos*, ouvrier].
– *Hist. Chez Platon :* divinité organisatrice (mais non *créatrice*) de l'univers.

Démocratie. – *Soc.* Type d'organisation politique où dominent les tendances égalitaires (*opp.* régimes où dominent les castes, les classes* ou aussi un parti politique à l'exclusion de tout autre) : « La démocratie suppose à sa base des volontés individualisées* entre lesquelles s'établit l'accord qui fonde l'ordre social » (R. Hubert) ; « Le conformisme forcé du parti unique est en opposition radicale avec les principes de la démocratie » (Henri Lévy-Bruhl).

Démographie. – *Soc.* Étude statistique des mouvements de la population (naissances, mariages, décès, émigration, etc.).

Démon de Socrate. – *Hist.* Génie par lequel Socrate se disait inspiré.

Démoniaque. – **1.** Diabolique. – **2.** Dont l'inspiration est plus ou moins irrationnelle : « Nous ne savons pas assez combien la raison est démoniaque et nous prenons son démon pour une *voix* » (Pradines).

Démonstration. – *Log.* **1.** *Str.* Déduction* constructive (*opp.* déduction purement formelle) : « La démonstration mathématique ». – **2.** *Lato.* (Syn. : *preuve**). Toute manière de prouver, soit déductivement, soit inductivement : « La démonstration expérimentale ». ☞ Impropre au sens 2.

Démythologiser. – Dépouiller (la religion) de ses éléments mythiques pour atteindre, croit-on, à travers eux une vérité plus profonde (Bultmann).

Dénombrement imparfait. – *Log.* (Syn. : *énumération incomplète*). Paralogisme* qui consiste, dans un raisonnement exigeant l'énumération de tous les cas d'espèce (*vg.* induction^2 formelle, alternative^2), à omettre un des cas possibles.

Dénotation. – *Log. form.* (Opp. : *connotation**). Propriété que possède un terme de désigner certains sujets^2 constituant l'extension^3 du concept correspondant.

Densité sociale. – *Soc.* Degré d'unité matérielle et morale d'une société, se mesurant à la fois par la concentration de la population et par le nombre des individus qui vivent d'une vie morale commune.

Déontologie [G. *ta deonta*, les devoirs, et *logos*]. – *Mor.* **1.** Nom donné par J. Bentham à sa morale (*Deontology or Science of morality*, 1834). – **2.** *Auj.,* étude des devoirs spéciaux à une situation déterminée : « La déontologie du médecin ».

Dépassement. – Acte par lequel un existant^2 s'élève à qqc. d'autre ou de plus que ce qu'il était.

(continuation from previous entry:) valeur personnelle résultant d'une faute contre la loi morale.

Dépasser. – Voir *Aufheben**.

Dépersonnalisation. – *Ps. path.* Trouble conscient de la personnalité dans lequel le sujet éprouve vis-à-vis de lui-même et du monde extérieur des sentiments d'étrangeté.

Déplacement. – *Ps. an.* Procédé de la pensée onirique* par lequel : « 1. un élément latent* est remplacé par une allusion ; 2. l'accent psychique est transféré d'un élément sur un autre, peut important, de sorte que le rêve apparaît étrange » (Freud).

Déréalisation. – *Méta.* Tendance à dépouiller le monde usuel de sa réalité prétendue et, par suite, à situer la réalité authentique au-delà ou en dehors de ce monde : « Les métaphysiques apparaissent toujours, par qq. côté comme des entreprises de déréalisation du Monde » (Alquié).

Déréliction [trad. all. *Geworfenheit*]. – *Méta. Chez Heidegger :* état d'abandon et de solitude de l'être humain « jeté dans le monde ».

Dérivations. – *Soc.* Nom donné par V. Pareto aux doctrines et théories politiques, sociales ou religieuses, essentiellement variables, qui recouvrent et masquent les résidus* constants.

Désagréable. – Voir *Douleur**.

Désagrégation mentale. – *Ps. path.* État pathologique caractérisé par la dissolution plus ou moins complète de la synthèse[3] mentale (dans l'hébéphrénie*, la schizophrénie*, etc.).

Description. – *Log.* La description se dist. de la définition[1] en ce qu'elle n'est fondée que sur des caractères sensibles et extérieurs ; on « décrit » des individus[3] ; on ne « définit » que des genres[1] et des espèces[2].

Désir. – *Psycho.* **1.** □ Tendance devenue consciente d'elle-même et accompagnée de la représentation de son but (voir *Précis*, Ph. II, p. 32). – **2.** □ Aspiration profonde : « La raison est elle-même au service d'un désir, auquel aucun désir de notre être donné ne peut s'égaler » (Nabert). – **3.** ■ Objet du désir[1] : « Tout ce qui de mon cœur fut l'unique désir » (Racine).

Destin. – **1.** Puissance, plus ou moins personnifiée, qui est censée gouverner les événements et l'existence de l'homme : « Des arrêts du destin l'ordre est invariable » (Corneille). – **2.** Sort fatal : « L'homme de destin ne croit pas à sa liberté » (Wahl). – **3.** Destinée[2] : « Le moi et son destin » (Lavelle). – Cf. Ph. II, p. 429.

Destinée. – « Le mot *destinee* a deux sens. **1.** Ce terme équivoque désigne le développement nécessaire de la vie, indépendamment de toute intervention de l'homme dans la trame des événements qui se déroulent en lui et hors de lui [cf. *Destin*[2]] ; – **2.** et il désigne, en même temps, la façon per-

Détermination. – *Log.* et *Méta.* ● Tout caractère[2], qualitatif ou quantitatif, qui fait qu'un être, un concept est ce qu'il est. Spéc., *chez Le Senne :* aspect déterminé[1] de l'expérience[1] (dont l'autre aspect est la *valeur*[2]) qui fait obstacle* à la « spontanéité naïve » du *je**. – **2.** ○ Action de déterminer[1].
– *Psycho.* **3.** Syn. de *décision** : « Liberté, c'est choix, détermination volontaire au bien ou au mal » (La Bruyère).

Déterminer. – *Log.* **1.** Délimiter, fixer, établir : « Déterminer le sens d'un mot, la cause d'un accident ». – **2.** *(Vulg.).* En parlant d'une cause : produire, faire exister (l'effet) : « Déterminer un accident ». – **3.** (Dans la langue philosophique). Conditionner d'une façon nécessaire[2] (cf. *Déterminisme*[2]).

Déterminisme. – *Épist.* ● **1.** Ensemble des conditions nécessaires[2] d'un phénomène : « Connaître le déterminisme d'une maladie ». – ○ **2.** Principe de la science expérimentale selon lequel il existe entre les phénomènes des relations nécessaires[2] (lois[5]), de telle sorte que tout phénomène est rigoureusement conditionné par ceux qui le précèdent ou l'accompagnent : « Le déterminisme est absolu aussi bien dans les phénomènes des corps vivants que dans ceux des corps bruts » (Claude Bernard). – Voir *Statistique.*
– *Méta.* △ **3.** Doctrine philosophique selon laquelle tout, dans l'univers, même les décisions de la volonté humaine, est le résultat nécessaire des conditions antérieures ou concomitantes. ☞ *Dist.* fatalisme* et cf. *Mécanique*[4].

Devenir. – *Méta.* **1.** ● Série des changements concrets par lesquels passe un être[2] : « Pourquoi ne pas identifier l'être au devenir ? » (Le Roy, *R. M. M.*, 1907, p. 150) ; « C'est la réaction contre la pensée du devenir qui explique en grande partie le développement de la métaphysique en Occident après Héraclite » (Wahl). – **2.** ○ Le changement lui-même : « Sur la continuité d'un certain devenir[1], j'ai pris une série de vues que j'ai reliées entre elles par *le devenir*[2] en général » (Bergson, *E. C.*, IV).

Dévoilement. [Trad. all. *Entbergung*]. – *Méta. Chez Heidegger :* caractère de la vérité qui, selon l'étymologie du mot grec *alètheia*, non-voilement, dé-couverte, est la manifestation de l'étant qui cesse d'être caché par les préoccupations de l'existence quotidienne.

Devoir (verbe). – *Vulg.* « Ce qui *doit* être » peut signifier : **1.** ce qui sera (marque simplement le *futur*) : « Je devais partir demain » ; – **2.** ce qui est, a été ou sera probablement (marque une *probabilité*[1]) : « Il doit être arrivé, à cette heure » ; « C'est elle qui doit avoir fait cela » ; **3.** ce qui ne peut pas ne pas être (marque une *nécessité*) : « Tous les hommes doivent mourir » ; – **4.** ce qui est désirable, ce qui vaut mieux (marque une *convenance*) : « On devrait planter des arbres ici » ; – **5.** ce que l'on est tenu de réaliser (marque une *obligation* morale ou sociale) : « Fais ce que dois » ; « Je dois payer mes impôts à telle date ». ☞ *Bien dist.* ces différents sens.

Devoir (nom). – *Mor.* **6.** ○ L'obligation[1] morale : le devoir est la *forme*[2] de la loi morale (cf. *Catégorique*[2]) comme le *bien*[2] en est la matière[2]. – **7.** ● Objet de cette obligation : « Le seul viatique utile pour la traversée de la vie, c'est un grand devoir » (Amiel). *Ext.*, obligation sociale, rituelle, etc. : « Le devoir fiscal » ; « Le devoir pascal ».

Diachronique. – *Hist. Ling.* (Opp. : *synchronique*). Considéré du point de vue de son développement dans le temps.

Dialectique [G. *dialegesthai*, converser, et *dialegein*, trier, distinguer]. – *Hist.* **1.** *Chez les Socratiques :* art de discuter par questions et réponses ; *d'où :* art de classer les concepts, et spéc., *chez Platon*, art de s'élever des connaissances sensibles aux connaissances intelligibles, aux Idées[1]. – **2.** *Chez Aristote :* art des raisonnements qui portent sur de simples opinions[2], logique du probable. – **3.** *Au Moyen Age :* les subtilités de la logique formelle : « La dialectique renverse le bon sens au lieu de le raffermir » (Descartes). – **4.** *Chez Kant :* « dialectique transcendantale », logique de « l'apparence transcendantale* », *i. e.* étude de cette illusion qui porte notre esprit à dépasser par ses raisonnements les limites de toute expérience possible (*R. pure*, I, II, 2, introd.). – **5.** *Chez Hegel :* marche de la pensée procédant par thèse, antithèse et synthèse[2] et qui reproduit le mouvement même de l'Être absolu ou Idée[1]. – **6.** *Dans le lang. marxiste* (non chez Marx lui-même) : *matérialisme dialectique.* Voir *Matérialisme*[1b]. – **7.** *Péj.*, art de discuter à l'aide de raisonnements subtils et vides : « Leurs preuves [des pragmatistes] ont le plus souvent un caractère dialectique ; tout se réduit à une pure construction logique » (Durkheim).

– **8.** *Auj.*, le mot s'emploie en une multitude de sens, pour désigner, soit (sens ancien) « toute suite de pensées ordonnées qui dépendent logiquement l'une de l'autre » (Lalande), soit (sens hégélien) une idée plus ou moins vague de mouvement discontinu dans la pensée ou dans l'être. Vg. *Croce* parle d'une histoire « dialectique » de la pensée humaine ; *Lavelle* propose une « dialectique de la participation » où

« l'esprit pénètre le monde en faisant jaillir en nous une pluralité de puissances auxquelles le réel ne cesse de répondre » ; dans sa « Dialectique de la durée » *Bachelard* oppose une conception discontinuiste de la durée à la conception continuiste de Bergson ; *K. Jaspers* déclare que « tout ce qui est vivant se développe avec une multiplicité de significations dialectique ». – *Spéc.*, Théol., le terme *dialectique* évoque une opposition entre l'homme et Dieu. *Chez Kierkegaard*, cette opposition se révèle dans l'angoisse[2] du péché : « dialectique » signifie alors « inquiétude » ; *Berdiaev* offre une « dialectique existentielle du divin et de l'humain » ; *K. Barth* enfin propose une « théologie dialectique » dans laquelle « le *non* doit toujours être expliqué par le *oui*, et le *oui* par le *non* », le langage humain étant toujours déficient quand il s'agit de Dieu. ☞ Pratiquement, ce terme est devenu si équivoque, qu'il est indispensable de toujours préciser en quel sens on l'emploie.

Diallèle [G. *di' allêlôn*, les uns par les autres]. – Log. Argument des sceptiques anciens d'après lequel toutes nos connaissances, se démontrant les unes par les autres, forment un cercle* vicieux.

Dialogue. – Ce terme s'emploie souvent auj. dans le style pseudo-philosophique au sens de *relation réciproque* : « La recherche scientifique est un dialogue entre l'esprit et la nature » (Bergson, *P. M.*, VII).

Dichotomie [G. *dicha*, en deux, et *tomè*, coupure]. – Log. Division du concept d'un genre[1] en deux espèces[2] qui en épuisent l'extension (*vg.* « animal » en « vertébré » et « invertébré »).

Dictum de omni et nullo. – Log. form. Principe logique suivant lequel ce qui est affirmé ou nié de tout un genre[1] peut être affirmé ou nié de toutes les espèces[2] et de tous les individus[3] de ce genre.

Didactique [G. *didaskein*, enseigner]. – Qui se rapporte à l'enseignement.

Dieu. – Méta. et Théol. **A)** E. Le Roy (se référant à Belot, *R. ph.*, déc. 1908) distingue 3 sens de l'idée de Dieu : « **1.** le Dieu populaire et anthropomorphe, objet d'imagination collective, symbole et facteur ou plutôt centre d'unité sociale » [« Les hommes s'imaginent que les dieux sont engendrés comme eux, qu'ils ont des vêtements, une voix, un corps pareils aux leurs » (Xénophane) ; « Tout était dieu, excepté Dieu lui-même » (Bossuet)] ; – **2.** le Dieu moral, connu par expérience de vie intérieure, avec lequel on cherche à entrer en communion spirituelle » [« Dieu m'est plus intime que mon intimité même » (saint Augustin) ; « Dieu sensible au cœur » (Pascal). A la limite, c'est le Dieu mystique* : « On veut toujours dire qqc. digne de Dieu... Mais on ne peut pas même expliquer combien il est ineffable*, ni comprendre combien il est incompréhensible* » (Bossuet)] ; – **3.** le Dieu philosophique, premier principe d'existence et centre d'unité intelligible » (voir *B*). – Ces 3 notions ne coïncident pas nécessairement : cf. Pascal, *Mémorial* : « Dieu d'Abraham, d'Isaac et de Jacob, non des philosophes et des savants », et Bergson, *Deux Sources*, ch. III : « Quand la philosophie parle de Dieu... il s'agit si peu du Dieu auquel pensent la plupart des hommes que, si, par miracle et contre l'avis des philosophes, Dieu ainsi défini descendait dans le champ de l'expérience, personne ne le reconnaîtrait. » Tandis que les conceptions 2 et 3 sont *gén.* liées au *monothéisme*, la 1ʳᵉ l'est souvent au *polythéisme* (v. ces mots), ou bien à une religion *nationale* : cf. *Deutéronome*, VII, 6 : « Yahvé, ton Dieu, t'a choisi pour être son peuple parmi tous les peuples de la terre. »

– **B)** La conception philosophique (3) se rattache elle-même soit au *théisme*, soit au *panthéisme* (v. ces mots). – *a)* Dans le premier, Dieu, tout en étant distinct du monde (cf. *Créationnisme**), est : α. principe d'existence, être par soi (cf. *Aséité**), infini*, éternel*, nécessaire¹. « Par le nom de Dieu j'entends une substance infinie, éternelle, immuable, indépendante, toute connaissante, toute puissante et par laquelle moi-même et toutes les choses qui sont, ont été créées et produites » (Descartes, *Méd.*, III) ; « Dieu est celui en qui le non-être n'a point de lieu » (Bossuet) ; « Par la Divinité nous entendons tous l'Infini, l'Être sans restriction, l'Être infiniment parfait³ » (Malebranche, *Entr.*, VIII, 1). Cf. *Immensité**, *Ubiquité** ; – β. principe d'intelligibilité : « Les vérités* éternelles sont quelque chose de Dieu ou plutôt sont Dieu même » (Bossuet) ; « Dieu seul est notre lumière » (Malebranche, *o. c.*, IV, 14) – γ. principe de perfection morale : « Dieu est le Bien universel qui comprend tous les biens » (Malebranche) ; « En tant que la valeur absolue doit posséder éminemment la personnalité, l'Absolu* doit être appelé Dieu » (Le Senne).

– *b) Dans le panthéisme*, Dieu est la Substance unique : « En dehors de Dieu, aucune substance ne peut être donnée ni être conçue. Tout ce qui est, est en Dieu » (Spinoza, *Eth.*, I, 14-15).

Différence. – *Log.* **1.** *Différence spécifique* : caractère qui distingue une espèce² des autres espèces du même genre¹ (*vg.* « allaitant ses petits » est la différence spécifique de « mammifère » dans le genre « vertébré »). – **2.** *Méthode de* *différence :* une des quatre méthodes expérimentales de J. Stuart Mill (voir Ph. I, p. 433).

Différenciation. – *Biol.* **1.** Processus par lequel des organes ou des fonctions primitivement semblables se transforment progressivement en organes ou fonctions différents, d'où résulte une *division*[4] *du travail.* – *Ext.* **2.** *Psycho.* et *Soc.* Même sens. – Plus *gén.* encore : **3.** *Méta.* « Passage de l'homogène à l'hétérogène » (Spencer).

Différenciation. – *Math.* Opération fondamentale du calcul différentiel[1].

Différentiel. – *Math.* **1.** *Calcul différentiel :* partie du calcul infinitésimal* qui permet, grâce à la considération des accroissements infiniment[2] petits subis par certaines variables*, de déterminer les relations entre certaines grandeurs, quoiqu'il n'existe pas de commune[3] mesure entre les données et l'inconnue. – *Ps. métr.* **2.** *Seuil différentiel :* voir *Seuil**.

Diffus. – Non organisé. Spéc. *Soc.* : « Nous dirons des fonctions économiques, dans l'état où elles se trouvent, qu'elles sont diffuses, la diffusion consistant dans l'absence d'organisation » (Durkheim).

Diffusionnisme. – *Soc.* △ Théorie (opp. à l'*évolutionnisme*[1]), soutenue par certains anthropologistes anglo-saxons, qui explique l'expansion des civilisations[1] par la diffusion, *i. e.* par « le transfert de certains traits culturels d'une aire de civilisation à une autre » (Krœber).

Dilemme. – *Log.* Raisonnement qui consiste à poser une alternative[2] et à montrer que, dans les deux cas, la même conclusion s'impose : c'est un syllogisme disjonctif*. Schéma : « De deux choses l'une, ou A est B, ou C est D. Si A est B, R est S. Si C est D, R est S. Donc R est S ».

Dilettantisme. – *Psycho.* État d'esprit de celui qui se complaît au jeu des idées sans rechercher la vérité.

Dimension. – ■ *Vulg.* **1.** Mesures : « Les dimensions d'un corps ». – *Math.* **2.** Quantité qui détermine la position d'un point sur une ligne, dans un plan ou dans un espace : « La géométrie classique est une géométrie à trois dimensions » – *Phys.* **3.** Relation d'une unité (*vg.* vitesse) aux unités fondamentales (*vg.* longueur parcourue et temps).

– *Ext.* **4.** □ Système de références, point de vue : « La dimension de la morale et la dimension de l'histoire ne sauraient être conciliées » (Alquié).

Dionysiaque. – *Hist. Chez Nietzsche,* le point de vue dionysiaque est celui de l'exaltation tragique et pathétique de la vie, opp. à la sérénité *apollinienne**.

Dioptrique. – Voir *Catoptrique**.

Dirigisme. – △ *Pol.* (Opp. : *libéralisme*[4]). Doctrine selon laquelle les fonctions économiques doivent être contrôlées et dirigées par l'État[2] ou par des organes qui lui soient rattachés.

Discernement (Temps de). – *Ps métr.* Temps nécessaire à un sujet pour distinguer une impression simple (*vg.* le noir) d'une autre impression simple (*vg.* le blanc).

Discipline. – 1. Ensemble de connaissances méthodiques : « Les disciplines philosophiques ». – 2. Règle de conduite : « La discipline des mœurs. »

Discontinu. – *Épist.* 1. Formé d'éléments distincts : « L'intervention des *quanta** a conduit à introduire partout le discontinu dans la Physique atomique » (L. de Broglie). Cf. *Granulaire**.

– *Math.* 2. *Quantité discontinue* (ou *discrète*) : celle qui varie par passage brusque d'une valeur[6] à une autre : *vg.* le nombre entier.

Discours. – *Épist.* 1. Pensée discursive* : « L'intuition s'oppose au discours, comme la pensée qui se concentre à la pensée qui se détend » (Le Roy).

– *Log.* 2. *Univers du discours.* Voir *Univers**.

Discrimination. – *Psycho.* Fonction psychique grâce à laquelle la conscience[1] distingue l'un de l'autre deux de ses états, *spéc.* deux sensations (cf. *acuité** sensorielle)

Discursif. – *Épist.* (Opp. : *intuitif*). Qui va d'une idée ou d'un jugement à un autre en passant par un ou plusieurs intermédiaires : « Le raisonnement est le type de la pensée discursive. »

Disjonctif. – *Log. form. Proposition disjonctive :* celle qui exprime une alternative[2]. *Syllogisme disjonctif :* celui qui a pour majeure une proposition disjonctive. Schéma : « A est R ou S. Or A est R. Donc A n'est pas S. *Ou bien :* Or A n'est pas R. Donc A est S ».

Disponible. – (Opp. : *engagé**). Qualifie *auj.* l'attitude de celui qui se refuse à être « entravé par lui-même » (A. Gide) et demeure « disposé à l'accueil » pour les orientations nouvelles.

Dissociation. – *Psycho.* Fonction par laquelle des éléments psychiques d'abord confondus sont séparés par la conscience[1].

Dissolution. – Voir *Involution**.

Distinct. – *Vulg.* 1. □ Net, précis : « La vision distincte » ; « Avoir un souvenir distinct de quelque chose » – 2. ■ Que l'on discerne bien : « Les objets devinrent distincts ».

– *Log.* (Ctr. : *confus*). 3. *Chez Descartes :* « J'appelle distincte celle [la connaissance] qui est tellement précise et différente de toutes les autres, qu'elle ne comprend en soi que ce qui paraît manifestement à celui qui la considère comme il faut » (*Princ.*, I, 45) ; « La connaissance peut qqfs. être claire sans être distincte » (*ib.*, 46) – 4.

Chez Leibniz : « Lorsque je puis expliquer les marques que j'ai [de sa vérité], la connaissance s'appelle *distincte* : telle est la connaissance d'un essayeur qui discerne le vrai ou le faux par le moyen de certaines épreuves ou marques qui font la définition de l'or » (*Disc. méta,* 24). ☞ Pour Descartes, une idée est distincte *relativement* aux autres idées ; pour Leibniz, elle l'est *en elle-même,* quand on connaît bien ses éléments constitutifs, *i. e.* sa compréhension[2].

Distorsion. — 1. *Techn.* Déformation des images visuelles ou auditives par certains appareils optiques ou radiophoniques. — 2. *Ext. Psycho., Soc.* Altération d'une fonction par action d'un secteur perturbé sur un autre.

Distributive (Justice). — *Mor.* (Opp. : *commutative**). Celle qui préside à la répartition des biens, des récompenses et des châtiments et repose par suite sur l'inégalité des mérites.

Divertissement. — *Chez Pascal :* tout ce qui détourne l'homme de penser à sa condition et à son salut.

Division. — *Log.* 1. Décomposition d'un tout en ses parties. ☞ *Dist.* analyse[3]. — 2. Opération logique qui consiste à distinguer les espèces[2] d'un genre[1] donné.

Division du travail. — *Éc. pol.* 1. (Division du travail *professionnelle*). Spécialisation du travail par corps de métiers, la même industrie se subdivisant à son tour en différentes branches. — 2. (Division du travail *technique* et spéc. *industrielle.*) Décomposition, dans le travail industriel, d'un mouvement complexe en mouvements simples.
— *Soc.* 3. (Division du *travail social.*) Spécialisation des fonctions, au point de vue non seulement économique, mais aussi politique, juridique, etc.
— *Ext. Biol.* 4. Spécialisation des fonctions physiologiques dans un organisme vivant.

Dogmatique. — *Car.* 1. En parlant des pesonnes : qui affirme d'une façon tranchante et sans preuves (cf. « un ton dogmatique »).
— *Crit.* 2. (Opp. : *sceptique**). En parlant des théories ou des méthodes : qui se rapporte au *dogmatisme*[2] : « La science doit toujours être dogmatique, *i. e.* strictement démonstrative » (Kant, *R. pure,* préf. 2ᵉ éd.) — 3. (Opp. : *relativiste**). En parlant des doctrines : qui se rapporte au dogmatisme[3] : « La philosophie dogmatique ».
— *Péd.* 4. (Opp. : *heuristique** ou *historique*). En parlant des méthodes : qui consiste à exposer les vérités scientifiques, non dans l'ordre où elles ont été découvertes, mais d'une manière logique et en partant des principes (cf. sens 2).
— *Théol.* 5. Qui concerne les *dogmes,* i. e. les vérités révélées, objet de la foi[5] : « La théologie dogmatique ».

Dogmatisme. — *Car.* 1. Tendance

à affirmer sans preuve ni critique préalable.

– *Crit.* **2.** *Lato.* (Ctr.: *scepticisme*[1]). Autref., toute doctrine affirmant la possibilité de la connaissance vraie. – **3.** *Str.* (Opp.: *agnosticisme**, *criticisme**, *relativisme**). Auj., doctrine affirmant la possibilité et la validité de la connaissance de l'absolu[1].

Dolorisme. – *Mor.* (Opp.: *hédonisme**). Apologie de la douleur (voir Ph. II, p. 50, note).

Domestique. – *Soc.* Qui se rapporte à la famille comme groupe de parenté: « La société domestique ».

Dominateur (Argument). (En grec: *kurieûn logos*). – *Hist.* Argument employé par les Mégariques et qui se résume ainsi: l'impossible ne peut procéder du possible; or le passé, étant révolu, ne peut être autre qu'il n'est; il n'a donc jamais été possible autrement qu'il n'a été, ce qui exclut toute indétermination (Schuhl).

Donné. – *Psycho.* Immédiatement présent à la conscience avant toute élaboration (cf. *Données*[2])

Données. – *Math.* **1.** (Opp.: *inconnues*). Dans un problème: quantités connues.

– *Psycho.* **2.** *Données de la connaissance*: éléments de la connaissance fournis immédiatement, soit par les sens, soit par la raison pure. – **3.** *Données immédiates de la conscience* (Bergson): propriétés fondamentales de la vie psychique données dans l'intuition[4] et dégagées de toute la superstructure de concepts et d'habitudes qui les déforment.

Douleur. – *Psycho.* **1.** *Lato.* Syn. de *désagréable* et, en ce sens, indéfinissable. ☞ Impropre, quoique fréquent, en ce sens (voir Ph. II, p. 35). – **2.** *Str.* Au sens propre, le terme s'applique: *a)* soit à la *douleur physique* qui s'apparente à la sensation (Ph. II, p. 41); – *b)* soit à la *douleur morale* qui s'apparente au sentiment[5] et à l'émotion[3] (Ph. II, p. 45)

Doute. – *Psycho.* **1.** (Opp.: *assentiment* ou *croyance*[3]). État de l'esprit qui suspend son assentiment*. ☞ *Dist.* opinion[2]. – *Ps. path.* **2.** *Folie du doute*: incapacité de croire[3] (de donner son assentiment*) ou de prendre des décisions*.

– *Hist.* **3.** *Chez Descartes*: « doute méthodique », méthode philosophique qui consiste à révoquer en doute tout ce qu'on a admis antérieurement et à n'accepter pour vrai que ce qui est évident, afin de fonder la connaissance sur des bases certaines: « Je pensai qu'il fallait que je rejetasse comme absolument faux tout ce en quoi je pourrais imaginer le moindre doute » (*Méth.*, IV). Cf. Husserl, *Médit. cartésiennes*, introd.: « Ne connaissant d'autre but que celui d'une connaissance absolue, il [Descartes] s'interdit d'admettre comme existant ce qui n'est pas à l'abri de toute possibilité d'être mis en doute ». – **4.** *Doute scientifique:* attitude du savant qui révoque en doute ses hypothèses[2] tant qu'elles ne sont pas confirmées par l'expérience* : « Le grand principe expérimental est le doute philosophique qui laisse à l'esprit sa liberté et son initiative » (Claude Bernard).

Doxique [G.*doxa*, opinion, croyance]. – Qui concerne la croyance[3]. Voir *modalité**.

Droit (adj.). – *Vulg.* **1.** Par anal. avec « ligne droite » : juste[4], honnête, sans détours : « La droite raison » ; « Une conscience droite » ; « La philosophie fait un cœur droit comme la géométrie fait l'esprit juste » (Voltaire).

Droit (nom). – *Mor.* et *Jur.* **A)** *Le droit :* **2.** *Lato.* (Opp. : *fait*). Ce qui doit[4] être, par opp. à ce qui est ; ce qui est légitime, au point de vue moral, juridique ou même logique. *En droit* s'oppose en ce sens à *en fait* (vg. *Log.* : « nécessaire[1] en droit »). – *Droit naturel* (syn. : *droit moral, idéal, rationnel*) : celui qui appartient à l'homme du seul fait qu'il est l'homme, indépendamment de toute convention ou législation : « Le droit est la limitation de la force par la raison » (Parodi) ; cf. *inhérence*[3]. *Droit positif :* celui qui résulte des coutumes établies (droit coutumier) ou des lois (droit écrit). – **3.** *Str.* Spéc. le droit positif (se subdivisant comme l'indique le tableau ci-dessous) : « Le droit est l'ensemble des règles obligatoires qui déterminent les rapports sociaux tels que la volonté collective du groupe se les représente à tout moment » (H. Lévy-Bruhl). – **B)** *Les droits :* **4.** (Avoir *droit à...*) Ce qui est exigible en vertu du droit positif (*vg.* « Droit de réponse ») ou du droit naturel (*vg.* « Droit à la vie »). – **5.** (Avoir *le droit de...*) Ce qui est permis par le droit positif (*vg.* « Droit de tester »), par les conventions ou règlements (*vg.* « Droit de passage sur un terrain ») ou par la morale (*vg.* « On n'a pas le droit de se venger ») : « Un peuple inorganisé n'a pas encore en lui-même le droit [d'indépendance] réel » (Alain).

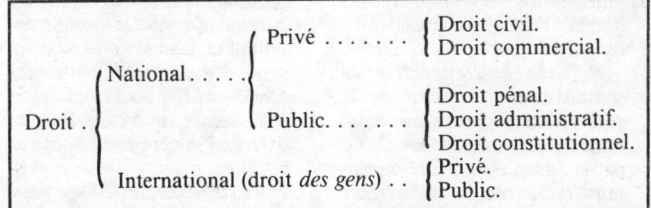

Dualisme. – **1.** *Lato.* Toute doctrine qui, dans un ordre d'idées quelconque, pose deux principes[5] absolument irréductibles : *vg. Théol.* : « Dualisme de la nature et de la grâce » ; *Psycho.* : « Dualisme de la volonté et de l'entendement » ; *Phys.* : « Dualisme de la matière et de l'énergie » ; *Méta.* : « Dualisme de l'âme et du corps ».

– **2.** *Str. Méta.* (Opp. : *monisme*[1] et *pluralisme**). △ Système métaphysique qui admet dans l'univers deux substances[1] ou deux mondes irréductibles : « Le véritable dualisme est celui qui pose, non deux principes du même monde, mais deux mondes » (S. Pétrement). Cf. *Manichéisme**.

Duplicité. – *Méta.* **1.** Au sens étymologique : caractère double, dualité : « Cette duplicité de l'homme est si visible qu'il y en a qui ont pensé que nous avions deux âmes » (Pascal, 417) ; la « duplicité de l'obligation » [en tant que relation entre celui qui oblige et celui qui est obligé] (Le Senne).

– *Car.* et *Mor.* **2.** *Péj.* Manque de sincérité : « Ils ne servent qu'à nous montrer la duplicité de votre cœur » (Pascal, *Prov.*, 13).

Durée. – *Vulg.* **1.** Portion finie et *gén.* mesurée du temps* : « La durée d'un phénomène ». Souvent avec une idée de continuité : « La durée de chaque chose est un mode ou une façon dont nous considérons cette chose en tant qu'elle continue d'être » (Descartes, *Princ.*, I, 55).

– *Psycho.* et *Méta.* **2.** □ *Chez Bergson* (*durée pure, vécue, concrète*) : « Forme que prend la succession de nos états de conscience quand le moi se laisse vivre » ; « Succession de changements qualitatifs qui se fondent, sans contours précis... sans aucune parenté avec le nombre » (*D. I.*, II).

Dynamique (adj.). – **1.** (Ctr. : *statique*[1]). Qui implique un mouvement, une transformation. – **2.** (Ctr. : *mécanique*). Qui implique une tendance* vers..., une finalité* : le « progrès dynamique » de la conscience ; « Le rapport de causalité interne est purement dynamique » (Bergson).

Dynamique (nom). – *Math.* **3.** Partie de la Mécanique[1] qui étudie le mouvement dans ses rapports avec les *forces*[4] qui le produisent.

– *Soc.* **4.** *Dynamique sociale* (Comte) : partie de la sociologie qui traite du *progrès*[1] de la société (opp. : *Statique sociale*, science des lois générales de l'*ordre* social).

Dynamisme. – **1.** ● Activité[1] : « Le dynamisme mental ». *Ext.*, en parlant de l'homme, « avoir du dynamisme » : être entreprenant. – ☞ On abuse beaucoup de ce terme auj. : cf. J. Benda : « Une nouvelle idole : le *dynamisme.* »

– *Méta.* ○ △ **2.** (Ctr. : *mécanisme*[4]). Doctrine qui suppose des forces irréductibles au mouvement et qui, au lieu de considérer la matière comme inerte, l'identifie avec la force[6] et l'énergie : « Le dynamisme de Leibniz » (voir Ph. I, p. 595). – 3. Syn. de *vitalisme*[2] (vg. Ravaisson : v. Ph. I, p. 602).

Dyschromatopsie. – *Ps. phol.* Trouble de la vision des couleurs (vg. daltonisme*).

Dysgnosie [G. *dys*, difficilement, et *gnôsis*, connaissance]. – *Ps. path.* Trouble de la perception caractérisé par des sentiments d'incomplétude* (vg. cas cités dans Ph. I, p. 150).

E

E. – *Log. form.* Désigne les propositions universelles* négatives : « Aucun homme n'est éternel » est une « proposition en E ».

Eccéité [L. *ecce*, voici]. – *Méta. Dans le lang. scolastique :* ce qui fait qu'une essence s'individualise et est présente au monde.

Échec. – *Ps. an.* 1. *Chez Adler :* la crainte de l'échec est à la base du sentiment d'infériorité*. – *Méta.* 2. *Chez Jaspers :* échec existentiel : mort, non-savoir, etc. : « L'échec peut être mouvement vers l'éternité. »

Écholalie, Échopraxie. – *Psycho.* Phénomènes consistant en ce qu'un sujet hypnotisé ou dégénéré répète automatiquement les paroles (écholalie) et les gestes (échopraxie) de la personne qui le suggestionne.

Éclectisme [G. *eklegein*, choisir]. – *Méta.* **1.** Méthode philosophique qui consiste à emprunter à des systèmes différents des thèses que l'on fond en un système unique. On a dit aussi *éclecticisme* : « J'ai toujours suivi la méthode de l'éclecticisme : j'ai pris dans toutes les sectes ce qui m'a paru le plus vraisemblable » (Voltaire). ☞ Dist. *syncrétisme**.
– *Hist.* **2.** △ Doctrine et école philosophiques de Victor Cousin.

Ecmnésie [G. *ec*, dehors, et *mnêmê*, mémoire]. – *Ps. path.* Trouble de la mémoire où le sujet revit en action des scènes de son passé [vg. cas d'Irène, Ph. II, p. 10).

École (L'). – *Hist.* La philosophie scolastique* : « J'userai ici librement des mots de l'École » (Descartes).

Écologie. – *Épist.* Science des relations entre l'organisme vivant et son milieu. D'où *Ext.* (Soc.) « étude de l'interdépendance des institutions et du groupement des hommes dans l'espace » (écologie *humaine*).

Économétrie. – *Épist.* Étude, par la méthode mathématique et sur la base de données statistiques, de relations [économiques] particulières limitées à un cadre institutionnel donné » (A. Marchal).

Économie [G. *oïkonomia*, administration de la maison]. – **1.** ●

77

Mode d'organisation de la production et de l'échange : « L'économie urbaine » ; « L'économie contrôlée ». – *Ext.* **2.** Ordre qui règne dans l'arrangement des parties d'un ensemble : « L'économie du corps » (La Bruyère) ; « L'économie de la nature » (Voltaire).

– O *Mor.* **3.** (Ctr. : *prodigalité*). Qualité qui consiste à modérer ses dépenses. *D'où :* – *Épist.* **4.** Réalisation d'une fin par les moyens les plus simples : « La science est une économie de pensée » (Mach). *Principe d'économie :* principe selon lequel la nature obtient « le maximum d'effet avec le minimum d'effort ». – *Psycho.* **5.** *Méthode d'économie :* méthode inventée par Ebbinghaus pour mesurer la rétention des souvenirs (v. Ph. I, p. 198).

Économie politique [G. *oïkonomia* et *polis*, État. – Terme inventé par A. de Montchrestien, *Traité d'Économie politique*, 1615]. – *Épist.* Étude positive des « rapports des hommes vivant en société en tant que ces rapports tendent à la satisfaction de leurs besoins matériels » (Ch. Gide). Elle comprend l'étude de la production, de la distribution et de la consommation des richesses. – On dit aussi : l'*économique* ou la *science économique*.

Économie sociale. – *Épist.* Étude normative* des phénomènes économiques : vg. recherche des « institutions du progrès social » (Ch. Gide).

Écorce. – *Phol.* (Syn. : *cortex*). Partie superficielle des hémisphères cérébraux, composée de substance grise.

Écossaise (École). – *Hist.* École philosophique représentée par Thomas Reid, Dugald Stewart, Hamilton, etc.

Éducation. – **1.** *Lato.* Processus par lequel une fonction se développe et se perfectionne par l'exercice même : *vg.* « éducation des sens ».

– *Péd.* **2.** *Str.* Ensemble des procédés par lesquels on développe méthodiquement les facultés de l'enfant.

Efférent. – Voir *Centre**.

Effet. – *Épist.* **1.** Phénomène considéré comme produit par une cause efficiente*. – *Psycho.* **2.** *Loi de l'effet :* celle qui pose que « toutes choses égales d'ailleurs, une réponse est renforcée par le succès, affaiblie, éliminée ou remplacée à la suite de l'échec » (Lagache).

Efficace. – *Méta.* Qui produit réellement son effet : « Cause efficace » (opp. « occasionnelle* »).

Efficience. – *Épist.* **1.** (Opp. : *finalité**). Causalité efficiente* : « La science ne peut s'intéresser à la finalité qu'après avoir épuisé tout son effort dans la découverte de l'efficience » (F. Houssay).

– *Vulg.* **2.** [Angl. : *efficiency*]. Rendement, effet utile : « Le

Efficiente (Cause). – Celle qui « produit » l'effet (cf. *efficace**). Cette expression s'emploie *auj.* comme syn. de *cause** tout court (aux sens 1, 2 et même 3), et par opp. à *cause finale* (cf. *Cause*[4]). *Chez Aristote*, au ctr., la cause efficiente se subordonne à la cause finale : c'est « l'activité qui sort du fond même de l'être et tend à réaliser la fin » (Goblot).

Effort. – *Psycho.* Activité d'un être conscient qui rencontre une résistance. *Sensation d'effort* : celle qu'on éprouve quand on tient un poids soulevé, quand on perçoit la résistance d'un objet, etc. : « L'effort est le véritable fait primitif du sens intime » (Maine de Biran).

Égalitarisme. – *Mor.* et *Pol.* **1.** ▲ Tendance à l'égalité*. – **2.** △ Doctrine qui préconise l'égalité* (aux sens 7, 8 ou 9).

Égalité. – *Math.* **1.** ○ *Lato.* Propriété de deux grandeurs ou quantités d'être mathématiquement équivalentes[2]. Le signe de l'égalité est = – **2.** ○ *Str.* En géométrie, deux figures sont dites égales (ou *congruentes*) quand elles sont superposables. – **3.** ● Formule qui exprime l'égalité[1] de 2 termes : « Une égalité ».

– *Log.* **4.** ● *Égalité logique* : proposition exprimant que deux termes sont logiquement équivalents[1] : « Une définition est une égalité logique. »

– *Mor.* et *Pol.* ○ **5.** Égalité *naturelle* : fait que deux ou plusieurs hommes ont même vigueur, même agilité, même santé (égalité physique) ou même intelligence, même mémoire, même vivacité d'esprit (égalité intellectuelle). – **6.** Égalité *morale* : principe selon lequel la personne humaine a partout même « dignité » et même valeur. – **7.** Égalité *civile* et *juridique* : principe selon lequel tous les individus sont égaux devant la loi et jouissent des mêmes droits civils*. – **8.** Égalité *politique* : principe d'après lequel « tous les citoyens sont également admissibles à toutes dignités, places et emplois publics selon leur capacité » et jouissent des mêmes droits civiques* : « L'amour de la démocratie est celui de l'égalité » (Montesquieu, *Lois*, V, 3). – **9.** Égalité *économique* ou *sociale* : principe qui peut se formuler, si on l'entend comme une égalité stricte : « à chacun selon ses besoins », et si on l'entend comme une égalité de proportionnalité : « à chacun selon son travail », ou : « selon sa capacité ».

Ego. – Voir *Je** et *Moi**. – *Chez Husserl* : « Ego transcendantal », sujet pur (cf. *Parenthèses**) de la connaissance tourné vers le monde.

Égocentrisme. – *Psycho.* **1.** Attitude intellectuelle de celui qui

pense en ramenant tout à soi.
– **2.** Chez l'enfant, « confusion du moi avec le monde extérieur » (Piaget). Voir Ph. I, pp. 49 et 142. ☞ A éviter au sens 1.

Égoïsme. – *Mor.* (Ctr. : *altruisme**). Attitude pratique de celui qui agit volontairement en ramenant tout à soi : « L'égoïsme est naturellement moins pervers dans le grand nombre que dans le petit » (Renouvier). ☞ *Dist.* tendance spontanée de tout être à conserver et développer sa vie.

Égotisme. – *Esth.* **1.** *Chez Stendhal :* analyse du moi en vue de raffiner ses sentiments et d'en jouir : « L'égotisme, mais sincère, est une façon de peindre le cœur humain ». – **2.** *Lato.* Culte du moi, en gén.

Eïdétique [G. *eidos*, essence *ou* image]. – **1.** *Méta. Dans le lang. de la phénoménologie** : qui concerne l'essence. – **2.** *Psycho. Images eïdétiques :* sorte d'images[3] visuelles présentant une netteté particulière et presque hallucinatoires (chez l'enfant).

Éjet [Angl. *eject*]. – *Crit.* Terme introduit par W. K. Clifford pour désigner autrui comme objet de connaissance projeté hors du moi, mais conçu par analogie avec notre propre moi.

Ek-stase. – *Méta. Chez Heidegger et Sartre :* situation d'un être placé « en dehors » de lui-même : « L'en[5]-soi est ce qu'il est, sans aucune dispersion ek-statique de son être » (Sartre). Les trois ek-stases de la temporalité* sont le passé, le futur et le présent.

Élan vital. – *Méta. Chez Bergson :* « élan originel » d'où la vie est issue et qui se développe, au cours de l'évolution, en directions divergentes : « Les grands entraîneurs de l'humanité semblent bien s'être replacés dans la direction de l'élan vital » *(Deux Sources).*

Éléates. – *Hist.* Philosophes de l'école d'Élée (Parménide, Zénon) qui affirmaient l'identité absolue de l'Être avec lui-même.

Électif. – *Psycho.* **1.** *Tendances électives :* tendances altruistes ayant pour objet un individu déterminé (amitié, amour[2]).

– *Ps. path.* **2.** *Amnésie élective :* amnésie* d'évocation portant, soit sur une espèce d'images (*vg.* visuelles), soit sur les souvenirs relatifs à une idée (amn. systématisée).

Élément. – **1.** Composant plus simple d'un tout complexe. ☞ *Dist.* partie : la partie est plus petite, mais aussi complexe que le tout. – *Spéc.* **2.** En chimie : *a)* autref. *les quatre éléments :* feu, air, eau, terre, qu'on a crus simples jusqu'à Lavoisier ; *b) auj.* les corps simples.

Élicite. – *Hist. Chez les Scolastiques :* « acte élicite », celui qui est absolument volontaire.

Émanation. – *Méta.* **1.** *Str.* (Opp. : *création*). Dans certaines doctrines panthéistes* [*vg.* Plotin], processus par lequel les êtres

particuliers découlent [L. *manare*, couler] de l'Être unique.
– **2.** *Lato.* Production par création : « Dieu les produit continuellement [les substances créées] par une manière d'émanation comme nous produisons nos pensées » (Leibniz, *Disc. Méta.*, XIV).

Emblèmes. – *Soc.* Représentations figurées qui symbolisent les idéaux collectifs. – ☞ Dist. *symbole* : voir Ph. I, p. 309.

Emboîtement des germes. – V. *Préformation**.

Embryologie. – *Épist.* Science des formes par lesquelles passe l'organisme vivant de l'état d'embryon à l'état adulte.

Émergence [Angl. : *emergency*]. – *Méta.* Apparition d'une réalité qui sort d'une autre de façon imprévisible et sans en être l'effet nécessaire, et qui apporte ainsi une qualité nouvelle (*vg.* la pensée par rapport aux faits physiques et biologiques). Voir Ph. I, p. 158.

Émesthèse. – Voir *Autopsie*[2].

Éminent. – *Hist.* Descartes dist. trois modes d'existence des idées[4] : la réalité *objective*[1], la réalité *formelle*[1], la réalité *éminente* : « Tout ce que nous concevons comme étant dans les objets des idées, tout cela est *objectivement* ou par représentation dans les idées mêmes. Les mêmes choses sont dites être *formellement* dans les objets des idées quand elles sont en eux telles que nous les concevons. Elles sont dites y être *éminemment* quand elles n'y sont pas à la vérité telles, mais qu'elles sont si grandes qu'elles peuvent suppléer à ce défaut par leur excellence » (2ᵉ *Rép.*, défin.). *Vg.* le monde existe « éminemment » en Dieu, *i. e.* non tel qu'il est en réalité, mais d'une manière « plus excellente ».

Émotion. – *Psycho.* **1.** *Latiss.* Tout état affectif : *vg.* Bain, *Les Émotions et la volonté.* – **2.** *Lato.* Toute manifestation complexe et organisée de la vie affective, « équivalente dans l'ordre affectif, de la perception dans l'ordre intellectuel » : *vg.* peur, colère, « émotion esthétique », « émotion morale », « émotion tendre » (Ribot). – **3.** *Str.* État affectif violent et passager, « choc brusque, souvent violent, intense, avec augmentation ou arrêt des mouvements » (id.) : *vg.* peur, colère, « coup de foudre » en amour. – *Émotions-chocs* (trad. *coarse emotions*, émotions fortes *ou* grossières) : les émotions au sens 3, opposées (not. par W. James) aux *émotions-sentiments* (trad. *subtler emotions*, émotions fines) moins violentes, mais plus durables (*vg.* tristesse, joie, sentiment esthétique) qu'englobe le sens 2. ☞ Le sens propre est le sens 3.

Émotivisme. – △*Méta.* Nom donné par les philosophes de langue anglaise aux doctrines selon lesquelles la vraie réalité est de nature affective, et non d'ordre intellectuel ou rationnel.

Émotivité. – *Car.* Disposition à éprouver des émotions (surtout au sens 3) : *vg.* enthousiasme ou indignation faciles, susceptibilité, angoisse devant une tâche à accomplir, et surtout bouleversement pour des causes minimes.

Empathie [G. *en*, à l'intérieur, et *pathein*, sentir] (Syn. : *intropathie*). – Terme (calqué sur l'all. *Einfühlung*) qui désigne : soit **1.** *Psycho.* la « substitution imaginative » (Pradines) d'une personne à une autre dans la sympathie ; – soit **2.** *Esth.* la « sympathie symbolique » (Delacroix) qui nous ferait communier avec l'œuvre d'art : « L'empathie bergsonienne » (Bayer).

Empirique [G. *empeiria*, expérience]. – *Épist.* **1.** Fondé sur l'expérience[1] brute, non méthodique : « Remède empirique ». – **2.** (En parlant des personnes). Qui se conduit uniquement par expérience[2], *i. e.* d'une façon routinière : « Nous ne sommes qu'empiriques dans les trois quarts de nos actions » (Leibniz, *Mon.*, 28). – **3.** *Lato.* Fondé sur l'expérience en général, y compris l'expérience méthodique : « Les définitions empiriques », « Une formule empirique » (*i. e.* découverte par expérimentation, non par la théorie ni le calcul). ☞ Impropre au sens 3 ; dire : *expérienciel*.

Empirisme. – *Épist.* **1.** ▲ Ensemble de procédés empiriques[1] (souvent *péj.*) : « Les tâtonnements de l'empirisme ». – *Hist.* **2.** △ (Opp. : *rationalisme*[1]). Doctrine selon laquelle la connaissance humaine tout entière dérive, directement ou indirectement, de l'expérience[1] et qui n'attribue par suite à l'esprit aucune activité propre : « L'empirisme n'est que la négation du savoir » (Hamelin). ☞ *Dist.* méthode expérimentale : l'*empirisme*[2] est une doctrine philosophique ; la *méthode expérimentale* est l'ensemble des procédés par lesquels se constituent les sciences de faits*.

– *Psycho.* **3.** Voir *Génétique*[4].

Empiriste. – Partisan de l'empirisme[2]. ☞ *Dist.* empirique[2].

Emprise. – **1.** *Autref.*, entreprise, action chevaleresque. – **2.** Se dit *auj.*, par contresens, pour *action*[1] ou *influence* (voir *Message**).

Endophasie [G. *endon*, dedans, et *phasis*, parole]. – *Psycho.* Langage* intérieur.

Énergétique. – *Phys.* **1.** Science des propriétés générales de l'énergie[1], abstraction faite des caractères[2] particuliers propres à chacune des formes sous lesquelles elle apparaît. – **2.** Théorie physique fondée sur le principe de la conservation* de l'énergie et sur le principe de moindre action* : « Le système[2] énergétique a pris naissance à la suite de la découverte du

Énergétisme. – *Méta.* △ La théorie énergétique[2] érigée en système métaphysique qui fait de l'*énergie* la substance même du monde : « L'énergétisme d'Ostwald ».

Énergie. – *Phys.* L'*énergie* d'un système de corps se mesure par le travail[1] mécanique qu'il est capable de produire. *Énergie actuelle* ou *cinétique* : celle qui se manifeste par le mouvement (égale à la somme des forces[5] vives du système). *Énergie potentielle* : celle qui n'existe qu'en puissance, *i. e.* travail que les forces intérieures du système effectueraient si les corps qui le composent obéissaient à l'action de ces forces.

Engagé. – (Opp. : *disponible**). Auj., « pensée engagée » : celle qui reconnaît ses attaches à une situation[2], prend parti sur les problèmes qui en résultent et reste fidèle à ce parti.

Englobant [Trad. all. *Umgreifende*]. – *Méta. Chez Jaspers* : ce qui enveloppe tout horizon particulier dans lequel nous vivons : « Nous appelons transcendance l'*englobant* dans lequel nous sommes essentiellement, et nous appelons existence l'*englobant* que nous sommes nous-mêmes. »

Ensemble. – *Vulg.* **1.** Totalité des parties d'un système : « Dans une œuvre d'art, c'est l'ensemble qu'il faut considérer ». – *Math.* **2.** Collection d'objets, de nombres, etc., en nombre fini (*vg.* les lettres de l'alphabet) ou infini (*vg.* la suite des nombres entiers) : « C'est Cantor qui a établi la Théorie des Ensembles infinis ». – Voir *Aleph** et *Transfini**.

En soi. – *Méta.* **1.** De façon absolue* : « Rien n'est grand ni petit en soi » (Malebranche). – **2.** La substance[1] est l'*être en soi*, i. e. qu'elle n'existe pas en autre chose (opp. *attribut*[2], qui a besoin, pour exister, d'un sujet[3] dans lequel il existe). – **3.** La *réalité en soi* est la réalité considérée comme indépendance de la connaissance que nous en avons : *vg. chez Kant* les « choses en soi » (cf. *Noumène**). – **4.** Une *fin en soi* est celle qui a une valeur absolue (elle est fin* par elle-même et non comme moyen d'une fin plus élevée). **5.** *Chez Sartre :* « Il faut opposer cette formule : l'être en soi *est* ce qu'il est, à celle qui désigne l'être de la conscience [le *pour-soi*] : celle-ci en effet *a à être* ce qu'elle est... L'être-en-soi n'a pas de *dedans* qui s'opposerait à un *dehors*... L'en-soi n'a pas de secret : il est *massif.* » Pratiquement, souvent syn. *(chez Sartre)* de réalité matérielle.

Entéléchie [G. *entelôs echein*, être à l'état de perfection]. – *Hist.* **1.** *Chez Aristote :* état de l'être en acte[2], pleinement réalisé. –

2. *Chez Leibniz :* « Toutes les substances simples ou monades[2] créées » parce qu'il y a en elles « une suffisance qui les rend sources de leurs actions internes » (*Mon.*, 18)

Entendement. – *Psycho.* et *Crit.* **1.** (Opp. : *volonté*[2]). Faculté de comprendre et de penser[1] : « Toutes nos façons de penser peuvent être rapportées à deux générales, dont l'une consiste à apercevoir par l'entendement et l'autre à se déterminer par la volonté[2] : ainsi, sentir, imaginer et même concevoir des choses purement intelligibles ne sont que des façons différentes d'apercevoir (Descartes, *Princ.*, I, 32) ; « La faculté de recevoir différentes idées et différentes modifications dans l'esprit est entièrement passive et j'appelle cette faculté ou cette capacité entendement » (Malebranche, *R. V.*, I., 1) ; « La puissance d'apercevoir est ce que nous appelons entendement : il y a la perception des idées, la perception de la signification des signes et enfin la perception de la convenance ou disconvenance qu'il y a entre quelques-unes de nos idées » (Leibniz, *N. E.*, II, 21). Voir *intellection**. – **2.** (Opp. : *connaissance sensible et raison*[2]). *Chez Kant* (*Verstand*) : faculté de coordonner les sensations à l'aide des catégories*, de juger et de raisonner : « Toute notre connaissance commence par les sens, passe de là à l'entendement et s'achève dans la raison » (*R. pure*, Dial., introd., II). – **3.** (Opp. : *raison intuitive*). Pensée discursive*, faculté de raisonner.

Entendre. – *Au* XVIIe *siècle :* comprendre* : « Notre volonté étant plus ample que l'entendement, je l'étends aussi aux choses que je n'entends pas » (Descartes, *Méd.*, IV).

Enthymème. – *Log. form.* Syllogisme* dont une prémisse est sous-entendue : *vg.* « L'homme a des droits, donc il a des devoirs ».

Entité. – *Méta.* **1.** *Autref.* réalité totale de l'être individuel : « L'entité ou l'être de la chose » (Descartes, *2e Rép.*). – **2.** *Auj.* ce qui constitue l'essence d'un genre[1] (not. *Méd.* : « les entités morbides », les types de maladies). – **3.** Souvent *péj.* : « Ils [les philosophes] voient quelque effet nouveau : ils imaginent aussitôt une entité nouvelle pour le produire » (Malebranche, *R. V.*, III, 8). *Chez Comte :* « abstraction personnifiée », « Des forces abstraites, véritables entités » (*Cours*, I).

Énumération. – *Log. Induction par énumération :* l'induction[2] formelle. – Voir *Dénombrement**.

Environnement. – *Soc.* Nom donné par les sociologues américains à la fois au milieu naturel *(geographical environment)* et au milieu social *(social* ou *sociological environment)* dans lequel un groupe ou un individu se trouve plongé et avec lequel il entretient des rapports d'action réciproque.

Éon. – *Hist.* Voir *Plérôme**.

Épagogique [G. *epagôgê*, induction]. – *Log.* Inductif (*spéc.* en parlant de l'induction[2] formelle).

Épichérème. – *Log. form.* Syllogisme dont les deux prémisses sont accompagnées de leurs preuves (*vg.* le *Pro Milone* de Cicéron).

Épicritique. – *Phol.* (Opp. : *protopathique**). Se dit de la sensibilité tactile superficielle (contact, froid).

Épigenèse. – *Biol.* △ (Ctr. : *préformation**). Théorie selon laquelle les organes de l'être vivant se constituent, au cours de son développement, par degrés et grâce à une formation nouvelle, au lieu d'être *préformés* dans l'embryon.

Épiphénoménisme. – *Psycho.* △ Théorie selon laquelle la conscience[1] serait un simple *épiphénomène*, i. e. un phénomène accessoire, sans efficacité, l'élément constitutif du fait psychique étant essentiellement le processus nerveux.

Épistémologie [G. *epistêmê*, science, et *logos*, étude]. – **1.** *Str.* Étude de la connaissance scientifique du point de vue critique[1] (*i. e.* de sa valeur). – **2.** *Lato.* Gnoséologie*. ☞ Voir *Logique*[2].

Épisyllogisme. – *Log. form.* Voir *Polysyllogisme**.

Époché [mot grec]. – *Méta.* Suspension du jugement. *Spéc.*, dans le lang. de la Phénoménologie* : refus de se prononcer sur les problèmes d'existence et les réalités substantielles. Voir *Parenthèses** et *Réduction*[2].

Équation. – *Math.* **1.** Égalité[3] comprenant des inconnues et qui ne se vérifie que pour certaines valeurs[6] de celles-ci. – *Épist.* **2.** *Équation personnelle* : correction qu'on fait subir aux observations astronomiques pour chaque observateur.

Équilibre. – *Math.* **1.** En Mécanique, un système de forces[4] est dit *en équilibre* quand il est susceptible de demeurer indéfiniment en repos. – *Par anal. : Psycho.* et *Log.* **2.** Un groupement* logique (*vg.* une classification) est dit *en équilibre* quand « la structure des totalités opératoires [qui le constituent] se conserve lorsqu'elles s'assimilent des éléments nouveaux » (Piaget). – *Éc. pol.* **3.** *Équilibre économique* : état d'ajustement des différents éléments de la vie économique (production, offre* et demande, prix, profits et salaires, etc.) permettant un fonctionnement satisfaisant de l'ensemble.

Équipollents. – Égaux, en parlant : **1.** *Log.*, de deux concepts ayant même extension ; – **2.** *Math.*, de deux segments orientés équivalents.

Équité. – *Mor.* Justice[1] qui a égard à ce qui convient à chaque cas particulier.

Équivalent. – *Log.* **1.** Deux *notions* sont équivalentes quand elles ont même extension[3]. *Principe de la substitution des équivalents* : celui d'après lequel deux notions, quantités, etc., équivalentes peuvent être substituées l'une à l'autre.
– *Math.* **2.** Deux *quantités* sont équivalentes quand elles ont même mesure (*spéc.*, en géométrie, même aire ou même volume, sans qu'il y ait nécessairement *égalité*[2]).
– *Phys.* **3.** *Équivalent mécanique de la chaleur* : travail qui, intégralement transformé en chaleur, donne une grande calorie. *Principe de l'équivalence* : syn. de : principe de la conservation[2] de l'énergie.

Équivoque. – *Log.* Caractère des termes ou des propositions qui peuvent s'entendre en deux ou plusieurs sens différents. « Les termes qui ne réveillent que des idées sensibles sont tous équivoques » (Malebranche, *R. V.*, VI, 2, 2). ☞ L'équivoque des termes s'appelle *ambiguïté* ; celle des propositions *amphibologie*.

Ergétiques (Tendances) [G. *ergon*, travail]. – *Psycho.* Nom donné par P. Janet aux tendances de l'ordre du travail et de l'effort qui consistent à agir efficacement sur le réel (voir Ph. II, p. 13).

Ergologie. [G. *ergon*, travail, et *logos*, étude). – *Soc.* **1.** Éléments matériels de la civilisation[1]. – **2.** Science du travail.

Ergothérapie. – *Ps. path.* Thérapeutique consistant à réinsérer un malade mental (gén. schizoïde*) dans la réalité en le réhabituant au travail.

Éristique [G. *eris*, dispute]. – Discussion vaine et subtile.

Erlebnis. – *Épist.* □ Mot all. qqfs. employé pour désigner l'expérience interne, un « état vécu » de la conscience.

Érôs [mot grec]. – *Hist.* **1.** Chez Platon : l'Amour, en gén. – *Auj.* **2.** (Opp. : *agapê*). L'amour charnel.

Érotique. – Qui a rapport à l'*érôs*[2].

Erreur. – *Épist.* **1.** ○ Action de se tromper, d'affirmer ce qui est faux : « L'erreur n'est pas une pure négation, c.-à-d. le simple défaut ou manquement d'une perfection » (Descartes, *Méd.*, IV) ; « L'erreur consiste dans une privation de connaissance » (Spinoza, *Éth.*, II, 35). – **2.** ● Résultat de l'erreur[1] : « Les erreurs des sens » (v. Ph. I, p. 111) ; « Une erreur de calcul ». Au sens *moral* : « De ses jeunes erreurs maintenant revenu » (Racine).

Eschatologie [G. *eschatos*, dernier, et *logos*]. – Doctrine des fins dernières de l'homme et de l'univers.

Esclavage. – *Soc.* Condition dans laquelle le travailleur manuel se trouve assimilé à un instrument de travail et est la propriété de celui qui l'emploie. ☞ *Dist.* servage*.

Esclaves (Morale des). – *Mor.* Chez Nietzsche: la morale judéo-chrétienne qui exalte les « vertus d'esclaves »: humilité, résignation, pauvreté, amour des faibles (cf. *Ressentiment**) par *opp.* à la « morale des maîtres » qui exalte l'orgueil, la volonté[6] de puissance et le culte de la force.

Ésotérique [G. *esô*, à l'intérieur]. – Réservé aux disciples, aux initiés: « La philosophie est essentiellement ésotérique » (Lagneau). – *D'où*: occulte, secret.

Espace. – *Crit.* et *Méta.* Milieu homogène et indéfini dans lequel sont censés situés les objets sensibles. On peut le définir par l'extériorité mutuelle des parties: *partes extra partes*. Cf. *Étendue** et *Euclidien**.

Espèce [L. *species*, apparence]. – *Théol.* et *Méta.* **1.** Apparence sensible: « Les espèces du pain et du vin [dans l'Eucharistie] ». Spéc., *dans le lang. scolastique*: images matérielles qui se détachent des corps et viennent impressionner les sens: « On appelle *espèce intentionnelle* un signe formel de la chose présentée aux sens, ou une certaine qualité[2] qui, émise par l'objet et reçue dans le sens[4], a le pouvoir de représenter l'objet même, bien qu'elle-même ne soit pas perceptible par les sens; elle est appelée *intentionnelle* parce que, par son moyen, le sens tend vers l'objet » (Eustache de Saint-Paul); « Lorsque je vois un bâton, il ne faut pas s'imaginer qu'il sorte de lui de petites images voltigeantes par l'air, appelées vulgairement des espèces intentionnelles[2], qui passent jusqu'à mon œil » (Descartes, 6ᵉˢ *Rép.*, 9). Cf. *Idée*[5].

– *Log. form.* **2.** Quand deux termes généraux[2] sont compris en extension[3] l'un dans l'autre, le plus grand s'appelle *genre*[1], le plus petit *espèce*: « rectangle » est une espèce du genre « parallélogramme ». ☞ Un terme peut être *espèce* par rapport à un autre et *genre* par rapport à un troisième.

– *Biol.* **3.** Groupe d'êtres vivants présentant certains caractères bien définis qui constituent un type héréditaire, gén. impossible à modifier par le croisement.

– *Phys.* **4.** *Espèce chimique*: corps chimiquement défini.

Espérance de vie. – *Soc.* En démographie*, durée moyenne de la vie dans un groupe humain défini.

Esprit [L. *spiritus*, souffle]. – *Hist.* **1.** *Autref.* fluide, gaz, matière subtile. – **2.** *Esprits animaux*: sorte de « vent très subtil », constitué par « les plus petites parties du sang », qui, « montant continuellement en grande abondance du cœur dans le cerveau, va se rendre de là par les nerfs dans les muscles et donne le mouvement à tous les membres » (Descartes, *Méth.*, V).

– *Méta.* **3.** Principe de la vie et de la pensée, âme[1] : « Rendre l'esprit » – **4.** (Ctr. : *corps*[3]). Principe de la pensée, âme[2] individuelle ; *d'où :* être immatériel, âme des morts. *Pur esprit*, être immatériel qui n'est pas lié à un corps[3] : « Le premier de tous les esprits, c'est Dieu » (Bossuet) ; « Je ne considère pas l'esprit comme une partie de l'âme[2], mais comme cette âme tout entière qui pense » (Descartes, 5es *Rép.*, II, 4) ; « Un seul esprit vaut tout un monde » (Leibniz, *Disc. méta.*, 36). – **5.** (Ctr. : *ématière*). Le monde de la pensée[1], la réalité spirituelle en gén. : « Avant l'homme, l'esprit dormait dans la nature » (Lagneau) ; « L'esprit est le foyer commun qui éclaire et unit toutes les consciences » (Lavelle). *Chez Hegel :* l'Esprit est l'intériorisation de la Nature ; l'*Esprit subjectif* est le siège des faits psychiques (âme, conscience, esprit[6]) ; l'*Esprit objectif* se manifeste dans le droit, les mœurs, la moralité ; l'*Esprit absolu*, dans l'art, la religion et la philosophie.

– *Psycho.* **6.** Conscience, ensemble des phénomènes psychiques : « Élevons plus haut nos esprits » (Bossuet) ; « Par esprit *(mind)* nous entendons ce qui dans l'homme pense, se souvient, raisonne, veut » (Reid). – **7.** (Opp. : *sentiment*[4], *cœur*[3]). Connaissance, intelligence[1] : « L'esprit comme le cœur a ses idoles » (Renouvier). Chez certains, opp. à *Ame*[3] ou à *Vie :* « L'Esprit et la Vie, l'Esprit et l'Ame sont en guerre par une nécessité naturelle... L'Esprit est le *Dehors* absolu comme l'Ame est le *Dedans* naturel » (Klages ; voir *Ame*[3]). – **8.** Tournure ou orientation d'esprit[6] particulière : « Un esprit élevé » ; « L'esprit scientifique » ; « L'esprit de système ». *Esprit de finesse**, *de géométrie* :* voir ces mots. – **9.** Inspiration fondamentale : « L'esprit de la monarchie est la guerre » (Montesquieu) ; « C'est dans cet esprit que... »

– *Car.* **10.** Vivacité de la pensée et faculté d'exprimer ses idées de façon ingénieuse et piquante : « Quand on court après l'esprit, on n'attrape que la sottise » (Montesquieu).

Essais et erreurs. – *Psycho.* Procédé de tâtonnements aveugles d'où s'éliminent progressivement les erreurs et qui, selon certains auteurs, est à la base de la formation des habitudes. Voir Ph. I, p. 243 et II, p. 95.

Essence. – *Log.* (Ctr. : *accident**). « Ensemble des caractères intimes qui persistent au milieu du changement des relations et des modifications accidentelles » (Liard) : « En Dieu, l'essence n'est point distinguée de l'existence » (Descartes, 4es *Rép.*) ; « Cela appartient à l'essence d'une chose, qui fait, lorsque cela est donné, que la chose est nécessairement posée et, lorsque cela est ôté, que la chose est nécessairement ôtée » (Spinoza, *Eth.*, II, déf. 2) ; « La possibilité[1] ou le degré d'essence est le principe de l'existence » (Leibniz) ; « La dualité entre les deux mondes de l'essence et de l'existence est un problème insoluble si l'existence[2] n'est pas un moyen par lequel l'essence comme telle se réalise » (Lavelle).

Esthétique (nom). – *Crit.* **1.** *Chez Kant :* « esthétique transcendantale », partie de la Critique de la raison pure qui concerne les *formes*[2] *a priori de la sensibilité.*
– *Esth.* **2.** *Auj.*, théorie (positive et scientifique, ou bien normative et philosophique) de l'Art[3] et des conditions du Beau.

Esthétique (adj.). – **3.** Qui concerne le beau. *Activité esthétique :* celle qui a pour but de réaliser le beau, l'Art[3]. *Sentiment esthétique :* le sentiment du beau.

Étalonnage. – *Ps. métr.* Opération qui consiste à déterminer la signification des résultats numériques fournis par un test*.

État. – *Soc.* et *Pol.* **1.** *Lato.* La société elle-même, quand elle possède des organes politiques, juridiques et administratifs différenciés : « La vie des États est comme celle des hommes » (Montesquieu, *Lois*, X, 2). – **2.** *Str.* Ensemble de ces organes ; centres directeurs et conscients de la société : « L'État deviendra puissant » (*ib.*, V, 8) ; « La force collective qu'est l'État, pour être libératrice de l'individu, a besoin elle-même de contrepoids » (Durkheim). *Raison d'État*, v. *Raison*[8]. – **3.** *Spéc.*, forme de gouvernement : « L'état républicain a la vertu pour principe » (Montesquieu, *Lois*, V, 1). ☞ A éviter au sens 3. *Dist.* gouvernement*, nation*, société*.

États (Loi des 3). – *Hist.* Théorie énoncée par A. Comte (*Cours*, I) et selon laquelle l'intelligence humaine dans son ensemble et chacune des branches de nos connaissances passent par trois états successifs : l'état *théologique*[2], l'état *métaphysique*[10] et l'état *positif*[4].

Étatisme. – *Pol.* **1.** (Ctr. : *individualisme*[3]). Tendance à placer le salut de l'État au-dessus de tout. – **2.** (Ctr. : *individualisme*[4]). Tendance à multiplier les attributions administratives et surtout économiques de l'État[2].

Étendue. – *Vulg.* **1.** Portion finie et *gén.* mesurée de l'espace* : « L'étendue d'un champ ».
– *Psycho.* **2.** *L'étendue concrète*, celle de la perception, s'oppose à l'*espace** abstrait (voir Ph. I, p. 130).
– *Méta.* **3.** *Chez Descartes :* attribut essentiel des corps : « La même étendue qui constitue la nature du corps constitue aussi la nature de l'espace » (*Princ.*, II, 11 : voir *Textes choisis*, I, p. 77). *Chez Malebranche* (à partir de 1678) : *étendue intel-*

ligible (dist. de « l'étendue locale ou matérielle »), idée archétype qui représente les corps dans l'entendement divin : « L'étendue intelligible représente des espaces infinis, mais elle n'en remplit aucun » (*Entr.*, II, 6).

Éternelles (Vérités). — Voir *Vérité*[2].

Éternité. — *Méta.* Caractère de l'être soustrait au devenir et au temps ; intemporalité : « L'éternité diffère du temps parce qu'elle est toute à la fois *(tota simul)*, tandis que le temps est succession, et non pas en ce que l'éternité serait un temps sans commencement ni fin » (Saint Thomas, *S. Th.*, I, q. 10, 4) ; « L'étendue créée est à l'immensité* divine ce que le temps est à l'éternité » (Malebranche, *Entr.*, VIII, 4).

Éthique [G. *êthê*, les mœurs]. — La Morale[2] : « L'éthique est la science normative primordiale » (Wundt).

Ethnie [G. *ethnos*, peuple]. — *Soc.* Terme créé pour éviter le mot *Race** et qui désigne un mélange de races caractérisé par une même culture.

Ethnographie [G. *ethnos* et *graphê*, description]. — *Épist.* Étude descriptive de la civilisation[1] matérielle et morale des peuples.

Ethnologie. — *Épist.* Syn. d'*anthropologie** *culturelle*.

Éthologie [G. *êthos*, caractère, et *logos*, étude]. — Nom autref. donné (vg. par J. S. Mill) à la caractérologie*.

Étiologie [G. *aitia*, cause, et *logos*]. — *Épist.* Recherche des causes (spéc. en *Méd.*).

Être (nom). *Méta.* **1.** ○ Existence : « Ce qui connaît qqc. de plus parfait que soi ne s'est point donné l'être » (Descartes, *Princ.*, I, 20). — **2.** ● Ce qui est : « Ô Dieu, le plus Être de tous les êtres » (Fénelon) ; « L'être est vide de toute détermination autre que l'identité avec lui-même » (Sartre) ; « L'être ne se découvre à nous que dans l'expérience de l'existence » (Lavelle ; cf. *Acte*[3]). *Chez Comte* : « le Grand Être », l'humanité. — **3.** *Être de raison* : ce qui n'existe que dans la pensée (*vg.* une notion mathématique).

Être (verbe). — **4.** (Sens existentiel). Syn. de *exister* : « Dieu est ». — **5.** (Sens attributif ou prédicatif). Copule* exprimant le rapport entre le sujet[2] et l'attribut[1] : « Dieu est infini ».

Être-là. — Voir *Dasein*[2].

Euclidien (Espace). — *Math.* (Opp. *hyperespace**). Espace homogène[2], isotrope*, à trois dimensions*, défini en outre par les 2 postulats de la ligne droite et le postulat d'Euclide (par un point hors d'une droite, on *ne* peut mener *qu*'une parallèle à cette droite).

Eudémonisme [G. *eudaimôn*, heureux]. — *Mor.* △ Doctrine morale selon laquelle le bonheur est le souverain bien.

Euphorie. – *Psycho.* Sentiment agréable de bien-être et de satisfaction, qqfs. pathologique.

Évasion. – *Ps. path.* Besoin qu'éprouvent certains malades de fuir (par l'imagination, la rêverie, etc.) le réel auquel ils ne peuvent s'adapter.

Événement. – Voir *Fait**.

Évidence, Évident. – *Épist.* Manifestement vrai pour tout homme qui comprend. Dist. : **A)** l'évidence : **1.** *rationnelle*, fondée sur la raison pure : « La vérité ne se trouve presque jamais qu'avec l'évidence » (Malebranche, *R. V.*, I, 2) ; « L'évidence de raison consiste uniquement dans l'identité » (Condillac) ; – **2.** *empirique*, not. *sensible :* « L'évidence convient à la constatation des faits, non à celle de l'universalité et de la perpétuité des lois qui les régissent » (Renouvier) ;

– **B)** l'évidence : **3.** *immédiate :* « Un axiome[1 et 2] est une vérité évidente » ; – **4.** *médiate*, qui résulte de la *démonstration*[1] : « L'évidence de l'intuition n'est pas requise pour les seules énonciations, mais aussi pour n'importe quels raisonnements » (Descartes, *Reg.*, III).

Évocation. – *Psycho.* (Syn. : *rappel*). Fonction de la mémoire[4] par laquelle les souvenirs sont rappelés à la conscience. On *dist.* qqfs. l'évocation *spontanée* et l'évocation *volontaire* ou *remémoration*.

Évolution. – *Méta.* **1.** *Lato.* Suite de transformations régie par une loi[5], et gén. conçue comme graduelle et continue : « La formation des mondes expliquée par voie de développement lent et graduel ou, selon l'expression moderne, d'*évolution* » (Fouillée). – **2.** *Str.* (spéc. chez Spencer). Transformation universelle définie surtout par la différenciation[3] et l'intégration[3] (v. ces mots) progressives : « L'évolution est une intégration de matière, pendant laquelle celle-ci passe d'une homogénéité indéfinie, incohérente, à une hétérogénéité définie, cohérente. » (Spencer). – **3.** *Évolution créatrice* (Bergson) : celle qui, au lieu de « reconstituer l'évolution avec des fragments de l'évolué » [comme chez Spencer], consiste en un élan* créateur : « L'évolution est une création sans cesse renouvelée » (*E. C.*, II).

– *Biol.* **4.** *Autref.* (sens originel) : « Le mot Évolution, dérivé d'*evolvere*, a été couramment employé dans son sens étymologique au XVIIIe siècle, pour désigner le développement de l'embryon tel que le concevaient les préformationnistes » (M. Caullery ; – voir *Préformation**) : « Tant de faits rassemblés en faveur de l'évolution prouvent assez que les corps organisés ne sont point proprement engendrés, mais qu'ils préexistaient originairement en petit » (Ch. Bonnet). Cf. Berkeley, *Siris*, 233, où le mot anglais est employé en ce sens. – **5.** *Auj.*, transformation, lente ou brusque (v. *Mutation**) d'une espèce vivante en une autre espèce : « En tant que fait, l'évolution est la seule explication rationnelle de la nature » (Caullery).

Évolutionnisme). – *Méta.* **1.** *Lato.* △ Doctrine philosophique d'après laquelle l'évolution, aux sens 1, 2 ou 3, est la loi générale des êtres (de la matière, de la vie, de l'esprit, des sociétés). ☞ Terme le plus souvent appliqué au système de Spencer. Mais Bergson distingue de celui-ci « l'évolutionnisme vrai ». – *Biol.* **2.** *Str.* (Évol. des espèces) Syn. de *transformisme**.

Exact – *Épist.* Rigoureusement adéquat[2] à son objet. *Sciences exactes:* les Mathématiques, parce qu'elles énoncent des propositions vraies sans approximation aucune. ☞ *Dist.* précis*.

Excitation. – *Phol.* **1.** (Syn.: *excitant* ou *stimulus*). Phénomène physique ou chimique agissant sur un être vivant et déterminant de sa part une réaction[2]. Se dit *spéc.* de l'agent[1] déterminant une impression[2] dans un organe sensoriel. – **2.** Qqfs. syn. d'*impression*[2].
– *Ps. phol.* **3.** Suractivité physique et mentale apparente (*vg.* dans l'émotion[3]).

Exécutif (Pouvoir). – *Pol.* (Syn.: *gouvernement*). Celui qui est chargé de faire exécuter les lois.

Exemplarisme. – *Hist.* △ Doctrine qui pose des archétypes[1], *i. e.* des modèles *exemplaires* des choses sensibles : « L'exemplarisme platonicien ». – Cf. *Archétype*[1] et *Paradigme*[2].

Exhaustif. – *Log.* Qui épuise son objet : « La division[2] doit être exhaustive. »

Exhaustion. – *Math.* Méthode d'analyse[1] qui consiste à épuiser en qq. sorte la difficulté d'une limite (*vg.* calcul de π par la méthode d'Archimède en doublant indéfiniment le nombre des côtés du polygone inscrit).

Existant. – *Méta.* **1.** ■ (Nom neutre). Tout ce qui existe : « Le rapport avec le monde qui gouverne toutes les sciences, leur fait chercher l'existant *(das Seiende)* lui-même » (Heidegger). – **2.** △ (Nom masc.) L'homme en tant qu'il existe[3] : « Hamlet était un existant » (Wahl).

Existence. – *Méta.* **1.** ○ Caractère de ce qui existe* (en tous les sens du terme) : « L'existence des créatures est une vraie existence. » (Fontenelle) ; « L'existence dont nous sommes le plus assurés et que nous connaissons le mieux est incontestablement la nôtre » (Bergson, *E. C.*) ; « Réfléchir sur l'existence, c'est déjà être hors de l'existence » (Wahl) ; « Là où règne la raison, la vie devient existence, et prend sa portée transcendante » (Jaspers). – **2.** ● □ L'existant[2] lui-même : « Il appartient à chaque existence de discerner et de mettre en œuvre dans la totalité de l'être cette possibilité dont précisément elle fera son essence » (Lavelle).

Existential. – *Méta. Chez Heidegger :* qui concerne « l'être dans son ensemble et en tant que tel », et non seulement l'existence vécue de l'homme en particulier : « La problématique existentiale tend à mettre en évidence la structure ontologique* de l'être du *Dasein** ».

Existentialisme. – (*Méta.* Syn. : *philosophie existentielle*). △ Mode de philosopher qui pose le primat de l'*exister*³ sur l'essence et qui se donne pour objet l'analyse de l'existence humaine dans sa réalité concrète et vécue : « L'existentialisme nous apprend qu'il y a des vues sur la réalité qui ne peuvent pas être complètement réduites aux explications scientifiques » (Wahl). ☞ Le terme s'applique aux doctrines de Jaspers et de Sartre ; mais la philosophie de Heidegger prétend être existentielle ; celle de Le Senne a été qualifiée de *spiritualisme existentiel* (J. Paumen) ; celle de G. Marcel, d'*existentialisme chrétien* (mais l'auteur repoussait cette dénomination).

Existentiel. – *Méta.* **1.** ■ Qui implique une affirmation d'existence (au sens large du terme) : « Le *cogito** cartésien est existentiel ». – **2.** □ *Auj.,* qui concerne l'expérience humaine concrète de l'existence vécue : « La philosophie existentielle » (syn. : *existentialisme**).

Exister. – *Méta.* – **A)** *Au sens classique :* terme indéfinissable qui implique simplement que l'être dit *existant* est posé par nous : **1.** soit comme une réalité : *a) nécessaire :* « La nécessité d'être ou d'exister est comprise en la notion que nous avons de lui [Dieu] » (Descartes, *Princ.,* I, 14) ; « Il n'y a rien de plus existant ni de plus vivant que lui [Dieu] » (Bossuet) ; – *b) contingente* et donnée par l'expérience : α. *externe :* « Il faut conclure qu'il y a des choses corporelles qui existent » (Descartes, *Méd.,* VI), ou : β *interne :* « Je suis, j'existe, cela est certain » (*ib.,* II) ; – **2.** soit comme une possibilité logique : « Il existe des fonctions continues dépourvues de dérivées » (Poincaré) ; « Il n'existe pas de cercle carré ».

– **B) 3.** *Auj.,* ce terme implique souvent une idée d'expérience concrète et pleinement consciente de l'*existant* humain, *opp.* soit à l'attitude théorique et abstraite, soit à la banalité de la *vie* quotidienne : « Il n'y a guère que les gens malsains qui se sentent exister » (Biran, 1794) ; « Je m'accuse de désirer le libre essor de toutes mes facultés et de donner un sens complet au mot *exister* » (Barrès, *Un Homme libre*) ; « Exister consiste à changer » (Bergson) ; « Il y a une chose qui s'appelle *vivre*, il y a une autre chose qui s'appelle *exister* : j'ai choisi d'exister » (G. Marcel). Spéc., *dans le lang. existentialiste* : « Il n'y a rien de plus terrible que d'exister en tant qu'individu » (Kierkegaard). *Chez Heidegger :* le mot est qqfs. écrit *ek-sister*, i. e. « surgir à la vérité de l'être » en s'arrachant à la banalité de la vie quotidienne pour retrouver l'existence *authentique*[2] (v. ce mot). « La proposition : *l'homme ek-siste* ne répond pas à la question de savoir si l'homme est réel ou non, mais à la question de savoir quelle est l'essence de l'homme. »

☞ On remarquera que ce dernier sens s'oppose directement à l'emploi ancien du terme : « Ce n'est qu'en s'occupant qu'on existe » (Voltaire) ; « Le plus lourd fardeau, c'est d'exister sans vivre » (V. Hugo).

Exotérique. – (Crt. : *ésotérique**). Public, ouvert à tous.

Expectante (Attention). – *Psycho.* Celle du sujet qui *attend* [L. *exspectare*] un signal, un phénomène quelconque.

Expérience. – *Épist.* et *Crit.* **A)** *Expérience immédiate.* (Adj. correspondant : *empirique**). **1.** ○ Faculté de connaître par l'intuition[1] sensible (expérience *externe*) ou bien par l'intuition[1] psychologique (expérience *interne*) avec un minimum d'interprétation ou d'élaboration : « La liberté de notre volonté se connaît sans preuve par la seule expérience que nous en avons » (Descartes, *Princ.*, I, 39). – □ *Auj.*, ce terme est souvent employé pour désigner ce qu'on éprouve en soi-même immédiatement *(expérience vécue)* : « Pour nous, c'est l'expérience qui est le donné essentiel » (Gusdorf). – **2.** ● (Vulg.) Connaissance par l'expérience[1] et l'usage de la vie : « L'expérience se forme avec l'âge » (Saint-Evremond).

B) ■ *Expérience élaborée.* (Adj. corresp. : *expérimental**). **3.** ○ Connaissance par *expérimentation** : « L'expérience est l'unique source des connaissances humaines » (Cl. Bernard). – **4.** ● Observation[3] provoquée par expérimentation* en vue de contrôler une hypothèse : « Faire des expériences » ; « L'expérience n'est au fond qu'une observation provoquée » (Cl. Bernard) ; « L'expérience[3] est toujours acquise en vertu d'un raisonnement précis établi sur une idée qu'a fait naître l'observation[2] et que contrôle l'expérience[4] » (id.).

C) *Sens spéciaux.* □ *Psycho.* **5.** *Expérience mentale* [Trad. all. : *Gedankenexperiment*]. Celle qui « imagine mentalement la variation des faits » et qui, selon Mach, constitue l'essentiel du raisonnement[1] (cf. Ph. I, p. 330). *Expérience logique :* expérience mentale au second degré où le sujet adopte une attitude *réflexive** à l'égard de ses propres opérations de pensée (Piaget). Cf. Ph. I, p. 331. – *Mor.* **6.** *Expérience morale : a)* Intuition affective des valeurs morales (Scheler); *b)* Action d'expérimenter les valeurs morales à l'épreuve de la vie (Rauh). – *Méta.* **7.** *Expérience métaphysique : a)* Communion avec l'absolu par l'intuition[4] : « L'expérience métaphysique se reliera à celle des grands mystiques » (Bergson, *P. M.*, II); *b)* Expérience de l'être engagé dans l'existence, à qui son être même apparaît comme un mystère[3] (G. Marcel). – **8.** *Expérience religieuse :* celle dans laquelle le croyant a le sentiment que « sa conscience se continue dans une conscience surhumaine » (James) : « Une expérience religieuse ayant ses caractères propres est une chose qui se constate » (id.).

Expériencialisme. – *Hist.* △ Nom qu'on donne qqfs. aux doctrines [vg. de G. Marcel] de l'expérience[1] interne immédiate.

Expérienciel ou **Expérientiel.** – *Épist.* Qui concerne l'expérience en gén. à la fois au sens A et au sens B (le sens de ce terme englobe à la fois celui d'*empirique*[1] et celui d'*expérimental*[1]).

Expérimental. – *Épist.* **1.** *Str.* Qui repose sur l'expérimentation* : « Sciences expérimentales » s'opp. en ce sens à « sciences d'observation ». – **2.** *Lato.* Qui repose, soit sur l'expérimentation*, soit sur des observations invoquées (mais non provoquées) en vue de contrôler une hypothèse : « Quant au raisonnement expérimental[2], il sera absolument le même dans les sciences d'observation et dans les sciences expérimentales[1] » (Cl. Bernard). – **3.** *Latiss.* Syn. d'*expérienciel**: vg. « Psychologie[1] expérimentale » (science positive des faits psychiques) opp. à « psychologie[2] rationnelle » (étude métaphysique de l'âme). ☞ *Impropre* au sens 3.

Expérimentation. – *Épist.* Méthode scientifique qui consiste à *provoquer* des observations, faites dans des conditions spéciales, en vue de contrôler une hypothèse[3] : « La physique moderne repose sur l'expérimentation qui, plus précise que la simple observation[2], réalise volontairement des conditions données pour voir quels sont les phénomènes qui se produisent dans ces conditions » (L. de Broglie).

Expiation. – *Mor.* **1.** *Au sens religieux :* satisfaction offerte à Dieu pour la réparation d'un péché*. – **2.** *Lato.* Toute souffrance destinée à racheter une faute* et à purifier ou guérir l'âme.

Explicite. – *Épist.* (Ctr. : *implicite*). Expressément énoncé, *ou* : pleinement conscient[2].

Expliquer [L. *explicare*, déplier]. – *Épist.* **1.** (Au sens traditionnel). Rendre intelligible[2], le plus souvent en faisant connaître la cause, la loi ou la raison : « Un fait particulier est expliqué quand on a indiqué la loi dont sa production est un cas » (J. S.

Mill). – **2.** *Auj.,* on opp. souvent *expliquer* à *comprendre* (voir *Comprendre*[4]) : « Confondre la compréhension du sens des phénomènes avec leur explication causale » (Jaspers).

Extase. – *Hist.* **1.** *Chez les Néoplatoniciens*, spéc. *Plotin* : union intime avec l'Un, où l'âme s'anéantit en Dieu. – *Psycho.* **2.** État psychique caractérisé par un sentiment de béatitude et d'union avec l'Absolu : « Dans l'extase, la conscience personnelle, la conscience du moi et du monde extérieur disparaît presque totalement » (Delacroix). – *Ps. path.* **3.** Syndrome psychopathique caractérisé par la fixité du regard, l'immobilité, la perte de la sensibilité et un sentiment intense et ineffable de béatitude. ☞ L'adj. *extatique* se rapporte gén. à ce dernier sens.

Extensif. – *Épist.* Se dit des grandeurs qui peuvent se représenter par une étendue[1] (*vg.* grandeurs géométriques, la plupart des grandeurs physiques), *opp.* aux grandeurs *intensives* qui ne peuvent être ainsi traduites (*vg.* grandeurs psychologiques : intensité d'une émotion, d'une sensation).

Extensivité. – *Épist.* Caractère de ce qui est étendu ou implique un certain sentiment de l'étendue : « L'extensivité des sensations ».

Extension. – *Vulg.* **1.** Syn. d'*étendue*[1]. – **2.** Action d'étendre une assertion ou une dénomination à des objets auxquels elle ne s'appliquait pas d'abord.
– *Log. form.* **3.** Ensemble des êtres, objets ou faits auxquels un concept s'applique, dont il peut être l'attribut[1] (*vg.* pour « oiseau » : l'ensemble des oiseaux).

Extérieur, Externe. – *Ps. phol.* **1.** *Sens*[4] *externes* : ceux dont les terminaisons nerveuses se trouvent à la surface du corps (toucher, vue, ouïe, odorat, etc.), opp. aux *sens internes* dont les terminaisons sont à l'intérieur du corps (cénesthésie*, sens musculaire, etc.).

– *Psycho.* et *Méta.* **2.** Qui est en dehors de la conscience[1]. *Monde extérieur* : le monde sensible. *Perception extérieure* : celle qui nous fait connaître le monde extérieur.

– *Épist.* **3.** En histoire : *critique externe* des documents, celle qui porte sur leur forme et a pour but de déterminer leur authenticité[1] et leur intégrité (opp. *critique interne*, celle qui porte sur leur contenu même, sur les faits attestés).

Extéroceptifs (Sens). – *Ps. phol.* Ceux qui captent les impressions venant de l'extérieur[2].

Extramondain. – *Méta.* Extérieur au monde : « Cet être unique est supérieur au monde et, pour ainsi dire, *extramondain* » (Leibniz).

Extraversion. – *Ps. an.* (Opp. : *in-*

troversion*) *Chez Jung* : orientation de l'énergie psychique vers l'extérieur : « L'extraverti pense, agit par rapport à l'objet. »

Extrêmes. – *Log form.* **1.** (Opp. : *moyens*[2]). Dans un syllogisme : grand* et petit* termes. – **2.** Les deux espèces[2] opposées d'un même genre[1] : *vg.* « force » et « faiblesse ».

Extrinsécisme. – *Théol.* Tendance à présenter la foi comme s'imposant à l'âme uniquement du dehors et par voie autoritaire, sans tenir compte de la possible communication de l'âme avec Dieu.

Extrinsèque. – *Log.* (Ctr. : *intrinsèque*). Étranger à la nature même de l'objet ou du fait considéré.

F

Fabulation. – *Psycho.* **1.** « Présentation d'un récit imaginaire, souvent vraisemblable, comme étant réel, sans intention de tromper » (Piéron). ☞ *Dist.* mythomanie* : « La fabulation n'est qu'une substitution à un déficit de la mémoire » (Baruk) – *Hist.* **2.** Procédé qui consiste à exposer sa pensée sous forme de mythes[2] : « La fabulation platonicienne » (Schuhl).

Facteur. – *Ps. métr.* Élément commun à plusieurs opérations mentales de même nature. Cf. *Analyse*[4] et *G*.

Factice. – *Hist.* **1.** *Chez Descartes* : « idées factices », celles qui sont « faites et inventées » par l'imagination. Cf. *Adventices**. – **2.** Souvent, *auj.* (par imitation de l'all. *faktisch*) : qui existe à l'état de simple fait. Cf. *Facticité*[2]. ☞ En ce dernier sens, il vaudrait mieux dire *factuel*.

Facticité. – **1.** Caractère de ce qui est construit par l'esprit ou fabriqué par l'art humain : « L'esprit, dans la culture scientifique, n'a plus peur de la *facticité* » (Bachelard) ; « L'essentielle facticité donne à l'œil qui contemple ce bronze... » (id.). – **2.** Souvent, auj. (all. : *Faktizität*) : caractère de ce qui existe comme pur fait, sans fondement[2], pour un être-déjà-dans-le-monde : « La facticité du pour-soi » [i. e. la double contingence de son existence et de son engagement dans une situation donnée] (Sartre).

Factorielle (Analyse). – *Épist.* Méthode dérivée de celle des corrélations[1] et utilisée, not. en Psychologie, pour l'interprétation des *tests* : elle a pour but de mettre en lumière l'influence d'un ou de plusieurs facteurs sur les variables psychologiques. On distingue la théorie *bifactorielle* et la théorie *plurifactorielle* (Cf. Ph. I, p. 548).

Faculté. – *Méta.* **1.** Puissance d'agir (*habilitas ad agendum* selon la définition des Scolastiques, qui la distinguaient de la propriété[1] ou *habilitas ad patiendum*).

– *Psycho.* **2.** *Facultés de l'âme* :

nom donné autref. aux fonctions psychiques : « Les faits semblables, nous les rapportons à un même principe que nous appelons *faculté* et que nous concevons comme une force de notre esprit » (Royer-Collard).

Faible. – *Psycho*. Dans la *Gestaltpsychologie*, une forme[4] est dite *faible* quand elle est peu structurée, quand les éléments sont peu intégrés au tout.

Fait. – *Épist*. Toute donnée de l'expérience[1] : « Un fait n'est rien par lui-même, il ne vaut que par l'idée qui s'y rattache » (Cl. Bernard). ☞ *Dist*. événement et phénomène : un *événement* est un fait considéré avec ses particularités de temps et de lieu ; – *fait* a un sens plus général, mais désigne encore une donnée complexe et concrète ; on dist. qqfs. le « fait brut », *i. e.* tel qu'il serait donné dans l'intuition, et le « fait scientifique » (syn. : phénomène) ; – un *phénomène*[1] est un fait analysé, considéré dans ses éléments abstraits, indépendamment de toute particularité de temps et de lieu, et avec la notion d'une répétition possible. – *Vérités de fait :* vérités empiriques[2] ou expérimentales[2], donc contingentes (opp. *vérités de raison* qui sont nécessaires[1]). – *Sciences de fait :* les sciences expérimentales[2] (opp. *sciences rationnelles*). – *En fait :* voir *Droit*[1] et *Nécessaire*[2].

Famille. – *Soc.* **1.** La société *domestique**, comprenant tous ceux qui sont *parents* entre eux. – **2.** *Spéc.*, de nos jours, la société *conjugale* : groupe formé par le père, la mère et les enfants. – *Biol.* **3.** Groupe morphologique intermédiaire entre le genre[2] et l'ordre[8] : « La famille des félins ».

Fanatisme. – *Mor*. Attitude qui consiste à pousser jusqu'au bout le culte exclusif d'une idée : « Le panthéisme est un fanatisme théologique » (Le Senne). *D'où :* intolérance : « Il n'y a point de fanatisme sans cérémonie » (Alain).

Fantaisie [G. *phantasia*, imagination].
– *Psycho*. Autref. imagination : « Cette fantaisie est une véritable partie du corps » (Descartes, *Reg*., XII) ; « Les images qui sont peintes en la fantaisie » (Port-Royal).

Fascination. – *Ps. path*. État dans lequel la conscience[1] est complètement absorbée par une perception.

Fatal. – *Méta*. Qui se produit inévitablement, malgré tout effort contraire de la volonté et de l'intelligence humaines.

Fatalisme. – *Méta*. **1.** *Lato*. Autref. syn. de *déterminisme*[3]. – **2.** *Str.* △ Doctrine philosophique selon laquelle tout est fatal*. ☞ Impropre au sens 1. *Dist*. déterminisme : « La liaison des causes et des effets, bien loin de causer une fatalité insupportable, fournit plutôt un moyen de la lever » (Leibniz, *Théod*., 55).

Fatum [mot latin]. – *Hist.* Dans la *Théod.* (préface), Leibniz distingue : 1. le *fatum mahumetanum*, fatalisme[2] absolu, aboutissant à l'argument paresseux* ; – 2. le *fatum stoïcum* (η ειμαρμενη) ou « tranquillité à l'égard des événements par la considération de la nécessité qui rend nos soucis et nos chagrins inutiles » ; – 3. le *fatum christianum*, résignation confiante aux décrets de la Providence.

Faustien. – *Hist.* Qualificatif appliqué par O. Spengler à la civilisation occidentale et spéc. germanique, fondée sur le devenir* et l'aspiration à l'infini. Cf. *apollinien**.

Faute. – *Log., Mor., Esth.* (*Péj.*) Action d'enfreindre une norme* : « Une faute logique » ; « Une faute morale » (cf. *Péché**) ; « Une faute de goût ».

Fechner (Loi de). – *Psycho.* (Syn. : *loi psychophysique* ou *logarithmique*). Loi selon laquelle l'intensité de la sensation* varie comme le logarithme de l'excitant*.

Feed-back. – *Techn.* Dans le lang. de la *cybernétique** : action en retour qui permet, dans les machines, des régulations de fonctionnement analogues à celles qu'on observe dans les organismes vivants.

Fétichisme. – 1. Culte des *fétiches*, i. e. d'objets matériels qui sont censés posséder des pouvoirs magiques. *Chez Comte* : première forme de « l'état théologique[2] » qui consiste à « attribuer à tous les corps extérieurs une vie analogue à la nôtre, mais plus énergique » (*vg.* divinisation des astres). – *D'où ext.* 2. Vénération superstitieuse : – *a) Chez Marx*, « fétichisme de la marchandise » : illusion qui confère à la marchandise un caractère « mystique » en lui attribuant une valeur immanente, alors que cette valeur n'appartient qu'au travail humain qui la produit ; – *b) Chez Renouvier*, « fétichisme en philosophie » : façon de penser qui consiste à se forger des idoles, telles qu'*idée en soi, esprit pur, formes*[1] substantielles, archées*, etc.

Fiat [mot latin] = que cela soit fait]. – *Psycho.* Terme employé not. par W. James pour caractériser la décision* volontaire.

Fictif. – *Psycho.* 1. (Ctr. : *réel*). Qui est un produit de la fiction, i. e. de l'imagination[4]. – 2. Qui repose sur l'imagination[4] : « L'état théologique[2] ou fictif » (Comte).

Fidéisme. – *Théol.* 1. *Str.* Doctrine selon laquelle la religion est objet de pure *foi*[5], sans que l'esprit puisse apporter à celle-ci aucun préambule rationnel : « Le pur fidéisme n'est pas moins contraire à l'orthodoxie religieuse qu'à la raison » (Le Roy). – *Crit.* 2. *Lato.* (Ctr. : *rationalisme*[2]). Toute doctrine qui met la croyance[2] au-dessus de la raison et fait reposer la vérité sur des exigences sentimentales ou morales.

Figure. – *Math.* **1.** Étendue[1] limitée par des lignes : « La matière ou l'étendue renferme en elle deux propriétés : la première est celle de recevoir différentes figures » (Malebranche, *R. V.*, I, 1). – *Psycho.* **2.** Dans la *Gestaltpsychologie*, opp. à *Fond**. – **3.** Façon de parler symbolique : « Une figure de rhétorique ». – **4.** *Ext. Théol.* Symbole d'une vérité de foi[5] : « Les prophètes prophétisaient par figures » (Pascal).

– *Log. form.* **5.** Figure d'un syllogisme : forme qu'il prend selon que le moyen[3] terme y est sujet ou bien attribut dans les prémisses.

Fin. – *Épist.* et *Méta.* **1.** (Opp. : *moyen*[1]). Ce pour quoi une chose est ou se fait ; ce vers quoi elle tend consciemment ou inconsciemment : « Vous ne détournerez nul être de sa fin » (La Fontaine) ; « Il est, dans la nature, des fins que la raison ne saurait méconnaître » (Ch. Bonnet). – **2.** But*, ce vers quoi tend un acte consciemment et intentionnellement[1] : « Ce qui est désiré pour l'amour de soi-même et à cause de sa propre bonté s'appelle fin » (Bossuet) ; « Nous sommes sujets à nous abuser quand nous voulons déterminer les fins ou conseils de Dieu » (Leibniz, *Disc. méta.*, XIX).

– *Vulg.* **3.** Terme, cessation : « Toutes les choses de ce monde prennent fin » (Sévigné).

Final. – *Épist.* et *Méta.* **1.** Qui se rapporte à une fin[1]. *Cause finale* (opp. : *efficiente**) : la fin[1] elle-même, considérée comme la raison d'être de la chose (cf. *Cause*[4]) : « La connaissance des causes finales n'est pas nécessaire dans la physique » (Malebranche, *Méditations chrétiennes*, XI) ; « La voie des causes efficientes est plus profonde, mais la voie des finales est plus aisée » (Leibniz, *Disc. méta.*, 22) ; « La science reste défavorable aux causes finales que nulle part elle ne discerne avec évidence » (Le Roy). *Argument des causes finales* (syn. : *physico-téléologique**) : celui d'après lequel les faits naturels, « disposés avec ordre, intelligence, prévoyance pour les besoins et le bien de chaque être », prouvent « l'existence d'une cause intelligente et souverainement bonne » (Franck).

– *Vulg.* **2.** (Opp. : *initial*). Terminal, dernier.

Finalisme. – *Méta.* △ Doctrine qui admet dans l'univers : **1.** une finalité[1] fondée sur l'argument des causes finales[1] (syn. : *providentialisme*) ; – **2.** de la finalité* en un sens quelconque : « Le finalisme renverse l'ordre naturel : il explique le présent par l'avenir » (Goblot).

Finalité. – *Épist.* et *Méta.* **1.** Caractère de ce qui tend vers une fin[2] de façon consciente : « La volonté est toujours indissolublement finalité par les desseins, mécanicité par les moyens » (Pradines). – **2.** Adaptation des moyens¹ à une fin¹, des organes aux besoins, soit par une activité intelligente, soit par une « finalité sans intelligence » (Goblot) : « Nier la finalité organique, c'est le plus audacieux des paradoxes » (id.) ; « La finalité du plaisir et de la douleur ». – **3.** Dépendance des parties ou éléments à l'égard d'un tout : « La finalité n'est pas la conformité à l'idée : elle est l'idée » (Hamelin). – **4.** *Finalité externe* : celle où la fin est extérieure à l'être considéré. *F. interne* : celle où la fin est l'être lui-même (sens 3). – **5.** *Principe de finalité* : « La nature ne fait rien en vain » (Aristote) ou « Tout être a une fin ¹. »

Finesse (Esprit de). – *Car.* Chez Pascal (opp. : *esprit de géométrie*) ; « souplesse de pensée » qui donne l'intuition de la complexité des choses et le sentiment des rapports qui les unissent.

Fini. – *Méta.* Qui a une limite ou une mesure : « J'ai premièrement en moi la notion de l'infini que du fini » (Descartes, *Méd.*, III).

Finitude. – *Méta.* Caractère fini*, *spéc.* de l'être humain : « La finitude du *Dasein** réside dans l'état d'oubli » (Heidegger).

Fixation. – *Psycho.* **1.** Fonction de la mémoire⁴ par laquelle l'esprit assimile les souvenirs : « La force de fixation d'un souvenir dépend de l'intensité du fait mental primitif » (Piéron). – *Ps. an.* **2.** *Chez Freud* : le fait que la libido¹ reste attachée à un objet d'un stade ancien.

Fixisme. – *Biol.* (Opp. : *transformisme**). △ Théorie de la *fixité des espèces*, selon laquelle les espèces³ vivantes demeurent immuables et sont nettement distinctes les unes des autres.

Fluctuation. – *Biol.* Variation qui se produit chez un être vivant sous l'action du milieu. ☞ *Dist.* mutation*.

Foi. – *Vulg.* **1.** Garantie : « Sur la foi des traités ». – **2.** Fidélité à un engagement : « C'est parce que nous sommes civilisés que nous nous imposons le respect de la foi que nous avons jurée » (Davy). *Bonne foi* : sincérité. *Mauvaise foi* : duplicité² ; spéc., *chez Sartre* : attitude de la conscience qui se masque à elle-même la vérité, le mensonge à soi-même. – **3.** Confiance : « Quoiqu'à leur nation [les voleurs] bien peu de foi soit due... » (Molière). – **4.** Syn. de *croyance*² : « Ajouter foi à... ». *Chez Kant* : « foi morale », croyance rationnelle, quoique non démontrable, à la liberté, à l'existence de Dieu et à la vie future.

– *Théol.* **5.** ○ Adhésion aux dogmes d'une Église, à des vérités considérées comme révélées : « La foi est différente de la preuve : l'une est humaine, l'autre est un don de Dieu » (Pascal, 248). – **6.** ● Objet de la foi[5], les dogmes : « Je ne croirai jamais que la vraie philosophie soit opposée à la foi » (Malebranche, *Entr.*, VI, 2).

Fonction. – *Math.* **1.** Une variable y est fonction d'une variable x quand à toute valeur déterminée de x correspondent une ou plusieurs valeurs déterminées de y : on écrit $y = f(x)$. *Log.* Le sens mathématique de ce mot a été étendu par la logistique* aux expressions logiques : « Fonction logique, propositionnelle, conceptuelle. » Cf. *Sujet*[2].
– *Biol.* **2.** Ensemble d'opérations par lesquelles se manifeste la vie d'une cellule, d'un tissu, d'un organe, d'un être vivant (nutrition, relation, reproduction). – *Ext. Psycho., Soc.* **3.** Ensemble d'opérations par lesquelles se manifeste la vie mentale ou sociale : « Vouloir, juger ne sont que différentes fonctions de notre entendement » (Voltaire) ; « La fonction fabulatrice* » (Bergson) ; « La fonction contractuelle » (Davy).

Fonctionnalisme. – *Ethn.* Théorie qui voit dans la culture* un ensemble d'institutions interdépendantes et solidaires. Principaux représentants en Angleterre : A. Radcliffe-Brown, Br. Malinowski.

Fonctionnel. – *Psycho.* et *Péd.* « Le point de vue *fonctionnel* est celui du rôle joué par tel ou tel processus dans la vie de l'individu » (Claparède). – *Éducation fonctionnelle :* « celle qui prend le *besoin* de l'enfant comme levier de l'activité qu'on désire éveiller chez lui » (id.).

Fond. – *Psycho.* Dans la *Gestalttheorie* : partie non structurée, amorphe, du champ[2], sur laquelle se détache une figure[2] (voir Ph. I, p. 98).

Fondement. – **1.** Principe sur lequel repose *en fait* un ordre de phénomènes. – **2.** Principe sur lequel repose *en droit** un système d'assertions ou de règles, *i. e.* qui les rend *légitimes* du point de vue logique, moral ou juridique. – Cf. *Base*[1].

Force. – *Vulg.* **1.** (Souvent opp. à *droit*[1]). Contrainte : « Céder à la force ». – **2.** Puissance d'action : « Les forces morales ». *Idée-force* (Fouillée) : la représentation[1] considérée comme poussant à l'action[2]. – **3.** Agent[1] physique : « Les forces naturelles ».
– *Math.* **4.** En mécanique : tout ce qui est capable de modifier l'état de repos ou de mouvement d'un corps (cf. *Inertie*[2]). **5.** *Force vive* (syn. : énergie actuelle) : demi-produit de la masse par le carré de la vitesse ($1/2\ mv^2$).
– *Méta.* **6.** L'énergie*, considérée comme le principe indéfinissable qui produit les phénomènes de l'univers : « Force et matière » (Büchner) ; « La persistance de la force » (Spencer). – **7.** *Chez Leibniz :* voir *Substance*[1].

Formalisme. – *Épist.* **1.** Tendance à faire passer le point de vue de la forme[3] avant celui du fond ou de la matière[3]

– *Mor.* **2.** *Formalisme kantien*: selon Kant, nos actions sont morales en tant que déterminées par l'élément formel[2] qui fait la volonté raisonnable (*i. e.* par l'idée d'une règle universelle), et non par leurs fins matérielles[1].

– *Jur.* **3.** *Formalisme juridique*: système juridique fondé sur le respect des formes[5]: « Le formalisme répond à un impératif de la vie sociale » (H. Lévy-Bruhl).

Forme. – (Gén. opp. à *matière*). *Hist.* **1.** *a) Chez Aristote*: « forme ou cause formelle », ce vers quoi tend tout changement; elle est à la fois l'acte[2], l'essence*, la perfection et le principe d'unité de chaque être: « Un des principes d'Aristote est que la forme est un être distinct de la matière[1] » (Buffon). – *b) Chez les Scolastiques*: « forme substantielle », principe substantiel d'un être individuel défini par son essence spécifique: « Il n'y a du plus et du moins qu'entre les accidents[1] et non point entre les *formes* ou *natures* des individus d'une même espèce » (Descartes, *Méth.*, I): « Dieu est l'acte[1] des actes et la forme des formes » (Bossuet); « l'opinion des formes substantielles a qqc. de solide » (Leibniz, *Disc. méta.*, 10). – **2.** *Chez Kant* [all.: *Form*] « formes » de la connaissance, lois que la pensée impose à la *matière*[2] de celle-ci, *i. e.* au donné pur de la sensation: les « formes pures a priori de la sensibilité » sont le temps et l'espace; les « formes » de l'entendement sont les catégories*; de même, la « forme » de la loi morale est son caractère impératif, catégorique* et universel.

– *Log.* **3.** *Forme d'un jugement* ou *d'un raisonnement*: ensemble des relations existant entre les termes auxquels ils s'appliquent, abstraction faite de leur matière[3] ou contenu.

– *Psycho.* **4.** [Trad. all. *Gestalt*]. Ensemble structuré. *Théorie de la forme* [all.: *Gestalttheorie*]: théorie selon laquelle l'esprit, *vg.* dans la perception, saisit d'abord de telles formes[4], et non des éléments, Cf. Ph. I, p. 98.

– *Jur.* **5.** Façon de procéder selon certaines règles, formalités ou formules: « Ils [les juges] n'ont la liberté de juger que selon les formes qui leur sont prescrites » (Pascal, *Prov.*, 14).

– *Esth.* **6.** Expression plastique d'un thème: « L'œuvre d'art n'existe qu'en tant que forme » (H. Focillon).

Formel. – *Hist.* Qui concerne la forme*: **1.** au sens *scolastique*. D'où: essentiel: « Le *formel* de la concupiscence, non plus que le *formel* du péché, n'est rien de réel » [= c'est qqc. de négatif, une perte] (Malebranche, *Ecl.*, I). *Chez Descartes*, la réalité

« formelle » d'une idée est celle qu'elle a dans la chose elle-même indépendamment de la représentation que nous en avons (voir *Éminent**) : « Cette réalité que les philosophes appellent actuelle[2] ou formelle » (*Méd.*, III) ; – **2.** Au sens *Kantien* : « morale purement formelle » ; – **3.** Au sens *logique* : la *validité formelle* (opp. : *vérité matérielle*) d'une proposition est celle qui relève des « conditions de l'usage de l'entendement en gén., sans distinction d'objets » (Kant) : elle se ramène à la non-contradiction ou accord de la pensée avec elle-même. *Logique formelle* : celle qui étudie les conditions de la validité formelle (cf. *Forme*[3])

– *Vulg.* **4.** Explicite, précis : « Un démenti formel ». – **5.** *Péj.* qui ne s'occupe que de la forme[3] et néglige le fond : « Une argumentation toute formelle. »

Fortuit. – *Épist.* Qui relève du hasard* : « La caractéristique des phénomènes que nous appelons fortuits, c'est de dépendre des causes trop complexes pour que nous puissions les connaître toutes » (Borel).

Frange [trad. angl. *margin*]. – *Psycho. Chez James :* halo subconscient qui enveloppe certains faits de conscience. Cf. *Marginaux**.

Frustration. – *Ps an.* État résultant de l'impossibilité de satisfaire une tendance.

Futur. – A venir. Cf. *Contingent*[2].

G

G (Facteur). – *Ps. métr.* Facteur* qui, selon Spearman, s'ajoute, dans le profil psychologique de l'individu, aux facteurs spéciaux (sensibilité, mémoire, abstraction, etc.) et constitue un facteur général d'intelligence. Cf. Ph. I, p. 548.

Gazouillis. – *Psycho.* Langage spontané de l'enfant, fait d'onomatopées et d'imitations de bruits.

Général. – *Vulg.* **1.** Qui s'applique à la plupart des cas. ☞ Ne jamais employer ce mot, comme on le fait dans le langage courant, au sens de : *vague, indéterminé*. Tout au ctr. : « L'idée générale, c'est l'idée définie » (Burloud).

– *Log. form.* **2.** *Str.* (Opp. : *singulier** et *collectif**). En parlant des termes : qui désigne une *classe*[1] : « chien » est un terme général. – **3.** *Lato.* (Opp. : *spécial*). *Plus général : a)* en parlant d'un concept ou d'un terme : dont l'extension[2] est plus grande : « animal » est « plus général » que « chien » ; *b)* en parlant d'une proposition : qui a pour sujet un terme plus général : « L'animal a des instincts » est « plus générale » que « Le chien a des instincts ». – **4.** *Latiss.* En parlant des propositions : syn. de *universel*[3]. Spéc. en parlant des *lois*[5] : universellement valable, indépendamment de l'espace et du temps. – **5.** Cf. *Volonté*[6].

Généralisation. – *Psycho.* et *Log.* ○ Opération intellectuelle : **1.** par laquelle un ensemble de propriétés ou de caractères est pensé comme le type de toute une classe[1] d'être, objets ou faits (cf. *Général*[2]) ; – **2.** par laquelle on passe de propositions spéciales à de plus générales[3]. – ● **3.** Produit de cette opération : « La vraie science craint les généralisations hâtives » (Poincaré).

Généralité. – *Log.* et *Épist.* ○ **1.** Caractère général : « La généralité du concept ». – ● **2.** Généralisation[3] : « Les généralités ne sont pas philosophiques » (Bergson).

Générique. – *Log.* **1.** (Opp. : *spécial* ou *spécifique*). Appartenant au genre[1] tout entier.
– *Psycho.* **2.** *Image générique* : celle qui se forme par fusion des images individuelles des différents objets d'un même genre[1].

Générosité. – *Mor.* **1.** *Chez Descartes* : sorte de grandeur d'âme qui est, selon lui, « la clef de toutes les autres vertus » et qui fait que l'homme « s'estime au plus haut point » en tant qu'il possède la « libre disposition de ses volontés » et qu'il « sent en soi-même une ferme et constante résolution d'en bien user ». (*Passions*, art. 153). – **2.** *Vulg.* Disposition à donner avec libéralité.

Genèse [G. *genesis,* devenir]. – Développement graduel d'un être, d'une idée, d'une institution, d'un type.

Génétique. – (Adj.) *Épist.* Qui retrace : **1.** la genèse réelle : « Méthode génétique », « Classification génétique » ; – **2.** la genèse logique (d'une idée). *Définition génétique* (ou *par génération*) : celle qui définit une notion en montrant comment elle se construit logiquement (*vg.* la plupart des définitions math.). – **3.** *Épistémologie génétique* (Piaget) : méthode épistémologique qui consiste « à étudier les connaissances en fonction de leur construction réelle ou psychologique et à considérer toute connaissance comme relative à un certain niveau du mécanisme de cette construction ». *Logique génétique :* voir *Logique*[4].
– *Psycho.* **4.** *Théories génétiques :* celles qui admettent qu'un sentiment, une idée, etc., se sont formés graduellement (opp. *th. nativistes* qui les considèrent comme innés ou immédiats). Not., pour la perception de l'étendue, la théorie *génétique* (qqfs. appelée, mais improprement : *empiriste*) est celle qui admet que cette perception est acquise progressivement (la th. *nativiste* la considérant au ctr. comme donnée dans la sensation elle-même).

Génétique (nom). – *Biol.* **5.** La science de l'hérédité. (Ph. I, p. 474).

Genre. – *Log. form.* **1.** Voir *Espèce*[2]. *Genre prochain :* celui qui, dans

la hiérarchie des termes en extension[3], est immédiatement supérieur à l'espèce[2] considérée : vg. « vertébré », genre prochain de « mammifère ». *Genre suprême :* celui qui englobe tous les autres.
— *Biol.* **2.** Groupe morphologique intermédiaire entre la famille[3] et l'espèce[3].

Gens (Droit des) [L. *gentes,* nations]. — *Jur.* Droit international public.

Géocentrique. — *Épist.* Qui place la terre au centre du monde.

Géographie. — *Épist.* Étude descriptive et « explicative, *i. e.* raisonnée, scientifique » (Sorre), du globe terrestre du point de vue physique, ethnographique, politique et économique.

Géologie. — *Épist.* Étude du globe terrestre considéré dans sa genèse*, du seul point de vue physique.

Géométrie. — **1.** *Autref.* les mathématiques en général : « Ces longues chaînes de raisons, dont les géomètres [= les mathématiciens] ont coutume de se servir » (Descartes, *Méth.*, II). Chez Pascal, *esprit de géométrie* (opp. : *de finesse**) : esprit de déduction et de rigueur logique qui suit un principe jusqu'en ses conséquences les plus éloignées.
— **2.** *Auj.* science mathématique de l'espace. *Géom. analytique :* science qui exprime les grandeurs géométriques en formules algébriques. *Géom. descriptive :* application de la géométrie à la représentation des figures par leurs projections sur un plan. *Géom. de position :* voir *Topologie**.

Gestalt [mot allemand]. — Voir *Forme*[4].

Gestaltisme. — *Psycho.* Théorie de la *Gestalt**.

Glossématique. — *Ling.* Forme du structuralisme* linguistique qui vise à définir une série de *glossèmes, i. e.* d'unités significatives, dans les langues naturelles comme aussi dans les langages par signaux ou dans les terminologies scientifiques. Principal représentant : le linguiste danois Hjemslev.

Goétique. [G. *goès,* charlatan]. — Trompeur, mais fascinateur : « Socrate a qqc. du charlatan, du jongleur, de l'être goétique. » (Jankélévitch).

Gnomique [G. *gnômê*]. — *Hist.* Qui parle par sentences : « Les poètes gnomiques » (*vg.* Théognis).

Gnose [G. *gnôsis,* connaissance]. — *Hist.* Mode de connaissance prétendu supérieur pratiqué par les Gnostiques* et certains mystiques : « On a introduit une fausse gnose à la place de la véritable » (Bossuet).

Gnoséologie [G. *gnôsis,* et *logos,* étude]. — *Crit.* Nom qqfs. donné à la *critique*[1] de la connaissance.

Gnostiques. — *Hist.* Hérétiques du IIe siècle qui pratiquaient la gnose* et professaient la doc-

Gouvernement. – *Soc.* Autorité qui détient le pouvoir exécutif* et qui l'exerce, ou en son propre nom, ou au nom de qq. autorité supérieure (droit divin), ou, en démocratie, au nom de la nation[2].

Grâce. – *Théol.* **1.** Participation de l'homme à la vie divine avant le péché. – **2.** Secours surnaturel et gratuit par lequel Dieu nous aide à faire le bien. Voir *Actuel*[4].
– *Esth.* **3.** Qualité esthétique du *gracieux*, i. e. de ce qui présente une certaine aisance dans le mouvement ou le rythme (voir *Précis*, Ph. II, p. 221) : « La grâce d'un Boucher est plus facilement descriptible que celle d'un Watteau » (Bayer)

Grandeur. – *Épist.* **1.** Tout ce qui est susceptible de *plus* et de *moins* : « Toute recherche mathématique a pour objet de déterminer des grandeurs inconnues d'après les relations qui existent entre elles et des grandeurs connues » (Comte). Cf. *Extensif**. ☞ *Dist.* quantité*.
– *Ps. path.* **2.** *Folie* ou *Délire des grandeurs* (syn. : *Mégalomanie*) : délire caractérisé par des sentiments de puissance et d'euphorie* ; le sujet se croit milliardaire, roi, empereur, Dieu, etc.

Grand terme. – *Log. form.* Dans un syllogisme (syn. : *majeur*[1]) : attribut[1] de la conclusion[3] (parce qu'il a *gén.* la plus grande extension*).

Granulaire (Théorie). – *Phys.* Celle selon laquelle la matière ou l'énergie est composée de *grains* : « Dans la science moderne, l'élément simple et indivisible, c'est le *grain* de matière ou de lumière, neutron, électron ou photon » (L. de Broglie).

Graphique (Méthode). – *Épist.* Celle qui consiste à représenter les phénomènes ou leurs relations abstraites par des figures géométriques (diagrammes, échelles, courbes), soit pour présenter à l'œil un tableau schématique plus saisissant, soit pour mettre en évidence les relations constantes entre les faits.

Gratuit. – Sans justification : « Une supposition gratuite », « L'on est bien éloigné de recevoir des principes gratuits » [en parlant des axiomes[3]] (Leibniz, *N. E.*, IV, 12, 6). *Ext.*, « acte gratuit », sans motif : « Commettre gratuitement le crime, commettre un crime parfaitement immotivé » (A. Gide).

Grégaire [L. *grex, gregis*, troupeau]. – **1.** Qui vit en troupe : « Animaux grégaires ». – **2.** Se dit d'un état social temporaire et diffus* (*opp.* vie sociale stable et organisée) : « État grégaire ». – **3.** *Psycho. Tendance grégaire* : tendance de certains êtres vivants à se rassembler et à vivre ensemble.

Groupe. – *Math.* **1.** Système de termes dont chacun se tire du précèdent selon une loi définie (vg. suite des nombres entiers) : « C'est Galois qui a inventé la Théorie des Groupes pour généraliser la résolution des équations algébriques. » – *Soc.* **2.** Ensemble de personnes formant un tout* (v. ce mot) en ce sens qu'elles participent aux mêmes sentiments, représentations et jugements de valeur et présentent les mêmes types de comportement : « Les groupes sociaux sont l'objet propre de la sociologie ». ☞ Un groupe[2] n'est pas nécessairement *organisé** : il peut être *diffus** ou *virtuel** (vg. un *public*[2]).

Groupement. – *Log.* **1.** Système d'opérations logiques fermé et réversible, *vg.* une classification, une table à double entrée (Piaget).
 – *Soc.* **2.** Groupe[2] volontairement constitué, association[4].

Groupoïde. – *Épist.* (Terme proposé par G. Papy). Ensemble[2] muni d'une loi interne partout définie (*vg.* ensemble des nombres naturels muni de l'addition).

H

Habitude. – *Biol.* et *Psycho.* Manière d'être permanente, contractée par un être vivant à l'égard d'une influence ou d'un acte et qui fait que cette influence ou cet acte n'exigent plus de lui, pour la supporter ou l'accomplir, le même effort qu'auparavant.

Hallucination. – *Ps. path.* Image[3] prise pour une perception réelle. *Halluc. négative :* absence anormale de perception d'un objet présent.

Haphi-esthésimètre [G. *haphê*, toucher]. – *Ps. phys.* Instrument servant à mesurer l'acuité* tactile.

Harmonie préétablie. – *Hist. Chez Leibniz* (*Mon.*, 56 et 78) : accord établi par Dieu entre les substances créées et qui explique la concordance de leurs perceptions sans influence sur elles d'une substance corporelle et sans action réciproque de ces substances les unes sur les autres.

Hasard. – *Vulg.* Ce qui n'est pas prévisible : **1.** soit qu'on suppose dans les choses une indétermination[2] radicale ; – **2.** soit qu'il s'agisse d'événements si complexes (cf. *Fortuit**) qu'on ne puisse en connaître toutes les conditions : « Il n'y a pas incompatibilité entre le rôle de ce que nous appelons le hasard et l'établissement de lois scientifiques » (Borel) ; – **3.** soit qu'on ignore le déterminisme[1] du phénomène ; – **4.** soit que, se plaçant au point de vue de la finalité*, on n'en aperçoive pas les raisons d'être : « Ce qui est hasard à l'égard des hommes est dessein à l'égard de Dieu » (Bossuet) ☞ Terme très équivoque.

Hébéphrénie [G. *hêbê*, adolescence, et *phrén*, esprit]. – *Ps. path.* (Syn. : *démence précoce*). Psychose qui apparaît *gén.* de 10 à 25 ans et qui consiste en « une destruction de la cohésion intime de la personnalité, avec lésions prédominantes de l'affectivité et de la volonté » (Dumas), qqfs avec hallucinations ou délire métaphysique (*vg.* le *Louis Lambert* de Balzac).

Hédonisme [G. *hêdonê*, plaisir]. – *Mor.* △ Doctrine morale selon laquelle le plaisir est le souverain bien (Aristippe de Cyrène, Épicure).

Héraclitéisme. – *Hist.* △ **1.** Doctrine du philosophe grec Héraclite. – *Ext.* **2.** Toute doctrine qui privilégie le devenir[2] et la mobilité des choses : « L'héraclitéisme bergsonien » (Bayer).

Hérédité. – *Biol.* Transmission des caractères génériques, spécifiques et individuels des êtres vivants à leurs descendants.

Herméneutique [G. *hermeneuein*, interpréter]. – *Épist.* Interprétation des textes anciens, *spéc.* des textes bibliques.

Hermétisme. – **1.** *Hist.* Doctrine secrète des alchimistes. – **2.** *Ext.* Caractère ésotérique* d'une doctrine, d'un style.

Hétérogène. – (Ctr. : *homogène**). Composé d'éléments de nature différente.

Hétéronomie. – *Mor.* (Ctr. *autonomie**). État de la volonté qui reçoit passivement sa loi d'une autorité extérieure ou d'une impulsion étrangère à la raison.

Heuristique [G. *heuriskein*, trouver]. – **A.** Adjectif : **1.** *Épist.* Qui sert à la découverte : « Hypothèse heuristique ». – **2.** *Péd. Méthode heuristique* (opp. *dogmatique*[4]) : celle qui fait découvrir ce qu'on enseigne, par l'élève lui-même, – **B.** Nom : **3.** *Épist.* En histoire, la recherche des documents.

Hiérarchie. – Ordre de dépendance des personnes, des idées ou des phénomènes, établi soit d'un point de vue normatif* (religieux, juridique, moral, logique, etc.), soit du point de vue d'une simple dépendance naturelle (hiérarchie des fonctions physiologiques en Biol.). – *Épist. Hiérarchie des sciences :* classification des sciences fondée sur « l'enchaînement naturel » (Comte) et l'ordre de complexité des phénomènes qu'elles étudient.

Histoire. – **1.** ● [Cf. all. : *Geschichte*]. – Ensemble des états par lesquels passe un être qui change : « Chacun de nous a une histoire qui nous a faits ce que nous sommes » (Berger) ; « L'esprit est histoire » (Blanché). – ○ *Épist.* [Cf. all. : *Historie*]. **2.** *Lato.* Toute étude à caractère descriptif : « L'histoire naturelle ». – **3.** *Str.* Étude chronologique des faits sociaux considérés dans leurs particularités de temps et de lieu : « Pour bien écrire l'histoire, il faut être dans un pays libre » (Voltaire).

Histologie [G. *histos*, tissu]. – (Syn. : *anatomie fine*). *Épist.* Partie de l'anatomie qui a pour objet l'étude des tissus.

Historicité. – **1.** ■ *Épist.* Caractère de réalité historique : « L'historicité de Jésus ». – **2.** □ *Méta. Dans le lang. existentialiste :* condition de l'existant humain qui, tout en étant engagé dans le temps et solidaire de son passé, s'en détache en se situant par rapport à lui et se projette librement vers l'avenir.

Holisme [G. *holos*, total]. – △ *Méta.* **1.** Terme inventé en 1926 par J. C. Smuts pour désigner la tendance de l'univers à construire des unités formant un tout et de complication croissante. – *D'où :* Biol. **2.** Doctrine qui considère l'organisme vivant comme un tout indécomposable.

Homaloïdal [G. *homalos*, plan]. – *Math.* Sans courbure ; où l'on peut, par suite, tracer des figures semblables à n'importe quelle échelle : « L'espace euclidien est homaloïdal ».

Homogène. – **1.** Dont toutes les parties sont de même nature.
– *Math.* **2.** Un milieu est dit *homogène* quand on peut y déplacer une figure sans déformation (milieu sans courbure [homaloïdal*] ou à courbure constante [*vg.* surface sphérique]).

Hormè. – *Ps. an.* Terme grec qqfs. employé comme syn. de *pulsion** ou d'*instinct* au sens 3.

Humaniser. – **1.** *Laud.* Rendre humain, *i. e.* bon et doux : « Humaniser les mœurs de la nation » (Voltaire). – **2.** *Péj.* Réduire aux dimensions de l'homme : « Les hommes humanisent toutes choses » [et même Dieu] (Malebranche, *Entr.*, VIII, 9)

Humanisme. – *Hist.* **1.** Mouvement des « humanistes » de la Renaissance (Erasme, Budé) : « L'humanisme n'est pas seulement le goût de l'Antiquité : il en est le culte » (Ph. Monnier).
– *Crit.* **2.** △ Forme de pragmatisme* professée par F.C.S. Schiller (d'Oxford) et selon laquelle toute connaissance est subordonnée aux conditions de l'expérience humaine.
– *Mor.* **3.** △ Doctrine qui ne reconnaît aucune valeur supérieure à l'être humain (*vg.* Feuerbach, Nietzsche) : « L'humanisme n'a de sens que s'il est possible de fixer l'humanité dans une nature *ne varietur* » (Le Senne). **4.** « Intérêt majeur témoigné au problème de l'homme, de sa nature, de son origine, de sa destinée, de sa situation dans le monde » (A. Etcheverry). ☞ Terme équivoque.

Humour. – Raillerie aimable et sans méchanceté : « L'usage donne au mot *humour* une nuance de gentillesse et d'affectueuse bonhomie qu'il refuse parfois à l'ironiste. » (Jankélévitch).

Hylè [mot grec = *matière*]. – *Méta.*

Chez Husserl: matière[2] de la sensation considérée comme pur donné, indépendamment de son sens intentionnel*.

Hylèmorphisme [G. *hylê*, et *morphê*, forme]. – *Hist.* △ Doctrine (d'Aristote et des Scolastiques) selon laquelle les corps[1] sont à la fois *matière*[1] (d'où leurs propriétés quantitatives) et *forme*[1] (d'où leurs propriétés qualitatives).

Hylètique. – (Adj.) [Opp.: *eïdétique*[1]]. **1.** Qui concerne la hylè*: « Les vécus hylètiques ». – (Nom fém.). – **2.** Théorie de la hylè*: « L'hylètique pure se subordonne à la phénoménologie* de la conscience transcendantale » (Husserl).

Hylozoïsme [G. *hylê*, et *zôon*, être vivant]. *Hist.* – △ Conception selon laquelle la matière même et l'univers sont doués de vie (v. Ph. I., pp. 598-599).

Hyperbolique (Doute). – *Hist. Chez Descartes:* le doute provisoire: « Ce doute général et universel que j'ai moi-même appelé hyperbolique et métaphysique et duquel j'ai dit qu'il ne fallait point se servir pour... la conduite de la vie » (7es *Rép.*).

Hyperespace. – *Math.* Espace différent de l'espace euclidien*.

Hyperesthésie. – *Ps. path.* Augmentation anormale de la sensibilité[4].

Hypermnésie. – *Ps. path.* Surexcitation morbide de la revivis- cence des images (v. Ph. I, pp. 200-201).

Hypnagogiques (États) [G. *hypnos*, sommeil, et *agôgé*, conduite]. – *Psycho.* États psychiques intermédiaires entre ceux de la veille et ceux du sommeil (ceux du réveil sont qqfs. appelés *états hypnopompiques*).

Hypnose. – *Ps. path.* (Syn.: *sommeil hypnotique*). Somnambulisme* artificiellement provoqué ou qui se produit en dehors du sommeil normal.

Hypnotisme – *Psycho.* Ensemble des moyens par lesquels on provoque l'hypnose*.

Hypostase. – *Méta.* Nom grec de la *substance**; d'où: **1.** *Chez Plotin:* l'Un, l'Intelligence et l'Ame: « L'hypostase naît quand la puissance émanée de l'Un se recueille en quelque sorte sur elle-même et se fixe » (Bréhier); – **2.** *Chez les autres chrétiens:* les trois personnes de la Trinité. Plus gén., *chez saint Thomas:* « Les substances individuelles sont appelées hypostases ou substances premières » (*S. Th.*, I, 29).

Hypostasier. – Ériger à l'état de substance: « La réalité métaphysique, telle que Plotin la conçoit, est la vie spirituelle hypostasiée » (Bréhier). Souvent *péj.*, ériger à l'état d'entité[3]: « Il n'est pas nécessaire d'hypostasier la conscience collective » (Durkheim).

Hypostatique (Union). – *Théol.* Celle

de la nature divine et de la nature humaine dans la personne du Christ.

Hypothèse. – *Vulg.* **1.** *Lato.* Supposition ; proposition admise sans égard à sa vérité ou à sa fausseté et sans intention de la soumettre à vérification. ☞ Dire plutôt en ce sens *conjecture*.

– *Épist.* **2.** En Math. (Opp. : *conclusion*) : données[1] d'un problème, ou proposition admise comme point de départ dans un théorème : « On construit la conséquence* avec l'hypothèse » (Goblot). – **3.** Dans les Sc. expérimentales : proposition admise provisoirement et destinée à être soumise au contrôle de l'expérience : « Une idée anticipée ou une hypothèse est le point de départ nécessaire de tout raisonnement expérimental » (Cl. Bernard). *Grandes hypothèses* ou *hypothèses générales* : syn. de *théories*[2] : « L'hypothèse doit toujours être soumise à la vérification » (Poincaré).

– *Théol.* **4.** (Opp. : *thèse*). Application d'une vérité générale à des circonstances particulières et plus ou moins contingentes.

Hypothétique – *Épist.* Conditionnel*. *Proposition hypothétique* (opp. *catégorique* et *disjonctive*) : celle où l'assertion est subordonnée à une condition[2] (*vg.* : Si deux droites sont parallèles, elles sont équidistantes »). *Syllogisme hypothétique :* celui dont une prémisse est hypothétique.

Hystérie. – *Ps. path.* Névrose* qui se manifeste psychologiquement par « le rétrécissement du champ[3] de la conscience personnelle et la tendance à la dissociation des fonctions qui par leur synthèse[3] constituent la personnalité » (Janet). Voir *Pithiatique** et *Suggestibilité**.

I

I. – *Log. form.* Désigne les propositions particulières[2] affirmatives : *vg.* « Certains hommes sont instruits. »

Idéal (adj.). – **1.** (Syn. : *idéel*). Qui n'existe que dans la pensée : « Les mathématiques représentent les rapports des choses dans les conditions d'une simplicité idéale » (Cl. Bernard). – **2.** *Laud.* Parfait : « Ce bien idéal que toute âme désire » (Lamartine).

Idéal (nom). – **3.** Ce que l'on conçoit comme un type parfait dans l'ordre des valeurs esthétiques, morales, sociales, etc. : « Aller à l'idéal et comprendre le réel » (Jaurès) ; « L'idéal ne peut être la loi abstraite de l'action, mais l'action même » (Lagneau). – Cf. *Médiation*[4].

Idéalisme. – *Vulg.* **1.** ▲ Attitude qui consiste à subordonner ses actes et ses pensées à un idéal[3] moral, intellectuel ou esthétique : « [Au sens populaire], l'idéalisme consiste à agir et

penser conformément à l'idéal³ » (Le Senne). – *Esth.* **2.** △ (Opp. : *réalisme*² ou *naturalisme*³). Conception de l'art comme ayant pour but, non l'imitation du réel, mais l'expression d'un idéal³ : « Pour rester d'accord avec l'observation psychologique, l'idéalisme n'a qu'à appliquer sa doctrine : l'art est fabrication et produit spirituel » (Delacroix).
– *Méta.* **3.** *Idéalisme platonicien :* la doctrine des Idées¹ : « Dans ce sens, l'idéalisme est un réalisme⁴ de l'intelligible » (Le Senne). – *Crit.* et *Méta.* **4.** △ (Ctr. : *réalisme*⁴). Nom générique des divers systèmes modernes qui ramènent l'être à la pensée, les « choses » à l'esprit : « Pour l'idéaliste, il n'y a rien de plus dans la réalité que ce qui apparaît à *ma* conscience ou à la conscience en général » (Bergson). *Idéalisme problématique :* nom donné par Kant à la thèse de Descartes que l'esprit est la seule réalité immédiatement certaine. *Id. spiritualiste :* vg. celui de Leibniz (v. *Monade**). *Id. immatérialiste* :* celui de Berkeley. *Id. transcendantal* (voir ce mot) : celui qui « considère les phénomènes, tous ensemble, comme de simples représentations » (Kant, *R. pure*, Dial., II, 1). *Id. subjectif :* celui de Fichte, où tout dérive du Moi* absolu se posant lui-même. *Id. objectif :* nom donné par Schelling à sa propre doctrine (v. *absolu*¹). *Id. absolu* ou *dialectique :* celui de Hegel, qui dérive tout de l'Idée¹. *Id. synthétique :* celui de Hamelin. *Id. critique :* celui de Brunschvicg (sur ces deux derniers, cf. Ph. I, pp. 466-467).

☞ Ces sens présentent cependant une certaine unité : 1°. des sens 1 et 2 au sens 4 : « Ce n'est pas par hasard que le même mot *idéalisme* exprime la doctrine selon laquelle la raison se retrouve au cœur même des choses [sens 4] et en même temps l'effort pratique vers un idéal de justice ou de beauté [sens 1 et 2] » (Parodi) ; – 2°. du sens 3 au sens 4 : « L'idéalisme se compose de deux phases : ... toute l'Antiquité a travaillé pour établir ce premier point que l'objet de la pensée consiste en idées [sens 3]... Refuse-t-on d'ajouter que les idées n'existent pas en elles-mêmes [sens 4], essaie-t-on de les traiter comme des choses, on régresse en deçà de la première phase » (Hamelin).

Idéalité. – *Crit.* **1.** Caractère purement idéal¹ : « L'idéalité de l'espace ». – **2.** Spéc., *chez Bradley :* caractère de la qualité *(what)* quand elle est disjointe de l'être *(that)*.

Idéation. – *Psycho.* Fonction mentale qui consiste à former ou à saisir des idées³. ☞ Qqfs. *dist.* de la *conception*¹.

Idée [G. *idea*, image, forme visible ; *d'où :* forme, espèce]. – *Méta.* **1.** *a) Chez Platon :* essence intelligible et éternelle des choses sensibles : « La théorie des Idées »; [En art], l'Idée est à la fois l'essence immobile et éternelle et la forme créatrice dans l'espace et dans le temps » (Delacroix); – *b) Chez Hegel*: « unité de l'existence et du concept[1] », qui est l'Être en* soi, engendrant par son développement dialectique[5] la Nature, puis l'Esprit: « Nous réserverons l'expression *Idée* au concept objectif ou réel, et nous la distinguerons du concept lui-même, et plus encore de la simple représentation » (*Grande Logique*, III).

– *Crit.* **2.** *Chez Kant*: « idée de la raison » ou « idée transcendantale » = « concept nécessaire de la raison[2] auquel nul objet, qui lui corresponde, ne peut être donné dans les sens » (*R. pure*, Dial., I, 2); les « idées de la raison » sont l'idée de l'âme ou du moi-substance, celle du monde comme totalité des phénomènes, et celle de Dieu.

– *Crit.* et *Psycho.* **3.** *Str.* Concept[1], représentation abstraite* et générale[2]: « Je n'appelle pas du nom d'*idées* les seules images dépeintes en la fantaisie*; au contraire je ne les appelle point ici de ce nom » (Descartes, 2es *Rép.*); « Les idées ont une existence éternelle et nécessaire » (Malebranche, *Entr.*, I, 5); « Les idées sont en Dieu de toute éternité » (Leibniz, *N.-E.*, III, 4, 17]; « Par *idée*, j'entends un concept de l'esprit, qu'il forme en tant qu'il est chose pensante » (Spinoza, *Éth.*, II, déf. 3). *Au sens empirique*: « Je crois que nous avons plus d'idées que de mots » (Diderot); « L'évolution des idées générales » (Ribot). – **4.** *Lato.* Autref., toute représentation, y compris même les images: « Quelques-unes de mes pensées sont comme les images des choses, et c'est à celles-là seules que convient proprement le nom d'*idées* » (Descartes, *Méd.*, III); « Tout objet que l'esprit aperçoit immédiatement » (Locke); « Les choses perçues immédiatement [par les sens] sont des idées » (Berkeley). Qqfs., spéc. au sens d'image: « L'idée du vert nous paraît aussi simple que celle du bleu » (Leibniz, *N. E.*, II, 2); « Par idées, j'entends les faibles images que laissent les impressions[3] dans la pensée » (Hume). ☞ Bien que cet emploi du mot ait laissé des traces, *vg.* dans « association[3] des idées », *le seul sens propre est le sens 3*; l'idée doit être *dist.* de l'image.

– *Hist.* **5.** *Idées-images* (syn.: *espèces[1] impresses*): petites images matérielles, que, selon Démocrite, Épicure et certains scolastiques, les objets matériels émettent et qui viennent impressionner les sens. – **6.** *Idées représentatives* (chez Descartes, Locke, etc.): idées[4] considérées comme « êtres représentatifs », *i. e.* comme intermédiaires entre les objets et l'esprit, et participant de l'un et de l'autre.

– *Vulg.* **7.** Dessein, projet: « Avoir une idée ». – **8.** Opinion : « Avoir des idées avancées ».

– Ps. path. **9.** *Idée fixe :* voir *Obsession**.

Identique. – Méta. **A.** Deux choses sont identiques : **1.** *(idem, nec unum)* quand elles sont parfaitement semblables, tout en restant distinctes : en ce sens il ne peut exister, selon Leibniz, deux substances identiques (cf. *Indiscernable**) ; – ou **2.** *(unum, nec idem)* quand, malgré les différences apparentes, elles sont substantiellement une seule et même chose. – **B.** Un être changeant reste : **3.** identique à lui-même *(unum et idem)* quand son présent demeure intimement solidaire de son passé.

– Log. form. **4.** Dont le sujet[2] et l'attribut représentent le même être : « Les propositions identiques sont indémontrables » (Leibniz). Cf. *Tautologie*[1].

Identité. – Méta. **1.** Caractère de ce qui est identique : « Nous ne devons jamais regarder l'identité comme une identité abstraite, à l'exclusion de toute différence » (Hegel).

– Psycho. **2.** *Identité personnelle :* propriété de la personnalité, de rester identique[3] à elle-même.

– Log. **3.** *Principe d'identité :* « Ce qui est vrai, est vrai » (qqfs. sous forme ontologique : « Une chose est ce qu'elle est »), ou encore : « Une même proposition ne peut être à la fois vraie et fausse (en même temps et sous le même rapport) » :

« Si le principe d'identité reste la pierre angulaire de la pensée, c'est en tant qu'il déclare la *supériorité* du Même sur l'Autre[2] » (Lalande).

– Math. **4.** Égalité[3] qui est vraie pour toutes les valeurs des termes qui la constituent (le signe de l'identité est ≡).

Idéologie. – Hist. **1.** *Chez Destutt de Tracy et les « idéologues » :* étude des idées[4] et de leur origine. – **2.** *(Péj.)* Spéculation creuse sur des concepts illusoires.

– Soc. **3.** Chez les partisans du *matérialisme historique :* ensemble des idées[8], croyances, doctrines propres à une société ou à une classe[3] (opp. à l'*infrastructure*, seule fondamentale). – **4.** *Chez K. Mannheim :* ensemble d'idées, croyances, etc., plus ou moins sincèrement professées par un groupe d'individus, mais qui ne s'incarnent pas dans les faits (opp. : *utopie** qui transforme quelque peu la réalité historique).

Idéo-motrice (Action). – Ps. phol. Action par laquelle toute représentation d'un mouvement tend à produire ce mouvement.

Idiosyncrasie [G. *idios*, particulier, et *syncrasts*, mélange]. – Méd. **1.** Ensemble des dispositions physiologiques propres à un individu. – Psycho. **2.** Tempérament et caractère individuels. – **3.** Traits de caractère propres à un individu.

Idiotie. – Ps. path. Faiblesse d'esprit, *gén.* congénitale, se traduisant par l'hébétude et de l'obtusion intellectuelle, et liée à des lésions cérébrales.

Idoles [G. *eidôla*, fantômes]. – *Hist. Chez Fr. Bacon :* erreurs les plus communes, dues à la nature humaine *(idola tribus)*, à la nature de chaque individu *(idola specus)*, au langage *(idola fori)*, ou à la mauvaise philosophie *(idola theatri)*.

Indonéisme. – *Crit.* △ Terme inventé par *F. Gonseth* pour désigner « une philosophie et une méthode qui jamais ne considèrent l'œuvre de la pensée comme un monument achevé, mais qui veulent cette œuvre toujours en chantier, prête à intégrer les faits et les vues nouvelles ».

Ignoratio elenchi [Ignorance du sujet]. – *Log.* Paralogisme consistant à prouver ou discuter autre chose que ce qui est en question.

Illimité. – *Épist.* Dist. *infini* : une circonférence, un espace sphérique sont illimités (on peut en faire le tour sans jamais rencontrer de limite), mais non infinis.

Illumination. – *Hist. Chez saint Augustin (et Malebranche) :* acte par lequel Dieu éclaire l'âme humaine et qui rend possible la connaissance.

Illuminisme. – *Hist.* △ Doctrine des *illuminés* (Saint-Martin, Swedenborg) et des théosophes qui croient recevoir des inspirations spéciales de Dieu.

Illusion. – *Psycho.* **1.** *Lato.* Toute erreur provenant d'une fausse apparence : « Les illusions de la passion ». – **2.** *Str.* Erreur de la perception *spéc.* celle qui consiste à prendre un objet pour un autre (v. Ph. I, pp. 111-113).

Image. – ■ *Phys.* **1.** Reproduction d'un objet par l'effet de certains phénomènes d'optique : « Image réelle, virtuelle ». – *Phol.* **2.** Reproduction d'un objet qui se forme sur la rétine par suite de la convergence du cristallin : « Image rétinienne », ou sur les membranes de l'œil, agissant comme surfaces réfléchissantes : « Images de Purkinje ». – □ *Psycho.* **3.** Phénomène psychique consistant dans la réapparition d'une sensation déjà éprouvée en l'absence de l'objet qui lui a donné naissance : « Les sensations de l'ouïe, du goût, de l'odorat, du toucher ont aussi leurs images » (Taine) ; « L'image est un acte, et non une chose » (Sartre). – *Psycho.* et *Méta.* **4.** Toute représentation mentale d'origine sensible : « Image lui-même, notre corps ne peut emmagasiner les images puisqu'il fait partie des images » (Bergson, *Mat. et Mém.*, III).

Imaginaire. – *Psycho.* **1.** Produit de l'imagination[3] : « Le vocable fondamental qui correspond à l'imagination, ce n'est pas *image*, c'est *imaginaire* » (Bachelard). – **2.** *Chez Sartre :* « vie imaginaire », conduite en face de l'irréel, qui est « radicalement différente de notre attitude en face des choses ». Voir *Magie*³.

– *Math.* **3.** *Nombre imaginaire* (ou *complexe*) : nombre de la forme $a + bi$, l'unité « imaginaire » i étant telle que $i^2 = -1$.

Imagination. – *Psycho.* ○ **1.** *Autref.* (not. XVIIᵉ siècle) : faculté de penser par images⁴, *i. e.* de se représenter les choses de façon sensible : « L'imagination n'est autre chose qu'une certaine application de la faculté qui connaît, au corps qui lui est intimement présent » (Descartes, *Méd.*, VI ; cf. *Méd.*, II : « Imaginer n'est autre chose que contempler la figure ou l'image d'une chose corporelle ») ; « L'imagination doit suivre, mais de fort près, la sensation, comme le mouvement du cerveau doit suivre celui du nerf » (Bossuet). – **2.** (Imagination *reproductrice*). Fonction psychique par laquelle l'esprit fait revivre les images³ : « C'est une chose étrange qu'une imagination vive qui représente toutes choses comme si elles étaient encore » (Sévigné). – **3.** (Imag. *créatrice*). Fonction psychique par laquelle l'esprit crée de nouvelles combinaisons d'images³ : « L'imagination du peintre » ; « L'imagination de l'enfant » ; « Souvent son imagination lui fournit plus que sa mémoire » (La Rochefoucauld). – **4.** (Invention ou activité créatrice de l'esprit). Fonction psychique par laquelle l'esprit crée de nouvelles combinaisons d'idées³ : « L'imagination scientifique a pour matériaux des concepts » (Ribot).

– ● **5.** Produit de ces diverses fonctions ; conception arbitraire : « C'est une pure imagination » ; « Cette imagination [que la certitude vient des sens] est aussi fausse que la première » (Port-Royal).

Imago. – *Ps. an. Chez Jung :* projection d'une image ou d'un souvenir ancien sur une personne ou un objet : « La vitalité et l'indépendance de l'*imago* échappent à la conscience. »

Imitation. – *Psycho* et *Soc.* Reproduction : **1.** *(lato)* volontaire ou involontaire, consciente ou inconsciente (vg. Tarde, *Lois de l'Imitation*) ; – **2.** *(str.)* consciente et volontaire, des gestes ou actes d'autrui : « Imiter, c'est comprendre » (Rabaud). ☞ Le seul sens propre est le sens 2.

Immanence. – *Méta.* **1.** Caractère de ce qui est immanent². – **2.** *Principe d'immanence :* celui qui énonce « l'impuissance radicale de la pensée à sortir de soi » (Le Roy). – **3.** *Chez Sartre :* « illusion d'immanence », celle qui consiste à se représenter la conscience comme un lieu peuplé d'images, celles-ci étant elles-mêmes des simulacres des objets.

Immanent [L. *in*, dans, et *manere*, rester]. – *Méta.* Qui réside dans. D'où : **1.** Autref., *action* ou *cause immanente :* celle qui demeure à l'intérieur du sujet agissant (opp. *cause transitive* qui s'exerce par-delà celui-ci sur autre chose) : « Dieu est la cause immanente de toutes choses, non la cause transitive » (Spinoza *Eth.*, I, 18), ce qui est la formule du panthéisme*. – **2.** *Plus gén.* Qui est contenu dans la nature d'un être (opp. : *transcendant*[2]) : « Le consentement* n'est qu'un acte immanent de la volonté » (Malebranche) ; « L'insatisfaction immanente à la condition humaine » ; « La mathématique immanente aux choses » (Bergson, *P. M.*, II) ; « La Valeur est immanente à toutes les valeurs empiriques » (Le Senne). *Justice immanente :* celle qui résulterait du cours naturel des choses.

Immanentisme. – △ *Méta.* **1.** Doctrine qui considère l'Absolu ou la Valeur comme immanents[2] aux êtres particuliers : « Un immanentisme radical dont Spinoza s'est approché, mais qui chez lui comporte comme atténuation l'attribution d'une infinité d'attributs à la Substance » (Le Senne). – *Théol.* **2.** Tendance de certaines doctrines dites « modernistes » à considérer Dieu comme immanent[2] à l'homme et à nier le surnaturel. ☞ *Dist.*, en ce sens, « méthode d'immanence », méthode d'apologétique* qui part de ce qu'il y a d'immanent[2] à l'homme pour y montrer un vide qui ne peut être comblé que par un apport surnaturel (cf. Wehrlé, *La Méthode d'immanence*, 1911).

Immatérialisme. – *Méta.* △ Nom donné par Berkeley à son idéalisme[4], qui n'admet comme existence réelle que celle des esprits[4].

Immédiat. – (Ctr. : *médiat*). *Crit.* **1.** Donné *à la conscience* directement, sans intermédiaire ni élaboration *apparente* ; donc : *psychologiquement* premier. – **2.** Simple, indécomposable ; donc : effectivement primitif, premier *en droit*. ☞ *Dist.* ces deux sens souvent confondus : « L'immédiat[1] que nous pouvons atteindre n'est jamais un véritable immédiat[2] » (Darbon) ; « L'immédiat[2] et le primitif est précisément ce qui ne peut jamais être donné, ayant servi à faire tout ce qui est donné... L'intuition même la plus primitive et la plus immédiate[1] n'atteint que des éléments élaborés » (Pradines).

– *Log.* **3.** *Inférences immédiates :* celles où l'on passe sans intermédiaire d'une proposition principe à la conclusion[1] (conversion* et opposition*).

Immensité. – *Méta.* Propriété de Dieu d'être soustrait aux déterminations de l'espace : « L'étendue créée est à l'immensité divine ce que le temps est à l'éternité » (Malebranche, *Entr.*, VIII, 4) ; « L'immensité de Dieu fait que Dieu est dans tous les espaces... L'espace infini n'est pas l'immensité de

Dieu» (Leibniz, *5ᵉ lettre à Clarke*, 45-46).

Immoralisme. – *Mor.* **1.** △ Doctrine morale qui admet des règles contraires à celles de la morale courante (*not.* la doctrine de Nietzsche). – **2.** ▲ Qqfs. (mais abusivement), syn. d'*amoralisme*[2].

Immortalité de l'âme. – *Méta.* Affirmation que l'âme survit indéfiniment à la mort du corps et *gén.* qu'elle conserve son individualité.

Impénétrabilité. – *Méta.* Propriété de la matière qui fait que deux corps ne peuvent occuper en même temps la même étendue[1]. – Cf. *Antitypie**.

Impératif. – Qui exprime un commandement, un ordre. *Chez Kant:* « l'impératif catégorique* », le Devoir.

Impersonnel. – **1.** Non personnel, ne comportant pas la personnalité: « Le Dieu des panthéistes est impersonnel ». – **2.** Non individuel, objectif[3]: « Plus la science avance, plus elle prend la forme impersonnelle » (Cl. Bernard).

Implication. – *Log. form.* Relation formelle[3], consistant en ce qu'une idée ou une proposition en implique[2] une autre, et considérée indépendamment de la vérité matérielle de ces idées ou propositions. (Le signe de l'implication est ⊃ : « mammifère ⊃ vertébré ».)

Implicite. – Ctr. d'*explicite**.

Impliquer. – *Log.* Envelopper, entraîner comme conséquence* en vertu: **1.** d'une nécessité expérientielle* ; – **2.** d'une nécessité rationnelle et purement logique : « L'universelle* implique la particulière ». *Spéc.* dans l'expression « impliquer contradiction[1] » : « Il implique contradiction qu'une pensée soit matière » (Voltaire). *Autref.*, elliptiquement: « impliquer », être contradictoire: « Il est certain que sa nature [de Dieu] est possible, ou qu'elle n'implique point » (Descartes, *2ᵉˢ Rép.*).

Impresses (Espèces). – Voir *Intentionnel*[2].

Impression. – *Vulg.* **1.** État global de la conscience, à caractère affectif, produit par une action extérieure antérieurement à toute réflexion: « Faire bonne impression ».

– *Phol.* **2.** Phénomène physiologique produit par un excitant* sur une terminaison nerveuse sensitive: « Impression rétinienne ».

– *Psycho.* **3.** *Chez Hume:* « toutes nos sensations, passions et émotions, alors qu'elles font leur première apparition dans l'âme », *i. e.* état primaire (opp. à *idée*[4] ou état secondaire).

Impulsion. – *Psycho.* Tendance ou instinct agissant en l'absence du contrôle de la volonté[1].

Imputabilité. – *Mor.* Caractère d'un acte qui peut être attribué à un agent moral responsable.

Incarné. – *Méta.* Lié à un corps³ : « Le monde existe pour moi pour autant que je suis incarné » (Marcel).

Incertitude (Relations d'). – *Phys.* Relations posées en 1927 par le physicien Heisenberg et d'après lesquelles, dans la mécanique intra-atomique, il est impossible, à un même instant, de déterminer *à la fois* la position et la vitesse d'un corpuscule (Ph. I, p. 454).

Inclination. – *Psycho.* Syn. de *tendance** : « Les inclinations des esprits sont au monde spirituel ce que le mouvement est au monde matériel » (Malebranche, *R. V.*, IV, 1) ☞ S'emploie surtout *auj.* lorsque l'on considère les effets *affectifs* des tendances.

Inclusion. – *Log. form.* Rapport de deux termes dont l'un englobe l'autre en extension³.

Incomplétude (Sentiments d'). – *Ps. path.* Sentiments d'inachevé, d'incomplet, qu'éprouvent certains malades (cf. *Psychasthénie**) à l'égard de leurs perceptions (Janet).

Incompréhensible. – *Crit.* **1.** Que l'on ne peut comprendre au sens 2, inintelligible : « Ce raisonnement est incompréhensible ». – **2.** Que l'on ne peut comprendre au sens 3 : « La nature de Dieu est immense, incompréhensible et infinie » (Descartes, *Méd.*, IV) ; « Tout ce qui est incompréhensible ne laisse pas d'être : le nombre infini, un espace infini, égal au fini » (Pascal, 430). ☞ Cf. *inconcevable*².

Inconcevable. – *Crit.* ■ **1.** *Str.* Irréductible à des concepts¹. – **2.** *Lato.* Syn. d'*incompréhensible* au sens 2 : « Lorsque Dieu est dit *inconcevable*, cela s'entend d'une pleine et entière conception qui comprenne et embrasse parfaitement tout ce qui est en lui » (Descartes, *2ᵉˢ Rép.*). – □ **3.** *Latiss.* (et par hyperbole). Étonnant : « Une ignorance inconcevable ». ☞ En tous les sens, dist. *inintelligible**.

Inconnaissable. – *Crit.* Qui, tout en étant réel, ne peut être connu d'aucune façon. Surtout usité dans le lang. de Spencer : « l'inconnaissable ». – Cf. *Agnosticisme**.

Inconscient. – *Psycho.* A) En parlant des personnes : **1.** Qui manque de réflexion : « Un inconscient ». – **2.** Qui n'a pas conscience¹ (simple) de... : « Inconscient de ses vrais sentiments ». – B) En parlant des faits psychiques : **3.** Qui échappe à la conscience¹ réfléchie (dire plutôt *subconscient*). – **4.** Qui échappe à la conscience¹ simple (sens propre). *Chez Jung* : « inconscient collectif », ensemble des images et motifs (cf. *Archétypes*²) qui symbolisent, dans la psyché, les instincts fondamentaux de l'homme et préexistent à la naissance.

– *Méta.* **5.** (Nom). *Chez Ed. von Hartmann* : « l'Inconscient », l'Être en soi, considéré comme Volonté inconsciente[2] guidée par l'Idée.

Indéfini. – *Log.* **1.** (Ctr. : *défini*). En parlant des termes : qui manque de définition[1]. – **2.** (Opp. : *affirmatif* et *négatif*). En parlant des propositions : limitatif* (v. ce mot).

– *Épist.* et *Méta.* (Opp. : *fini* et *infini*). **3.** *Chez Descartes :* l'infini[2] mathématique : « Pour les choses où *sous quelque considération seulement* je ne vois point de fin, comme l'étendue, la multitude des nombres, la divisibilité des parties de la quantité..., je les appelle *indéfinies*, et non pas *infinies* parce que *de toutes parts* elles ne sont pas sans fin ni sans limites » (Descartes, 1res *Rép.* ; cf. *Princ.*, I, 27). – **4.** *Auj. :* ce qui, tout en étant fini, est susceptible de s'accroître sans cesse ; ce dont les bornes peuvent toujours être reculées : « Un progrès indéfini » (Condorcet).

Indétermination. – *Log.* et *Méta.* **1.** Absence de détermination[1]. – **2.** *Absence de déterminisme*[1], contingence[2].

– *Psycho.* **3.** □ Incapacité de se décider, irrésolution.

Indéterminisme. – △ *Méta.* et *Psycho.* Doctrine qui pose en principe l'indétermination[2] des phénomènes (*spéc.* de la volonté humaine).

Indifférence. – *Psycho.* **1.** Absence de préférence ou même d'intérêt pour qqc. ou qqn. : « Cela m'est de la dernière indifférence » (Diderot). *Spéc.* « indifférence en matière de religion » (Lamennais). *États d'indifférence :* cf. *Neutres**. – **2.** *Liberté d'indifférence :* celle qui consisterait à agir sans être déterminé par aucun motif : « Cette indifférence que je sens lorsque je ne suis porté... par le poids d'aucune raison, est le plus bas degré de la liberté » (Descartes, *Méd.*, IV).

Indiscernables (Principe des). – *Hist.* « Il n'y a jamais dans la nature deux êtres qui soient parfaitement l'un comme l'autre » (Leibniz, *Mon.*, 9).

Individu [L. *individuum*, chose indivisible, atome]. – *Méta.* **1.** Être concret dont les parties sont solidaires et ne peuvent être séparées sans que cet être cesse d'être ce qu'il est. D'où : *Biol. :* « Tout être vivant est un individu ». *Ext. Phys.* Élément indivisible : « La question s'est posée de savoir s'il est possible de considérer les corpuscules [de l'atome] comme des individus physiques parfaitement définis et localisés dans l'espace » (L. de Broglie).

– *Soc.* **2.** L'unité dont se compose une société : « L'individu acquiert des droits de plus en plus étendus » (Durkheim).

– *Log. form.* **3.** Terme singulier*, dont l'extension[3] est 1.

Individualisation. – *Soc.* Processus par lequel un phénomène devient individuel[2] : « Par un phénomène d'individualisation, l'autorité diffuse* dans le groupe s'incarne dans des sujets individuels² » (Davy). – Cf. *Démocratie**.

Individualisme. – *Soc.* ▲ **1.** État de fait caractérisé par les progrès de l'initiative et de la réflexion individuelle : « L'individualisme est caractéristique des sociétés évoluées. » – △ **2.** Tendance à expliquer les phénomènes sociaux par l'action des individus² : « L'individualisme de la sociologie de Tarde. »

– △ *Mor.* **3.** Doctrine morale, selon laquelle l'homme a sa fin en lui-même, la société n'ayant de valeur qu'en tant qu'elle favorise le développement de la personnalité individuelle. – *Pol.* et *Éc. soc.* **4.** (Ctr. : *étatisme*). Syn. de *libéralisme** aux sens 3 ou 4. – **5.** Doctrine (*vg.* de Stirner) selon laquelle le moi ou l'Unique est la seule réalité.

– *Vulg.* **6.** □ Syn. d'*égoïsme**, sauf que « l'égoïsme naît d'un instinct aveugle ; l'individualisme procède d'un jugement erroné » (Tocqueville). ☞ Impropre en ce sens.

Individuation (Principe d'). – *Hist. Chez les Scolastiques :* Ce qui donne à un être, déjà défini par sa *forme*¹, une existence concrète et individuelle.

Individuel. – **1.** Qui concerne l'individu² : « La liberté individuelle ». – **2.** Qui concerne l'individu³ : « Chaque fait individuel était compliqué ; la loi des grands nombres* rétablit la simplicité dans la moyenne » (Poincaré).

Induction. – *Vulg.* **1.** Inférence conjecturale : « Il ne peut juger des choses qu'il ne voit pas que par induction sur celles qu'il voit » (Rousseau).

– *Épist.* et *Log.* ○ Opération qui consiste à passer des faits à la loi⁵, et *gén.* de cas singuliers* ou spéciaux* à une proposition plus générale² . Dist. : **2.** l'*induction formelle* (syn. : *aristotélicienne* ou *complète*), fondée sur l'énumération complète des espèces² d'un genre ou des individus³ d'une collection* : « L'induction n'est un moyen certain de connaître une chose que quand nous sommes assurés que l'induction est entière [= complète] » (Port-Royal) ; **3.** l'*induction amplifiante* (syn. : *baconienne*), qui étend à tout un genre¹ ce qui a été constaté dans un certain nombre de cas singuliers* et qui peut être elle-même : *a)* spontanée et empirique*, ou *b)* méthodique et expérimentale : « L'induction baconienne a pour but de trouver et de prouver par l'examen des faits les lois qui les régissent » (Goblot) ; – **4.** l'*induction mathématique*, nom donné par Poincaré au raisonnement par récurrence³.

– **5.** ● Produit de ces diverses opérations : « Leur physique [des anciens] est pleine de qualités occultes* et d'inductions vagues » (Mairan).

Ineffable. – Qui ne peut s'exprimer adéquatement par le langage. *Spéc., Théol. :* voir *Dieu*². –

Sur les divers emplois de ce terme, voir Ph. I, p. 315, et cf. *Irrationnel*[3].

Inertie. – *Math.* et *Phys.* **1.** Propriété de la matière « par laquelle le corps résiste en quelque façon au mouvement » (Leibniz). *Force d'inertie*, force égale et de sens inverse au produit de la masse par l'accélération. – **2.** *Principe d'inertie* : « Un point matériel libre ne peut passer du repos au mouvement ou modifier son mouvement sans l'action d'une cause extérieure ou *force*[4] ».

Inférence. – *Log.* Opération logique par laquelle on tire une conclusion[1] d'une ou de plusieurs propositions admises comme vraies. – *Dist.* implication* et raisonnement* : ce dernier mot désigne surtout les inférences *médiates**.

Infériorité (Complexe ou **Sentiment d').** – *Ps. path.* Trouble décrit par Adler et Janet et consistant dans le sentiment d'être inférieur à sa tâche, à autrui, etc. – Cf. *Compensation**.

Infini. – *Méta.* **1.** Ce en quoi nous ne concevons *aucune* limite : « Il n'y a rien que je nomme proprement infini, sinon ce en quoi de toutes parts je ne rencontre point de limites, auquel sens Dieu seul est infini » (Descartes, 1res *Rép.*). Cf. *indéfini*[3]. – **2.** Ce qui, *dans un ordre donné*, n'a pas de limite, ou ce qui est plus grand que tout ce qui comporte une limite (infini *actuel*[2]). Spéc., *Math.* : une quantité variable est *infinie* ou *infiniment grande* quand elle devient plus grande que toute quantité donnée, *infiniment petite* quand elle devient plus petite que toute quantité donnée (*i. e.* elle a pour limite zéro). ☞ Ne pas dire : « nombre infini », ce qui est contradictoire. – **3.** Qqfs., syn. de *indéfini*[4] (infini *potentiel*).
– *Vulg.* **4.** Très grand : « Ces agitations infinies qui partagent le cœur au moment d'un changement » (Massillon).

Infinitésimal. – *Math.* **1.** Infiniment petit. *Calcul infinitésimal* : ensemble du calcul différentiel* et du calcul intégral*.
– *Vulg.* **2.** Très petit : « Une couche infinitésimale d'or ou d'argent » (Cournot).

Information. – *Techn.* Ensemble des données, en principe imprévisibles, que reçoit du milieu extérieur soit une machine électronique, soit un être vivant (et *spéc.* l'homme) par ses sens. *Quantité d'information* : inverse du logarithme de la probabilité p. du signal reçu ($i = -\log. p$).

Informatique. – Technique de l'utilisation logique et automatique de l'information*.

Infrastructure. – *Soc.* Syn. : *base*[2].

Inhérence. – *Méta.* **1.** *Chez Kant* : « Quand on attribue à ce réel dans la substance [les accidents*] une existence particulière, on nomme alors cette existence *inhérence* pour la distinguer de l'existence de la substance, qu'on nomme *subsistance*» (*R. pure*, Analyt., II, 2, 3, 1re anal. de l'expérience). – *Log.* **2.** Rapport à son sujet[2] d'une qualité qui lui est attribuée (à l'exclusion des autres relations: quantitatives, ordinales dans le temps ou l'espace, etc.): «Il convient de distinguer deux genres de propositions: les *propositions d'inhérence* [vg. «Pierre est homme»] et les *propositions de relation* [vg. «Pierre est plus âgé que Paul»]» (Lachelier). – **3.** (Cf. *immanent*[2]). Rapport à son sujet[2] d'un attribut qui lui est essentiel: «Les hommes ont tous un droit inhérent et naturel à ce dont ils ont besoin pour leur subsistance» (Fénelon); «Le pouvoir d'agir est inhérent dans toute substance» (Leibniz).

Inintelligible. – *Crit.* **1.** ■ *Str.* Qui n'est pas de l'ordre de l'intelligible: «La représentation pure ne contient pas l'affirmation d'un ordre fixe indépendant de nous, inintelligible (causalité), lequel suppose un ordre fixe dépendant de nous, intelligible» (Lagneau). – **2.** □ *Lato.* Incompréhensible[1]: Cet auteur est inintelligible.»

Inné. – *Biol., Psycho., Crit.* (Ctr.: *acquis*). Qui existe dans un être dès sa naissance: «Un réflexe inné». *Idées innées:* celles qui, selon l'apriorisme*, sont inhérentes[3] à l'esprit humain et existent en lui sans qu'il les reçoive du dehors (cf. *Adventice**). L'innéité peut être seulement *virtuelle*: «J'ai appelé ces idées *innées*, dans le sens où nous disons que certaines maladies sont innées dans certaines familles: non que les enfants en souffrent dès le sein de leur mère, mais en ce sens qu'ils naissent avec une certaine disposition ou aptitude à les contracter» (Descartes, *Notae in programma quoddam*).

Innéisme. – *Psycho* et *Crit.* △ Doctrine qui admet l'existence d'idées[4] ou de principes[2] innés*: «L'innéisme cartésien». ☞ Dist. *nativisme**.

Inquiétude. – *Psycho.* **1.** Autref., *péj.* Agitation d'esprit, incapacité de se tenir en repos: «L'inquiétude est le plus grand mal qui arrive en l'âme, excepté le péché» (Saint François de Sales); «L'inquiétude de notre volonté est une des principales causes de l'ignorance où nous sommes.» (Malebranche, *R. V.*, IV, 2, 1). – **2.** Qqfs. et surtout auj., *laud.* État de la conscience insatisfaite de ce qui est: «L'inquiétude est essentielle à la félicité des créatures, laquelle ne consiste jamais dans une parfaite possession» (Leibniz); «... en appelant Ame une certaine inquiétude de vie» (Bergson, *P. M.*, VI); «L'inquiétude humaine, qu'il ne faut pas confondre avec une *anxiété* pathologique...» (Le Roy).

Instabilité mentale. – *Car.* Anomalie du caractère se traduisant par un manque d'unité et de continuité dans les pensées et dans les actes : le sujet est « tour à tour inerte et explosif » (Ribot).

Instance. – *Log.* **1.** Objection nouvelle alléguée à la suite d'une réplique de l'adversaire à une objection précédente : « J'ai négligé de répondre au gros livre d'*Instances* [de Gassendi] » (Descartes, 5*es Rép.*). – **2.** *Chez Bacon* : exemple particulier et typique (cf. angl. *for instance*). *D'où* : cas particulier.

Instant. – *Méta.* Portion très courte ou même ponctuelle de la durée : « L'instant est le croisement du temps et de l'éternité » (Lavelle).

Instinct. – *Psycho. Str.* **1.** Activité automatique[3] (existant surtout chez l'animal), caractérisée par un ensemble de réactions bien déterminées, héréditaires, spécifiques[1], souvent complexes et paraissant adaptées à une fin (vg. instinct de mellification chez l'abeille) : « N'est-ce pas là traiter indignement la raison de l'homme et la mettre en parallèle avec l'instinct des animaux ? » (Pascal, *Vide*). – **2.** *Chez Bergson* (Opp. : *intelligence*[3]) : mode de connaissance et d'action qui joue et sent par une sorte de sympathie[2] ce que l'intelligence[3] analyse et se représente mécaniquement : « C'est sur la forme même de la vie qu'est moulé l'instinct » (*E. C.*, II). – **3.** *Chez Freud* : forces psychiques inconscientes qui constituent le *ça** : « Nous donnons aux forces qui agissent à l'arrière-plan des besoins impérieux du ça et représentent dans le psychisme les exigences d'ordre somatique*, le nom d'*instincts.* »

– *Lato.* **4.** Toute activité spontanée[3], même si elle ne se manifeste pas par des réactions déterminées : « L'instinct de conservation » ; « L'instinct esthétique » ; « Malgré la vue de nos misères..., nous avons un instinct que nous ne pouvons réprimer, qui nous élève » (Pascal, 411) ; « Les instincts ne sont pas toujours de pratique ; il y en a qui contiennent des vérités de théorie : tels sont les principes du raisonnement lorsque nous les employons par un instinct naturel » (Leibniz, *N. E.*, I, 2, 3).

Institution. – *Soc.* « Ensemble d'actes ou d'idées tout institué que les individus trouvent devant eux et qui s'impose plus ou moins à eux » (Fauconnet et Mauss).

Instrumentalisme. – *Crit.* △ Forme de pragmatisme* (not. de J. Dewey) qui affirme le caractère *instrumental* de la vérité, *i. e.* que celle-ci est un simple instrument *(tool)* pour l'action et l'enrichissement de l'expérience ultérieure.

Intégral (Calcul). – *Math.* Partie du calcul infinitésimal* où l'on élimine les infiniment[2] petits introduits dans le calcul différentiel[1] pour revenir aux quantités finies.

Intégration. – *Math.* **1.** Opération fondamentale du calcul intégral*.
– *Biol., Psycho., Soc.* **2.** Ensemble des phénomènes par lesquels se constitue l'unité organique d'un être vivant, d'un système mental, d'une société. *Intégration psychique :* voir *Acceptation**.
– *Méta.* **3.** *Chez Spencer :* passage du diffus à l'organisé et accroissement de matière d'un système. Cf. *Évolution*[2].

Intellect. – *Psycho.* et *Crit.* **1.** Syn. : *entendement*[1] (v. *Intellection**). – **2.** *Chez Aristote et les Scolastiques :* « intellect actif » ou « agent », fonction active de l'intelligence[2] (selon Aristote, c'est l'élément divin et immortel de l'âme) qui actualise les formes[1] intelligibles contenues dans le sensible et les rend assimilables par l'intellect « passif » ou « patient », purement réceptif.

Intellection. – *Psycho.* et *Crit.* Exercice de l'intellect[1] : « L'entendement répond à ce qui, chez les Latins, est appelé *intellectus*, et l'exercice de cette faculté s'appelle *intellection*, qui est une perception distincte, jointe à la faculté de réfléchir qui n'est pas dans les bêtes » (Leibniz, *N. E.*, II, 21, 5). Cf. *Conception*[1].

Intellectualisme. – *Psycho.* **1.** △ Doctrine qui ramène tous les faits psychiques aux faits intellectuels (au sens 1 ou 2) et méconnaît ainsi l'originalité et le primauté de la tendance et de l'affectivité : « La théorie intellectualiste a trouvé sa plus complète expression chez Herbart, pour qui tout état affectif n'existe que par le rapport réciproque des représentations » (Ribot). – D'où *(péj.)* : tendance à supposer de la logique et de la réflexion là où il n'y en a pas.
– *Méta.* et *Mor.* **2.** △ Doctrine qui attribue à l'entendement[1] une valeur supérieure à celle du sentiment ou de l'activité : « La science sera intellectualiste ou elle ne sera pas » (Poincaré). Ext. *(péj.)*, tendance à privilégier la pensée conceptuelle et discursive (cf. *Entendement*[3]) : « Il faut renverser cette vieille idolâtrie intellectualiste » (Le Roy, *R. M. M.*, 1900, p. 71). Bergson distingue « l'intellectualisme vrai qui vit ses idées » et « un faux intellectualisme, qui immobilise les idées mouvantes en concepts solidifiés pour les manier comme des jetons » (*Bull.*, 1901, p. 64).

Intellectuel. – *Psycho.* **1.** *Lato.* (Syn. : *cognitif**, *représentatif*[1]). Qui se rapporte à l'intelligence[1] : les « faits intellectuels » (opp. : *affectifs** et d'*activité*[2]) sont les sensations, images, perceptions, souvenirs, idées, jugements, raisonnements. – **2.** *Str.* (Opp. : *sensitif**). Qui se rapporte à l'intelligence[2] : « Ce qui est propre-

ment spirituel, c'est ce qui est intellectuel » (Bossuet). ☞ Bien que le terme ait été qqfs. pris en ce sens, not. au XVIIᵉ siècle (vg. : « Préparer les esprits des lecteurs à considérer les choses intellectuelles et les distinguer des corporelles » [Descartes, *3ᵉˢ Rép.*]), il doit être *dist.* de *psychique* : ce serait une erreur intellectualiste¹ de ramener toute la vie psychique à la vie intellectuelle (même au sens 1).
– *Car.* **3.** Chez qui prédomine la vie intellectuelle² : « C'est ce que j'appellerai le *type intellectuel*, entendant par là les esprits qui ont une particulière aptitude à penser avec des *idées*³, à retenir des rapports abstraits, à enchaîner des concepts suivant des relations logiques » (Malapert).

Intelligence. – ○ *Psycho.* **1.** *Lato.* Syn. : connaissance, vie intellectuelle¹ *en gén.* : « Dans l'intelligence, nous aurons la sensation (ou fonctions sensitives), l'entendement (ou fonctions intellectuelles analytiques), la raison (ou fonctions rationnelles : métaphysiques, morales) » (Lagneau). – **2.** *Str.* Syn. : intellect¹, entendement¹ : les « opérations de l'intelligence » sont alors l'idéation, le jugement, le raisonnement. – **3.** *Chez Bergson* (opp. *Instinct*²) : forme de pensée qui procède par analyse³ et discursivement* et dont le rôle est surtout pratique¹ : « L'intelligence est caractérisée par une incompréhension naturelle de la vie » (*E. C.*, II) ; « L'intelligence n'évolue avec facilité que dans l'espace et ne se sent à son aise que dans l'inorganisé » (*P. M.*, II).
– ● **4.** Compréhension¹ : « Obtenir quelque intelligence des vérités que la foi nous enseigne » (Malebranche, *Entr.*, XIV, 13).
– *Car.* **5.** (Ctr. : *inintelligence*). Souplesse d'esprit qui fait qu'on s'adapte facilement aux situations nouvelles : « ... Une intelligence si extraordinaire qu'on eût dit que rien n'était nouveau pour lui » (Genlis).

Intelligible. – *Psycho.* et *Méta.* **1.** (Opp. : *sensible*). Qui relève de l'entendement¹ pur : « Nous voilà dans un monde tout rempli de beautés intelligibles » (Malebranche, *Entr.*, I, 5). Chez *Platon* : « monde intelligible », celui des Idées¹ᵃ. *Chez Malebranche* : « étendue intelligible », voir *Étendue*³. *Chez Kant* : « caractère intelligible » (opp. : caractère empirique), celui par lequel le moi⁵ nouménal est cause de ses actes comme phénomènes² « sans être lui-même soumis aux conditions de la sensibilité » (*R. pure*, Dial., II, 2, 9, § 3). – *Épist.* **2.** (Ctr. : *inintelligible*²). Qui peut être compris.

Intensité. – *Épist.* Caractère des grandeurs *intensives* (cf. *Extensif**), *i. e.* de celles qui, tout en comportant du plus et du moins, ne peuvent ni se mesurer par un nombre, ni se représenter par une étendue : « L'intensité d'un sentiment ».

Intention. – *Mor.* **1.** □ Disposition d'esprit qui fait qu'on se propose d'atteindre un but ou d'agir conformément à une règle. *Dist.* velléité*. – **2.** ■ Le but visé lui-même. – **3.** *Direction d'intention* : action de rapporter ses actes ou ses paroles à un but qui leur confère une valeur morale ; d'où *(péj.)* action de légitimer ce qu'il y a de répréhensible dans un acte par l'intention louable qui l'a fait commettre (cf. Pascal, *Prov.*, VII).

Intentionalité. – *Méta.* Notion d'origine scolastique, remise en honneur par Franz Brentano et Husserl, et qui désigne le caractère propre à la pensée de *tendre vers*, de *s'appliquer à* un objet de pensée : « Le mot *intentionalité* ne signifie rien d'autre que cette particularité foncière qu'a la conscience d'être la conscience *de* qqc. » (Husserl).

Intentionnel. – **1.** Qui concerne l'intention[1] : « Une erreur intentionnelle ». – **2.** *Dans le lang. scolastique :* « espèces intentionnelles » (syn. : « impresses »), images qui émanent des corps et viennent frapper les sens (v. *Espèce*[1]). – **3.** Qui présente une intentionalité* : « Les vécus intentionnels » (Husserl).

Intérêt. – *Mor.* **1.** Ce qui est utile à l'individu (intérêt personnel) ou à l'ensemble des individus d'un groupe (int. général) ou au groupe comme tel (int. public). *Morale de l'intérêt :* cf. *Utilitarisme**.

– *Psycho.* **2.** □ Attention spontanée provoquée par les objets qui correspondent à nos tendances : « Prendre intérêt à qqc. » (s'y intéresser). – **3.** ■ Caractère de ce qui éveille l'intérêt[2] : « Présenter de l'intérêt » (être intéressant). *Loi d'intérêt :* celle qui explique les associations d'idées par l'intérêt[3] (cf. Ph. I, p. 253).

Intérieur, Interne (adj.). – **1, 2** et **3.** S'opp. à *Extérieur** (voir ce mot) dans ses divers sens.

Intérieur (nom). – *Autref.* **4.** La vie intérieure[2] : « Il faut que l'extérieur soit joint à l'intérieur pour obtenir de Dieu » (Pascal, 250) ; « Ce qui, demeurant hors de lui, ne peut remplir son intérieur » (Bossuet). – **5.** Intériorité* : « Tout respire l'intérieur et la piété dans l'ordonnance de ce prélat » (id.).

Intériorité. – Caractère de ce qui est intérieur[2], *i. e.* de ce qui est de l'ordre de la vie intime de l'esprit[4] : « L'appétit d'intériorité qui caractérise notre époque... » (Bréhier).

Intermittente (Folie). – Voir *Circulaire**.

Interoceptive (Sensibilité). – *Ps. Phol.* Celle qui reçoit les impressions venant des surfaces internes de l'organisme.

Interprétation (Délire d'). – *Ps. path.* Délire caractérisé par la constitution d'un système mental fondé sur l'attribution aux faits réels de significations fausses, sans hallucinations ni affaiblissement intellectuel, mais avec tendance aux raisonnements déductifs artificiels.

Interpsychologie. – *Épist.* Étude des phénomènes « par lesquels s'exerce l'action, volontaire ou non, d'un esprit sur un autre esprit » (Dumas) (cf. Ph. II, p. 170).

Intersubjectivité. – *Psycho.* Communication* des consciences individuelles (*dist.* de la mentalité de groupe et de l'objectivité[1] proprement dite) : « Toute intersubjectivité demeure précaire, qui ne se fonde objectivement » (Blanché).

Introjection. – *Ps. an.* (Opp. : *projection**). Phénomène par lequel l'enfant s'incorpore l'objet perçu.

Introspection. – *Psycho.* Observation de la conscience[1] par elle-même, employée méthodiquement et pour une fin théorique. *Introspection expérimentale :* méthode (préconisée par l'école de Würzbourg) consistant à faire décrire par le sujet ce qui s'est passé dans sa conscience au cours d'une expérience[3] psychologique.

Introversion. – *Ps. an.* (Opp. : *extraversion**). *Chez Jung :* orientation de l'énergie psychique vers la vie intérieure du sujet : « L'introverti n'attribue à l'objet qu'une valeur tout au plus secondaire et médiate. » (Cf. Ph. I, p. 540).

Intuitif. – *Psycho.* et *Crit.* ■ **1.** Qui a les caractères ou qui est le fruit de l'intuition : « La pensée doit être dite intuitive dans la mesure où elle est devenue pensée immédiate, pensée d'immédiat[2] » (Le Roy) ; « Il y a lieu d'écarter la pensée conceptuelle pour parvenir à une philosophie plus intuitive » (Bergson, *P. M.*, II) ; « Les aspects intuitifs [des mathématiques] sont liés aux diverses impressions de nos sens » (Bouligand).
– *Car.* □ **2.** (En parlant des personnes). Qui pense par intuition[3] plutôt que par raisonnement : « J'ai distingué deux sortes d'esprits mathématiques, les uns logiciens et analystes, les autres intuitifs et géomètres » (Poincaré).
– *Péd.* **3.** *Méthode intuitive :* celle qui fait appel à l'intuition[2] sensible.

Intuition [L. *intueri*, voir]. – *Psycho., Épist., Méta.* **A)** ○ Connaissance immédiate* d'un objet de pensée actuellement présent à l'esprit (opp. : *discours*[1]). Dist. : **1.** intuition *empirique* comprenant elle-même : *a)* l'intuition sensible est en math. l'instrument le plus ordinaire de l'invention » (Poincaré) ; *b)* l'intuition *psychologique* (celle de la conscience) : « L'intuition simple du moi par le moi » (Bergson, *P. M.,* VI) ; – **2.** intuition *rationnelle* (*vg.* celle des axiomes[1]) : « L'intuition s'étend

129

d'une part à toutes ces natures[2] [simples], de l'autre à la connaissance des liaisons nécessaires qui sont entre elles, enfin à toutes les autres choses dont l'intellect constate avec précision l'existence soit en lui soit en l'imagination » (Descartes, *Reg.*, XII) ; « L'intuition du nombre pur » (Poincaré) ; – **3.** intuition *inventive* ou *divinatrice* (celle qui nous fait pressentir la vérité) : « L'intuition est l'instrument de l'invention » (Poincaré) ; – **4.** intuition *métaphysique* qui nous permet de saisir directement, soit l'absolu d'une substance (*vg.* Descartes dans le *cogito**), soit certaines essences* intemporelles : « Toute intuition qui nous donne son objet de façon immédiate et originelle, est source de connaissance légitime » (Husserl), soit enfin la réalité et *spéc.* « notre moi qui dure » : « Nous appelons intuition la *sympathie* par laquelle on se transporte à l'intérieur d'un objet pour coïncider avec ce qu'il a d'unique et par conséquent d'inexprimable » (Bergson, *P. M.*, VI). – Cf. *Réflexion*[2].

– B) ● **5.** Acte particulier d'intuition (en l'un quelconque des sens A), ou objet de cet acte : « Le raisonnement abstrait est une suite d'intuitions » (Lagneau).

Intuitionisme. – *Hist.* △ **1.** En psycho. théorie (*vg.* Hamilton) selon laquelle la conscience[1] saisit immédiatement le monde extérieur comme tel. – **2.** Doctrine selon laquelle la raison nous fait connaître par intuition[2] des vérités supérieures à l'expérience (*vg.* Écossais, Hamilton). – **3.** Doctrine selon laquelle l'intuition[4] nous permet d'atteindre l'absolu (*vg.* Bergson).

Invention. – *Psycho.* ○ **1.** Syn. d'*imagination* au sens 4. ☞ On *dist.* qqfs. l'invention qui *crée* du nouveau, de la *découverte* qui se borne à mettre au jour ce qui n'était pas connu jusque-là. – ● **2.** Produit de l'invention[1] : « Ce sont de pures inventions » ; « Les inventions mécaniques ».

Inverse. – *Log.* L'inverse d'une proposition hypothétique est une autre proposition hypothétique ayant pour antécédent[2] la négation de l'antécédent de la première et pour conséquent[2] la négation du conséquent de la première. Schéma : soit « si P est vrai, Q est vrai » ; l'inverse est : « si non-P est vrai, non-Q est vrai ». ☞ *Dist.* la *réciproque** avec laquelle on la confond souvent.

Investigation. – *Épist.* Recherche et constatation des faits : « L'investigation, tantôt simple, tantôt armée et perfectionnée, est destinée à nous faire découvrir et constater les phénomènes qui nous entourent » (Cl. Bernard).

Investir. – *Ps. an.* Fixer l'intérêt[2] sur (une personne ou un objet).

Involution. – (Opp. : *différenciation**). *Biol., Soc., Psycho.* Régression du différencié à l'homogène. ☞ Spencer dit aussi, en ce sens, *dissolution* : cf. Lalande, *La Dissolution opposée à l'évolution*.

Ipséité [L. *ipse*, soi-même]. – *Méta. Dans le lang. existentialiste* : caractère du *Dasein*[2] comme sujet de l'existence quotidienne.

Irascible. – Voir *Appétit*[1].

Ironie. – [G. *eirôneia*, interrogation]. *Hist.* **1.** Méthode par laquelle Socrate interrogeait ses auditeurs pour les amener à trouver la vérité.

– **2.** *Auj.*, façon de parler qui consiste à dire, sur un ton moqueur, le contraire de ce qu'on veut faire entendre : « L'ironie pense une chose et dit le contraire. » (Jankélévitch). – Voir *litote*.

Irrationalisme. – *Méta.* △ Doctrine qui privilégie l'irrationnel[1] : « L'immoralisme[1], c'est l'irrationalisme de l'action » (Parodi) ; « L'histoire des sciences est l'histoire des défaites de l'irrationalisme » (Bachelard).

Irrationnel. – *Méta.* **1.** Contraire à la raison, absurde[1] : « Cet élan [du vouloir-vivre] où l'homme cherche à s'oublier, nous égare dans l'irrationnel, dans l'absurde » (Jaspers). – **2.** Irréductible à la raison : *a)* soit en nous : « Irrationnelle en un sens, la foi est par là même affective et active » (Delacroix) ; *b)* soit au-dehors : « Nous nous servirons du terme *irrationnel*. Il a l'avantage de marquer qu'il s'agit d'un fait que nous estimons certain, mais qui reste et restera irréductible à des éléments purement rationnels » (Meyerson).

– *Math.* **3.** *Nombre irrationnel* (autref. *ineffable*). Ctr. de *rationnel*[4] : *vg.* le nombre π.

Isotrope. – *Épist.* Semblable à lui-même en toutes les directions : « L'espace euclidien est isotrope ».

Item. (mot latin signifiant *de même*). – Élément compris dans une énumération ; détail ; échantillon.

J

Je. – *Psycho.* et *Méta.* Le sujet : **1.** en tant qu'il prend conscience de lui-même, j'ai plus ou moins conscience de *moi*, de mon existence personnelle. Et c'est le *Je* qui a conscience de ce *Moi* » (W. James) ; – ou bien au ctr. : **2.** en tant qu'il est antérieur, comme « spontanéité naïve », à cette prise de conscience : « Un homme se sent exister comme conscience avant toute philosophie... Appelons *je* cette conscience... A ce *je* s'oppose le *moi* comme la pensée de lui-même » (Le Senne). – Cf. *Ego** et *Moi**.

Jeu (Activité de). – *Psycho.* Activité en excédent qui, chez les êtres vivants supérieurs, se dépense pour le seul plaisir de se dépenser. ☞ Dist. le *jeu* ppt. dit (cf. Ph. II, pp. 14-17).

Joie. – *Psycho.* (Opp. : *tristesse*). État affectif général, à tonalité agréable et qui, à la différence du plaisir, s'étend à l'âme tout entière (cf. Ph. II, p. 53)

Jugement. – *Psycho.* **1.** ○ Fonction mentale qui consiste à juger[1] : « Le jugement est le pouvoir de *subsumer** sous des règles, *i. e.* de décider si une chose est ou non soumise à des règles données » (Kant, *R. pure*, Analyt., II) ; « Le jugement est l'opération fondamentale de la pensée réfléchie » ; « Si mon jugement ne me trompe pas... ». – **2.** ● Produit de cette fonction : « Il n'y a que les seuls jugements dans lesquels je dois prendre garde de ne pas me tromper » (Descartes, *Méd.*, III) ; « Un jugement est essentiellement une assertion* ».

– *Car.* **3.** □ Qualité d'esprit qui consiste à *bien* juger : « On est qqfs. un sot avec de l'esprit[10] ; on ne l'est jamais avec du jugement » (La Rochefoucauld).

– *Log. form.* **4.** ● (Syn. : *proposition*). Affirmation ou négation d'un rapport entre un *sujet*[2] et un attribut[1] (cf. *Juger*[3]).

Juger. – *Psycho.* **1.** Affirmer ou nier une existence ou un rapport : « La vraie perfection de l'entendement est de bien juger » (Bossuet). – **2.** Apprécier, porter un jugement de valeur* : « Ceux qui jugent d'un ouvrage sans règles... » (Pascal, 5) ; « On juge un homme sur ses actes » (Rauh).

– *Log.* **3.** Porter un jugement au sens 4 : « On appelle *juger* l'action de notre esprit par laquelle, joignant ensemble diverses idées, il affirme de l'une qu'elle est l'autre ou nie de l'une qu'elle soit l'autre » (Port-Royal).

Juste. – **A)** (Ctr. : *injuste*). *Mor.* **1.** (En parlant des personnes). □ Qui pratique la justice[2] : « Il n'y aura jamais qu'un petit nombre de justes sur la terre » (Voltaire). *Spéc.*, au sens religieux : « Le juste agit par foi[5] dans les moindres choses » (Pascal, 504). – **2.** (En parlant des choses ou des actes). ■ Conforme à la justice[1] : « Consentir qu'une âme juste[1] soit éternellement malheureuse, cela n'est pas juste[2] » (Malebranche) ; « Tant qu'il y aura des riches et des pauvres de naissance, il ne saurait y avoir de contrat juste » (Durkheim).

– **B)** (Ctr. : *faux*). *Log.* **3.** ■ Vrai, légitime : « Une opération juste » ; « Voir les hommes sous l'idée de nécessité, cela n'est pas juste » (Alain). – *Car.* **4.** □ Qui possède du jugement[3] : « Ceux qui choisissent bien sont ceux qui ont l'esprit juste : ceux qui prennent le mauvais parti sont ceux qui ont l'esprit faux » (Nicole).

Justesse. – Qualité de ce qui est juste au sens 3 ou 4 : « La justesse d'une expression » ; « La même justesse d'esprit qui nous fait écrire de bonnes choses, nous fait appréhender qu'elles ne le soient pas assez pour mériter d'être lues » (La Bruyère).

Justice. – *Mor.* **1.** Principe moral qui exige le respect du droit[2] : « La formule de la justice est claire : respecter les droits d'autrui » (Cousin). – **2.** Vertu morale qui consiste à respecter et à promouvoir le droit : « Ne croyez pas que la justice habite jamais dans les âmes où l'ambition domine » (Bossuet). – **3.** ■ Qualité de ce qui est juste[2] : « La justice d'une revendication ».

– *Pol.* **4.** Pouvoir judiciaire, *i. e.* ensemble des institutions et des personnes qui ont pour fonction d'appliquer la loi aux cas individuels.

K

Kénose. [G. *Kenôsis*, action de vider]. – *Théol.* Action par laquelle le Christ s'est en qq. sorte « anéanti » lui-même en prenant la condition humaine (Saint Paul, *Ép. aux Philippiens*, 11, 7 : ἑα-τὸν ἐκένωσεν).

Kinésiques ou **Kinesthésiques (Sensations).** [G. *kinein*, mouvoir, et *aisthésis*, sensibilité]. – *Psycho.* Sensations (cutanées ou internes) qui nous font percevoir les mouvements de nos membres.

Korsakoff (Maladie de). – *Ps. path.* Trouble mental caractérisé par l'amnésie* de fixation avec de la fabulation* et de la confusion* (souvent lié à l'alcoolisme). Cf. Ph. I, p. 199.

L

Lacunaire. – *Ps. path.* **1.** Malade présentant des lésions circonscrites et *gén.* multiples des centres nerveux sous forme de petites cavités dans le tissu cérébral ; d'où troubles moteurs et psychiques (démence, gâtisme). – **2.** *Amnésie lacunaire :* voir *Amnésie**.

Lallation (Syn. : *babillage*). – *Psycho.* Sorte de pré-langage, où le tout jeune enfant commence à émettre des sons semi-articulés sans signification ; il précède le *gazouillis**.

Langage. – **1.** *Lato.* Tout système de signes[4] : « La langage algébrique ». *Langage naturel* ou *l. d'action* : expression naturelle des états psychiques par les gestes, la physionomie, les cris, etc. – **2.** *Str.* Le langage[1] vocal, la parole. *Langage intérieur* : suite d'images verbales et de mouvements esquissés qui accompagnent la pensée.

Latent. – *Ps. an. Chez Freud :* le « contenu latent » du rêve est sa signification profonde, masquée par le « contenu manifeste », *i. e.* par les images qui la symbolisent.

Lattice [mot anglais = *treillis, réseau*]. – *Log.* Système logique « partiellement ordonné dans lequel toute paire d'éléments possède une borne supérieure et une borne inférieure » (Piaget). *Vg.* pour deux classes[1] A et B, la borne supérieure est le genre* prochain dans lequel A et B sont contenus, et la borne inférieure la plus grande des classes contenues à la fois en A et en B.

Laxisme. – *Théol.* △ Doctrine impliquant une morale[3] relâchée, trop indulgente.

Légalité. – *Jur.* **1.** (Sens usuel). Conformité aux lois[1] positives : « Comme les individus, les groupes, les masses sont tenus au respect de la légalité » (H. Michel).
– *Mor.* **2.** *Chez Kant* (opp. : *moralité*[3]) : conformité extérieure à la loi[4] morale : « Si la volonté se détermine conformément à la loi morale, mais non par respect de la loi, l'action possédera bien de la légalité, mais non de la moralité » (*R. pratique*, III, début).
– *Épist.* **3.** *Principe de légalité* : celui d'après lequel la nature obéit à des lois[5]. Cf. *déterminisme*[2].

Lexis. – *Log.* Simple énoncé d'un contenu intellectuel sans assertion*.

Libéralisme. – *Vulg.* ▲ **1.** Attitude générale de tolérance[2] et de respect de l'indépendance d'autrui.
– *Pol.* △ **2.** Doctrine qui préconise la liberté[3] politique ou la liberté de conscience[4] (par opp. à l'autorité de l'État ou de l'Église). – **3.** Doctrine selon laquelle le meilleur moyen de sauvegarder la liberté[1] et les droits de l'initiative privée est de restreindre le plus possible les attributions de l'État.
– *Éc. pol.* △ **4.** Doctrine qui préconise la liberté du travail[2] et des échanges et la non-intervention de l'État en matière économique.

Libertaire. – *Pol.* Partisan de l'anarchisme[2]. ☞ *Dist.* libéral.

Liberté. – A) *Soc.* et *Pol.* « La liberté est la propriété de soi ; on distingue trois sortes de liberté : la liberté naturelle, la liberté civile et la liberté politique, *i. e.* la liberté de l'homme (1), celle du citoyen (2) et celle du peuple (3) » (Raynal). *D'où :* **1.** (Liberté externe, celle qui manque au prisonnier, à l'impotent, à qui agit sous la menace, etc.). Absence d'entrave ou de contrainte ; pouvoir d'agir selon sa nature ou sa volonté : « Liberté de conscience[4] » ; « Liberté du travail[2] ». *Spéc., Éc. pol.* (Liberté économique ; cf. *Libéralisme*[4]). Absence d'intervention de l'État en matière économique : « La police [organisation] du commerce la plus sûre, la plus profitable à la nation et à l'État consiste dans la pleine liberté de la concur-

rence¹ » (Quesnay). – **2.** *Liberté civile :* état de l'individu qui jouit de ses droits civils* : « Sous ce nom de liberté, les Romains se figuraient un État où personne ne fût sujet que de la loi¹ » (Bossuet) ; « La liberté est le droit de faire tout ce que les lois permettent » (Montesquieu, *Lois*, XI, 3). – **3.** *Liberté politique :* état de l'individu qui jouit de ses droits civiques*, *i. e.* qui contribue à la confection des lois¹ : « Faire la loi et lui obéir volontairement, n'est-ce pas la plus haute expression de la liberté ? » (Lacordaire) ; « La souveraineté du peuple est une condition nécessaire de la liberté » (H. Michel).
– B) *Psycho.* et *Méta.* **4.** (Liberté morale. *Opp. :* impulsion). État de l'être qui agit avec pleine conscience et après réflexion : « Si je connaissais toujours ce qui est vrai et bon..., je serais entièrement libre sans jamais être indifférent » (Descartes, *Méd.*, IV) ; « Toute substance a une parfaite spontanéité, qui devient liberté dans les substances intelligentes » (Leibniz, *Disc. méta.*, 22). – **5.** (Liberté du sage. *Opp. :* esclavage des passions, de l'ignorance). État de l'être qui agit conformément au bien et à la raison : « Il y a d'autant plus liberté qu'on agit davantage selon la raison » (Leibniz) ; « Dieu seul est parfaitement libre, et les esprits créés ne le sont qu'à mesure qu'ils sont au-dessus des passions » (id., *N. E.*, II, 21, 8) ;
« Notre vraie liberté consiste à faire prévaloir les bons penchants sur les mauvais » (Comte). – **6.** (Syn. : *libre arbitre*. Opp. : *déterminisme*³). Indétermination² de la volonté, celle-ci étant considérée : *a)* soit comme pouvoir d'agir sans motif (lib. d'*indifférence*²) ; *b)* soit comme pouvoir créateur auquel le déterminisme est inapplicable ; *c)* soit enfin comme pouvoir, propre à l'être conscient, de se choisir tel ou tel : « Pour sentir évidemment notre liberté[a], il en faut faire l'épreuve dans les choses où il n'y a aucune raison qui nous penche d'un côté plutôt que d'un autre » (Bossuet) ; « On appelle liberté[b] le rapport du moi concret à l'acte qu'il accomplit ; ce rapport est indéfinissable » (Bergson, *D. I.*, III) ; « La liberté[c] n'a pas d'essence, c'est elle au ctr. qui fait le fondement de toutes les essences » (Sartre).

Libido (mot latin = *plaisir*). – *Ps. an. Chez Freud :* **1.** *Str.* Recherche instinctive du plaisir, *spéc.* du plaisir sexuel. – **2.** *Lato.* Énergie vitale du ça* se répartissant entre le moi (libido *narcissique*) et les objets ou les personnes (libido *objectale*). – *Chez Jung :* **3.** L'énergie vitale en général.

Lieu. – *Méta.* **1.** Situation qu'occupe un corps dans l'espace : « Le lieu nous marque plus expressément la situation que la grandeur ou la figure » (Descartes, *Princ.*, II, 14). – **2.** *Par anal.:* « Dieu est le lieu des esprits, de même que les espaces sont, en un sens, le lieu des corps » (Malebranche, *R. V.*, III, 2, 6) ; « Le vrai lieu des intelligences, c'est le monde intelligible » (id., *Entretiens sur la mort*, II).

– *Log.* **3.** « Ce que les rhétoriciens et les logiciens appellent lieux, *loci argumentorum*, sont certains chefs généraux auxquels on peut rapporter toutes les preuves dont on se sert dans les diverses matières que l'on traite » (Port-Royal). *Lieux de logique:* le genre, l'espèce, la différence, le propre, l'accident, etc. ; on y joint « certaines maximes communes ». *Lieux de métaphysique:* les causes, les effets, le tout, les parties, etc. – D'où : *lieux communs*, vérités gén. reçues, banalités : « Les lieux communs mènent le monde » (Tocqueville).

Lignée. – *Biol.* Suite des individus[1] de même espèce[3] dérivant des mêmes géniteurs. ☞ Dist. *phylum**.

Limitatif. – *Chez Kant :* **1.** « Jugement limitatif » (syn. : « indéfini ») : jugement affirmatif dont l'attribut est négatif : *vg.* « L'âme est immortelle » (cf. *Catégories**). – **2.** « Concept limitatif » : concept (tel celui de noumène*) « qui a pour but de restreindre les prétentions de la sensibilité et qui n'est que d'un usage négatif » (*R. pure*, Analyt., II, 2, 3).

Limite. – *Vulg.* **1.** Ce qui borne une portion d'espace ou de temps, l'exercice d'un pouvoir, etc. : « Les limites de la connaissance. »

– *Math.* **2.** *Limite d'une variable :* grandeur constante telle que la différence entre elle et la variable puisse devenir et rester moindre que toute grandeur désignée.

– *Ext. Psycho., Mor.* **3.** Idéal dont on approche sans jamais l'atteindre. – *Épist.* **4.** *Passage à la limite :* acte intellectuel par lequel on passe de la notion d'un progrès[1] continu et indéfini à celle du terme idéal de ce progrès. *Concept-limite :* celui qui résulte d'un passage à la limite (*vg.* concepts mathématiques).

Linéaire (Fonction). – *Math.* Celle qui ne contient que des variables au premier degré.

Linguistique. – *Épist.* Étude générale et comparée des langues, visant à déterminer les lois de leur évolution. ☞ Dist. *philologie**.

Litote. – *Ling.* Figure de rhétorique consistant à dire moins que ce que l'on pense : « La forme rationnelle de l'ironie est la litote. » (Jankélévitch).

Localisation. – *Psycho.* Opération par laquelle nous rapportons : **1.** nos sensations à un certain point de notre corps (localisation des sensations corporelles) ; **2.** l'origine de certaines de nos sensations à un point de l'espace extérieur : *vg.* localisation du son dans l'objet sonore (loc. des sensations ou des perceptions dans l'espace) ; – **3.** nos souvenirs à un certain moment du passé (loc. des souvenirs).

– *Ps. phol.* **4.** *Localisations cérébrales :* correspondance entre certaines fonctions cérébrales ayant leur siège dans des régions déterminées du cerveau et certaines fonctions psychiques.

Logicisme. – *Épist.* △ Doctrine qui ramène toutes les relations[1], *not.* les relations mathématiques, à des relations de logique pure (cf. Ph. I, p. 408).

Logique (nom). – *Vulg.* **1.** Enchaînement régulier ou cohérent des idées ou des faits : « La logique d'une argumentation » ; « La logique des événements ».

– *Log.* △ **2.** (Sens usuel en philosophie). Étude normative des conditions, surtout formelles[3], de la vérité : « La logique ne conduit pas le raisonnement : elle est simplement la théorie du raisonnement » (Goblot) ; « Nous conviendrons d'appeler *épistémologie*[2] l'étude de la connaissance en tant que rapport entre le sujet et l'objet et de réserver le terme de *logique* pour l'analyse formelle[3] de la connaissance » (Piaget).

– *Psycho.* ▲ **3.** Pensée logique[7], raisonnement, que celui-ci soit ou non conforme aux règles de la Logique[2] : « La logique qui peut seule donner la certitude, est l'instrument de la démonstration » (Poincaré) ; « La logique de l'enfant » ; « La logique des sentiments ».

– *Hist.* **4.** Autref., psychologie de l'intelligence[2]. *Chez Baldwin :* « logique génétique », étude positive et génétique de la connaissance. – **5.** *Chez Kant :* « logique transcendantale », étude « de l'entendement pur et de la connaissance de raison par laquelle nous pensons des objets entièrement a priori » (*R. pure*, I, 2). – **6.** *Chez Hegel :* science de l'Idée[1b] pure, *i. e.* de l'Idée dans l'élément abstrait de la pensée » ; elle se confond avec la métaphysique.

Logique (adj.). – **7.** (Syn. : *intellectuel*[2]). Qui se rapporte à l'entendement[3] : « Les opérations logiques ». – **8.** (Souvent *opp.* psychologique). Qui se rapporte à la Logique[2]. – **9.** (Ctr. : *illogique*). *Laud.* Conforme aux règles de la Logique[2].

Logistique. – *Épist.* **1.** Chez les Grecs : art du calcul, *opp.* à l'arithmétique théorique. – **2.** *Auj.*, Logique[2] mise sous forme d'algorithme*.

Logos [mot grec, qui signifie à la fois *parole* et *raison*]. – *Hist.* **1.** *Chez les Stoïciens :* « logos universel » *(koinos logos)*, un des nom de la divinité suprême qui est la « raison commune » de toutes les parties de l'univers. – **2.** *Chez les Néo-Platoniciens* (et spéc. *Philon*) : être intelligible intermédiaire entre Dieu et le monde, à la fois force cosmique et parole divine. – **3.** *Dans la théol. chrétienne*: le Verbe* (v. ce mot).

– *Ext. Méta.* **4.** La Raison (immanente ou transcendante) qui gouverne le monde : « [Chez Hegel], le *logos* des Grecs est mis en mouvement et conçu comme appartenant à l'histoire » (Scheler) ; « Le moi tient à un principe plus haut que lui, à une raison suprême ou *logos* » (Biran, 1823).

Loi. – *Jur.* **1.** (Loi positive⁴). Règle impérative promulguée par l'autorité souveraine d'une société : « Les lois doivent être propres au peuple pour lequel elles sont faites » (Montesquieu, *Lois*, I, 3), ou ensemble de telles règles : « La Loi ».

– *Ext.* Règle impérative : **2.** existant à l'état diffus* dans une société ou un ensemble de sociétés : « Les lois de l'honneur » ; « Les lois de la mode » ; – **3.** exprimant la volonté de Dieu comme législateur, soit de la nature : « Dieu donne des lois à la nature et les renverse quand il veut » (Bossuet), soit de l'action humaine : « L'ancienne et la nouvelle loi » (celle de l'Ancien Testament et celle de l'Évangile) ; « La loi n'a pas détruit la nature..., la grâce n'a pas détruit la loi » (Pascal, 520).

– *Mor., Log., Esth.* **4.** △ Norme* morale, logique ou esthétique : « La loi morale » ; « L'impératif catégorique seul a la valeur d'une loi pratique » (Kant). Voir *Maxime*².

– *Épist.* **5.** ▲ (Loi naturelle *ou* scientifique). Énoncé d'un rapport constant entre phénomènes ou éléments d'un phénomène : « Les lois du pendule » ; « Les lois sont les rapports nécessaires² qui dérivent de la nature des choses » (Montesquieu, *Lois*, I, 1) ; « Le caractère fondamental de la philosophie positive est de regarder tous les phénomènes comme assujettis à des lois naturelles invariables » (Comte). Qqfs, formule générale résumant certains faits : *vg.* en *psycho.*, « la loi d'intérêt³ ».

Ludique. – *Psycho.* Qui concerne le jeu : « La pensée ludique ».

Lumière naturelle. – *Méta.* La raison en tant qu'elle procède de Dieu et illumine* l'esprit humain : « La connaissance que nous avons par la raison naturelle, requiert deux choses : des images⁴ reçues des choses sensibles et la lumière naturelle de l'intellect² grâce à laquelle nous en retirons des conceptions intelligibles » (Saint Thomas, *S. th.*, I, 12, 13) ; « La faculté de connaître que Dieu nous a donnée, que nous appelons lumière naturelle, n'aperçoit jamais aucun objet qui ne soit vrai en ce qu'elle l'aperçoit » (Descartes, *Princ.*, I, 30).

Lumières (Philosophie des) [Trad. all. *Aufklärung*]. – *Hist.* Doctrines de certains philosophes allemands de la seconde moitié du XVIIIᵉ siècle, caractérisées par l'appel au sens commun, l'optimisme naïf, l'eudémonisme* et la croyance aux causes finales et au progrès des « lumières », *i. e.* de la raison.

Lycée. – *Hist.* École philosophique d'Aristote.

M

Macrocosme [G. *macros*, grand, et *cosmos,* monde]. – *Hist.* L'univers considéré comme correspondant au *microcosme* ou « petit monde » de l'organisme.

Macro... – Préfixe souvent usité dans l'*Épist.* contemporaine pour désigner les phénomènes vus à grande échelle, *vg.* : *Phys.* « échelle macroscopique », celle de nos sens ; – *Éc. pol.* : « L'approche *macroéconomique* comporte l'étude des ensembles, des groupes, des comportements collectifs, des *macroquantités*, des *macrodécisions*... Comment passer du *micro* au *macro*, de l'individuel au collectif ? » (A. Marchal).

Magie. – *Hist.* **1.** Ensemble de pratiques occultes par lesquelles (surtout dans les sociétés primitives) on prétend agir sur la nature, ces pratiques se distinguant des pratiques religieuses, soit par leur caractère *coercitif* alors que celles-ci visent à se *concilier* les puissances cachées (Frazer), soit par leur caractère para-social, illicite, étranger aux rites organisés (Mauss, Durkheim), soit enfin parce que leur caractère mystique s'est dégradé en technique de la terre alors que la religion évoluait en économie du salut et de la vie spirituelle (Pradines). – **2.** *Magie naturelle* : nom donné au XVIe siècle aux premières expériences de physique.

– *Ext.* **3.** Attitude qui implique des conduites différentes de celles que nous tenons en face du réel : « L'acte d'imagination est un acte magique : c'est une incantation destinée à faire apparaître la chose qu'on désire » (Sartre).

Maïeutique [G. *maieutèr*, accoucheur]. – *Hist.* Méthode par laquelle Socrate se proposait d'« accoucher » les esprits, *i. e.* de leur faire découvrir la vérité qu'ils portent en eux.

Maître et esclave. – *Hist.* Chez Hegel : rapport de deux consciences dont l'une s'affirme « comme existence pour soi absolue contre et pour l'autre » (le *maître*), tandis que l'autre (l'*esclave*) abdique son moi individuel et préfère la vie à la liberté. Cf. *Esclaves**.

Majeur. – *Log. form.* Dans un syllogisme : **1.** Grand* terme. – **2.** (Au fém.). *Majeure*, prémisse* qui contient le majeur[1].

Mal. – *Méta.* et *Mor.* **1.** « Le *mal métaphysique* consiste dans la simple imperfection ». – **2.** « Le *mal physique*, dans la souffrance ». – **3.** « Le *mal moral*, dans le péché » (Leibniz, *Théod.*, I, 21). – **4.** *Problème du mal* :

Malheur de la conscience. – *Hist. Chez Hegel:* état de la conscience « scindée à l'intérieur de soi » par la contradiction entre la « conscience immuable » et la « conscience changeante » et par son vain effort pour s'élever à l'objectivité.

Mana. – *Soc.* Principe impersonnel qui, dans les croyances des sociétés primitives, donne l'efficacité à tout ce qui agit.

Manichéisme. – △ *Hist.* **1.** Doctrine de l'hérétique Manès (IIIe siècle) : « Un Dieu qui se plairait au mal d'autrui ne saurait être distingué du *mauvais principe* du Manichéisme » (Leibniz, *Théod.*, préf.). – *Ext.* **2.** Toute doctrine qui admet le dualisme* d'un principe du bien et d'un principe du mal.

Manie. – *Ps. path.* Surexcitation mentale caractérisée par l'euphorie* et l'hyperactivité, avec périodes d'agitation motrice et de délire. Cf. *Circulaire**.

Manqué (Acte) [Trad. all. *Fehlleistung*]. – *Ps. an.* Conduite telle que lapsus, oubli, perte d'objet, etc., qui, selon Freud, résulte de l'interférence de deux intentions et du refoulement* de l'une des deux.

Marginaux (États) [Angl. *margin*, frange]. – *Psycho.* Halo d'inconscient qui, selon James, forme la « frange » des états conscients.

Marginalisme. – △ *Éc. pol.* Théorie de la valeur[3] selon laquelle celle-ci se détermine d'après l'*utilité marginale* (syn. : *utilité limite* ou *finale*), *i. e.* celle de l'objet d'une certaine nature (*vg.* un seau d'eau) qui sert à satisfaire le besoin le moins urgent (*vg.* arroser des fleurs).

Masochisme. – *Ps. path.* Perversion dans laquelle le sujet prend plaisir à s'infliger des souffrances.

Mass média. – *Soc.* Moyens de « communications* de masses » (radio, télé, cinéma, presse) qui sont les véhicules et l'expression de la culture.

Matérialisme. – △ (Ctr. : *spiritualisme**). *Méta.* **1.** *Str.* Doctrine selon laquelle la matière[4] est la réalité première et qui nie l'existence originale de l'esprit[5]. Dist. : *a)* le *matérialisme mécaniste* (XVIIIe et début du XIXe siècles) qui réduit tout aux phénomènes matériels les plus simples, les phénomènes mécaniques[4] ; – *b)* le *matérialisme dialectique* (nom donné ultérieurement par F. Engels au matérialisme de K. Marx) selon lequel les choses elles-mêmes se développent « dialectiquement », *i. e.* selon un processus analogue à celui dont Hegel avait fait la loi de la pensée (v. *Dialectique*[5]), ce mouvement dialectique de la pensée étant selon Marx « le reflet du monde réel ». – **2.** *Lato.* Toute doctrine qui « explique le supérieur par l'inférieur » (Comte).

– *Mor.* ▲ **3.** État d'esprit et direction pratique de la vie orientée vers la recherche des jouissances et des biens matériels. ☞ *Dist.* ce sens des précédents avec lesquels il n'est pas nécessairement lié.
– *Soc.* △ **4.** *Matérialisme historique :* doctrine de K. Marx et F. Engels selon laquelle la *superstructure* sociale, politique et idéologique[3] de la vie est déterminée en dernière analyse par sa *base*[2] économique, sans préjudice des actions réciproques entre l'une et l'autre.

Matériel. – Qui se rapporte à la matière* : **1.** (opp. : *formel*[3]) aux sens 1, 2 ou 3 de ce mot. *Vérité matérielle :* celle qui consiste dans l'accord de la pensée avec les données de l'expérience ; – **2.** (opp. : *spirituel*[1]) au sens 4 : « La substance étendue est ce qu'on nomme proprement le corps[1] ou la substance des choses matérielles » (Descartes, *Princ.*, II, 1).

Mathématiques. – *Épist.* Ensemble des sciences de la quantité* et de l'ordre[2]. *Math. pures* ou *abstraites :* arithmétique*, algèbre*, calcul des fonctions[1] et infinitésimal*. *Math. concrètes :* géométrie* et mécanique[1]. *Math. appliquées :* trigonométrie*, géométrie* descriptive, calcul des probabilités*. *Sciences physico-mathématiques :* mécanique[1], astronomie*, etc.

Matière. – *Hist.* **1.** (Syn. : *cause*[4] matérielle. Opp. : *forme*[1]). *Chez Aristote et les Scolastiques* (qqfs. *matière première*) : sujet[3] indéterminé qui est le support de la forme[1] et qui en fait une réalité concrète : « Un des principes d'Aristote est que la matière par elle-même, est informe » (Buffon). – **2.** *Chez Kant*, voir *Forme*[2] : « Notre activité intellectuelle élabore la matière *(Stoff)* brute des impressions sensibles en une connaissance des objets » (*R. pure*, introd., I).
– *Épist.* **3.** (Opp. : *forme*[6]). Contenu (d'un jugement, d'un raisonnement, d'une connaissance) : « L'esprit mathématique dédaigne la matière pour ne s'attacher qu'à la forme pure » (Poincaré). D'où, *ext.* : objet[3] ou question dont on traite.
– *Méta.* **4.** (Opp. : *esprit*[5]). Substance qui constitue les corps[1] : « La matière dont la nature consiste en cela seul qu'elle est une chose étendue, occupe tous les espaces imaginables » (Descartes, *Princ.*, II, 22) ; « L'étendue et la matière ne sont qu'une même substance » (Malebranche, *Entr.*, I, 2) ; « Les éléments de la matière peuvent se ramener à l'étendue et au mouvement » (Boutroux). *Chez saint Thomas :* « matière sensible », la matière corporelle « en tant que sujet[3] des qualités sensibles » ; « matière intelligible », la même « en tant que sujet de la quantité » (*S. th.*, I, 85, 1). *Chez Descartes :* « matière subtile », sorte de fluide formé des parties les plus fines et les plus

mobiles de la matière (cf. *Princ.*, IV, 25).

Matrice. – *Math.* Nombre complexe[2] dont les termes groupés en tableau rectangulaire permettent des opérations algébriques applicables *not.* à la théorie de l'atome (atome *matriciel* de Heisenberg).

Maxime. – *Vulg.* **1.** Proposition exprimant un précepte : « Les maximes sont d'un grand usage en morale et en politique » (Condillac). – *Hist.* **2.** *Chez Kant* (opp. : loi[4]) : « Les principes pratiques sont subjectifs, ce sont des *maximes*, quand la condition n'est regardée comme valable par le sujet que pour sa propre volonté ; ils sont objectifs, ce sont des *lois* pratiques, s'ils sont reconnus comme valables pour la volonté de tout être raisonnable » (*R. pratique*, début).

Mécanicisme. – Syn. de *Mécanisme* aux sens 3 ou 4.

Mécanique (nom) – *Épist.* **1.** Science mathématique du mouvement et des causes (forces[4]) qui le déterminent. ☞ *Dist.* l'art[1] des machines qu'il est impropre auj. d'appeler de ce nom. – **2.** *Mécanique céleste :* partie de l'astronomie constituée par la théorie mathématique des mouvements des astres.

Mécanique (adj.). – *Vulg.* **3.** Qui concerne les machines : « Arts mécaniques ».

– *Épist.* **4.** Qui se ramène aux notions en usage dans la mécanique[1] et exclut par suite toute finalité* : « Théorie mécanique », « Explication mécanique ». *Déterminisme mécanique :* celui dont les termes, restant extérieurs les uns aux autres, conformément au principe de l'indépendance des mouvements, s'enchaînent d'une façon mécanique[4]. *Soc.* Voir *Solidarité*[3].

Mécanisme. – ▲ *Vulg.* **1.** Combinaison d'organes en vue de la production de certains mouvements. – **2.** *Ext.* Combinaison de fonctions : « Le mécanisme de la perception ».

– ▲ *Phys.* **3.** Théorie *scientifique* qui explique les phénomènes physiques par le mouvement (cf. *Cinétique**). Qqfs., *Biol.*, syn. de : théorie physico-chimique* de la vie. – *Méta.* **4.** (Ctr. : *dynamisme*[2]). Système *philosophique* selon lequel la matière[4] est distincte de la force[6] (*ou* de l'énergie) et qui explique l'ensemble des phénomènes matériels par le mouvement : « Le mécanisme est devenu dans ces derniers temps le signe distinctif des Cartésiens » (Mairan).

Média. – Voir *Mass média**.

Médiat. – (Ctr. : *immédiat**). Qui comporte quelque intermédiaire. – *Log. Inférences médiates :* celles où l'on passe de la proposition qui sert de point de départ, à la conclusion par au moins une proposition intermédiaire (*vg.* syllogisme).

Médiation. - *Vulg.* **1.** Action de servir de médiateur, d'intermédiaire. *Spéc., Théol.:* « La médiation du Christ » (entre Dieu et l'homme).

- ○ *Méta.* **2.** *Chez Hegel :* acte de négation et de dépassement à la fois (cf. *Aufheben**) qui établit le lien entre le sujet et l'objet, le temps et l'éternité, le fini et l'infini : « La médiation est le moment du moi qui est pour-soi, la pure négativité » (*Phén.*, préf., II) ; « Après avoir dans la *Phénoménologie* ouvert la voie à la médiation psychologique en montrant que la prise de conscience du moi comme sujet enveloppe la présence de l'autre[1], Hegel conçoit la médiation comme la relation idéale reliant entre eux les différents moments d'un tout ; finalement, il reconnaît en elle l'expression de l'identité entre la logique et l'histoire » (Niel). - **3.** Plus *gén.* : « Nul ne réalise sa propre vie tout seul, mais seulement par la médiation des autres hommes » (Lavelle). -
● **4.** Ce qui fait office de médiation[2] : « L'une de ces médiations [entre la valeur et notre visée*] est la pensée conceptuelle... Nous faisons rentrer ce que nous visons dans l'extension d'un concept : l'idéal » (Le Senne).

Médiatiser. - **1.** Rendre médiat*.
- **2.** Servir de médiation[4] : « Dès qu'elle médiatise la grâce[2], la dualité du toi et du moi le cède à la communion de l'existence divine et de l'existence humaine » (Le Senne).

Médium. - *Psycho.* Personne qui prétend être en relation avec les esprits[4].

Méga... - Voir *Micro**...

Mégalomanie. - Voir *Grandeur*[2].

Mélancolie. - *Psycho.* **1.** Tristesse vague dans laquelle le sujet se complaît. - *Ps. path.* **2.** Tristesse morbide accompagnée d'une dépression mentale générale avec anxiété, dégoût de la vie et souvent idées délirantes d'auto-accusation. Cf. *Circulaire** et *Culpabilité**.

Même (Le). - *Méta.* L'identique. Cf. *Autre*[2] et *Identité*[3].

Mémoire. - *Biol.* et *Psycho.* **1.** *Lato.* Persistance d'une modification correspondant à une action passée avec faculté de la reproduire : en ce sens, il y a une *mémoire organique* ou *biologique* : « La mémoire est une fonction générale du système nerveux » (Ribot) ; « Le rôle biologique de la mémoire apparaît indispensable à la conservation des espèces » (Piéron). ☞ Ce sens a même été étendu jusqu'au domaine purement physique. De même qu'on parlait *autref.*, à propos de l'hystérésis magnétique, d'une « mémoire de la matière », on donne *auj.* le nom de « mémoire », dans les servomécanismes dont use la cybernétique*, au dispositif qui enregistre et met en œuvre les informations passées.

– *Psycho.* Ensemble de fonctions psychiques parmi lesquelles il y a lieu de dist. : **2.** la *mémoire immédiate* qui « manifeste la puissance de conservation, la persistance qui est en chaque état de conscience » (Delacroix) ; – **3.** *la mémoire élémentaire*, simple reviviscence* du passé sans qu'il y ait nécessairement reconnaissance* : *vg.* résurrection des *images*[3] ou des *sentiments* (« mémoire affective ») ; – **4.** la *mémoire ppt dite* ou prise de conscience du passé comme tel, qui implique : *a)* la fixation[1] ; *b)* l'évocation* ou rappel*, qui en réalité est souvent reconstruction volontaire ; *c)* la reconnaissance* et la localisation[3] du souvenir : « Nous voyons la mémoire pénétrée d'*organisation* intellectuelle » (Delacroix) ; « La mémoire est une réaction sociale dans la condition d'absence » (Janet).

– *Méta.* **5.** *Chez Bergson :* propriété fondamentale de la conscience, essentiellement distincte de la mémoire[1]-habitude : « Toute conscience est mémoire, conservation et accumulation du passé dans le présent » (*E. S.*, I). On peut, en ce sens, *dist.* « deux mémoires, dont l'une *imagine* [images-souvenirs] et dont l'autre *répète* [« mécanismes tout montés » dans le corps]... De ces deux mémoires, la première paraît bien être la mémoire par excellence. La seconde... est l'*habitude éclairée par la mémoire* plutôt que la mémoire même » (*Mat. et Mém.*, II).

Mémoration, Mémorisation. – *Psycho.* Fonction de la mémoire par laquelle le sujet fixe les souvenirs et *spéc.* apprend par cœur.

Mental. – *Psycho.* **1.** *Lato.* Syn. : *psychique*[1] : « La vie mentale » ; « Les maladies mentales ». – **2.** *Str.* Syn. : *intellectuel*[1] : « Les opérations mentales. »

Mentalité. – *Psycho., Soc.* Ensemble des représentations et habitudes mentales[2] d'un individu ou d'un groupe.

Mentisme. – *Ps. path.* Exaltation mentale[2] morbide qui produit un défilé rapide des idées dans lequel le sujet ne se sent plus maître de sa pensée.

Mérite. – *Mor.* **1.** Valeur morale impliquant un effort de volonté pour vaincre les obstacles (cf. « bien mériter ») : « Avoir du mérite » ; « Le mérite est désintéressé ou il n'est pas » (Le Senne). – **2.** Caractère d'une personne ou d'un acte qui a ou donne droit à récompense (cf. « mériter une récompense »). En ce sens, surtout au pluriel : « S'acquérir des mérites ».

Mésologique. – *Biol., Soc.* Qui concerne le milieu[1].

Message. – Terme souvent usité *auj.* pour désigner le contenu significatif soit de la pensée d'un auteur : « Le message de Barrès », soit d'un fait ou d'un document : « Leur message (des documents historiques) échappe à l'emprise*² des règles fondées sur l'observation de certaines constantes » (Marrou).

Mesure. – *Épist.* Rapport d'une grandeur à une autre grandeur prise comme unité : « On peut définir la science mathématique en lui assignant pour but le mesure indirecte des grandeurs » (Comte).

Méta... – Préfixe souvent usité dans l'*Épist.* contemporaine pour désigner un mode de pensée qui est *au-delà* du savoir ordinaire : « Si l'on veut exprimer le savoir implicitement utilisé dans le travail d'axiomatisation de la Logique², ce n'est pas à l'intérieur de la Logique qu'on pourra le faire, mais dans une discipline nouvelle qui prendrait pour objet les formules de la Logique axiomatisée et les règles de leur maniement. La *métalogique* joue ainsi, par rapport à la logique², le même rôle que la *métamathématique* par rapport à la mathématique... Au calcul formel, langue objective, vient ainsi se superposer une *métalangue* qui comprend not. les règles de syntaxe du calcul formel » (Blanché).

Métagéométrie. – *Épist.* Géométrie de l'hyperespace* : « Les géométries non-euclidiennes ne sont que des cas particuliers de la métagéométrie » (Brunschvicg).

Métamorale. – *Mor.* « Dans nos systèmes de morale² théorique se trouvent souvent confondues des observations de faits, et des conceptions métaphysiques que l'on pourrait plus précisément appeler *métamorales* » (L. Lévy-Bruhl).

Métamorphose. – Voir *Métempsycose**.

Métaphysique (nom). – **1.** (Sens usuel. Syn. : *ontologie*). Connaissance de « l'être en tant qu'être », *i. e.* de l'être absolu, et des principes premiers : « La métaphysique traite des choses les plus immatérielles, comme de l'être en général et en particulier de Dieu et des êtres intellectuels faits à son image » (Bossuet) ; « J'entends par Métaphysique les vérités générales qui peuvent servir de principes aux sciences particulières » (Malebranche, *Entr.*, VI, 2) ; « Pour ces esprit [les platoniciens], la philosophie est vraiment une *méta-physique*, un mouvement au-delà, un effort non pour saisir des réalités qui expliquent, bien qu'analogues, celles de la nature, mais pour comprendre, d'un point de vue supérieur, la loi même en vertu de laquelle l'esprit pose spontanément les unes et les autres » (Lagneau). – **2.** Systématisation générale et réfléchie de la pensée : « Il [Leibniz] saisissait dans tout les principes les plus élevés et les plus généraux, ce qui est le caractère de la métaphysique » (Fontenelle) ; « Faire de la métaphysique, ce n'est pas autre chose qu'organiser des idées » (Dunan). *D'où :* conception d'ensemble du monde et de la vie : « Toute civilisation importante a sa métaphysique » (Eucken). – **3.** « Étude des conditions générales d'une œuvre telles qu'elles résultent de l'analyse critique qu'on peut faire par avance de son objet et de ses présuppositions » (Lalande) : « Je veux mourir s'il y a dans ces têtes-là le premier mot de la métaphysique de leur art » (Diderot).

– *Hist.* **4.** *Chez Kant :* ensemble des connaissances obtenues par la faculté de connaître *a priori* : « La *métaphysique*, connaissance spéculative de la raison totalement isolée qui s'élève tout à fait au-dessus de l'enseignement de l'expérience et cela par de purs concepts... » (*R. pure*, préf. 2ᵉ éd.). – **5.** *Chez Condillac, d'Alembert et les Idéologues*[1] : théorie de l'origine des idées[4] : « La métaphysique a pour but d'examiner la genèse de nos idées » (D'Alembert). – **6.** *Chez Bergson :* connaissance intuitive de l'absolu (*opp.* à la pensée discursive qui « tourne autour » de l'objet) et, de façon privilégiée, de l'esprit : « La métaphysique est la science qui prétend se passer de symboles » (*P. M.*, VI, 1903) ; « Nous assignons à la métaphysique un objet limité, principalement l'esprit » (*ib.*, II, 1934). – **7.** *Chez les existentialistes :* recherche où le problème « empiète » (Wahl) sur celui même qui le pose : « Aucune question métaphysique ne peut être po-

sée sans que le questionneur, comme tel, ne soit lui-même pris dans cette question » (Heidegger). Cf. *Problème**.

Métaphysique (adj.). – **8.** Qui relève de la métaphysique (surtout au sens 1) : « Il faut en venir d'une nécessité physique[1] ou hypothétique à qqc. qui soit une nécessité absolue ou métaphysique » (Leibniz). – **9.** Qui est d'ordre intelligible, et non sensible : « La vérité des choses métaphysiques, lesquelles ne dépendent point des sens » (Descartes, *2ᵉˢ Rép.*) ; « Tâchez de vous accoutumer aux idées métaphysiques et de vous élever au-dessus de vos sens » (Malebranche, *Entr.*, I, 10). *D'où :* purement théorique (v. *Hyperbolique**), *ou :* très abstrait : « Je ne sais si je dois vous entretenir des méditations que j'y ai faites ; car elles sont si métaphysiques et peu communes... » (Descartes, *Méth.*, IV). *D'où* qqfs. *péj. :* « La question [du pur amour] devint si subtile et si métaphysique... » (Fontenelle).

– *Hist.* **10.** *Chez Comte :* « état métaphysique », celui dans lequel l'homme s'efforce d'expliquer la nature intime des choses par des entités[3] et où domine la tendance à argumenter au lieu d'observer. – **11.** *Chez les existentialistes :* qui relève de la métaphysique au sens 7 : « Il semble que l'inquiétude métaphysique puisse s'interpréter comme un certain refus d'ab-

Métapsychique. – *Épist.* Étude des phénomènes parapsychiques*.

Métempirique. – *Crit.* Qui, sans être ppt. métaphysique[8], est cependant au-delà de l'expérience sensible.

Métempsycose. – *Hist.* Doctrine (*vg.* chez Pythagore) de la transmigration* des âmes : « L'âme ne change de corps que peu à peu... et il y a souvent métamorphose dans les animaux, mais jamais métempsycose ni transmigration des âmes » (Leibniz, *Mon.*, 72).

Méthode. – *Épist.* ○ **1.** « Art de bien disposer une suite de plusieurs pensées ou pour découvrir la vérité quand nous l'ignorons ou pour la prouver aux autres quand nous la connaissons déjà » (Port-Royal). – ● **2.** Procédé spécial : « La méthode des variations* concomitantes ».

Méthodologie. – Étude des méthodes propres aux différentes sciences. ☞ Dist. *épistémologie** qui, même au sens 1, est plus général.

Métrologie. – *Techn.* Science et technique de la mesure*.

Micro... – Préfixe souvent usité dans l'*Épist.* contemporaine pour désigner les phénomènes à très petite échelle : *vg. Phys.*, « échelle microscopique », au-dessous de 0μ 6 ; « microphysique », étude des phénomènes (atomiques et nucléaires) à l'échelle microscopique ; – *Biol.*, « micro-évolution », celle qui correspond à la diversification des espèces (*opp.* : « méga-évolution », formation des groupes supérieurs) ; – *Éc. pol., Soc.*, « microéconomie », « microsociologie », étude des phénomènes économiques ou sociaux à l'échelle individuelle.

Milieu. – *Biol., Psycho., Soc.* **1.** Ensemble des êtres et des phénomènes avec lesquels un être vivant se trouve en rapport.
– *Log.* **2.** *Principe du milieu* (syn. : *du tiers*) *exclu* : de deux propositions contradictoires[1], si l'une est vraie, l'autre est nécessairement fausse et réciproquement, et il n'y a pas de troisième solution possible (cf. *Alternative*[3]).

Mimique [G. *mimeisthai*, imiter]. – *Psycho.* Ensemble des gestes, jeux de physionomie, etc., qui imitent les réactions spontanées et par lesquels s'expriment plus ou moins volontairement les faits de conscience : « La mimique vocale suffit, par de simples inflexions de voix, pour changer le sens d'une phrase » (Dumas).

Mineur. – *Log. form.* dans un syllogisme : **1.** Petit* terme. – **2.** *(Au fém.). Mineure*, prémisse* qui contient le mineur[1].

Minimum sensible. – Voir *Seuil**.

Miracle. – *Théol.* **1.** « Quelque chose de difficile et d'insolite, surpassant la puissance de la nature

Misonéisme. – *Psycho.* Éloignement pour tout ce qui est nouveau : « Le misonéisme des sociétés primitives est une conséquence immédiate de leur conformisme » (L. Lévy-Bruhl).

Mnémonique. – *Psycho.* Qui concerne la mémoire : « Les fonctions mnémoniques. »

Mnémotechnie. – *Psycho.* Procédés artificiels destinés à faciliter le rappel des souvenirs.

Mobiles. – *Psycho.* **1.** *Lato.* Tout ce qui pousse à l'action (y compris les motifs*) : idées, sentiments ou tendances. – **2.** *Str.* Éléments actifs[2] et affectifs* (tendances, sentiments, désirs) qui poussent à l'action.

Mobilité sociale. – *Soc.* Aptitude d'une société au changement, soit dans la hiérarchie* des individus ou des groupes qui la composent (mobilité *verticale*), soit dans les rapports des éléments de même niveau (mob. *horizontale*).

Modal. – *Épist.* **1.** Qui concerne les modes. *Chez Descartes* (Princ., I, 61) : « distinction modale », celle qui se fait soit entre un mode et la substance qu'il diversifie, soit entre deux modes d'une même substance (*opp.* à la première (saint Thomas, *S. th.*, I, 105, 7). – *Vulg.* **2.** Fait extraordinaire ou qui paraît contraire aux lois de la nature : « L'attraction et la direction de l'aimant sont des miracles continuels » (Voltaire).

distinction *réelle* et celle qui se fait seulement *par la pensée*). – **2.** *Propositions modales :* celles où « l'affirmation ou la négation est modifiée par l'un de ces quatre modes : possible, contingent, impossible, nécessaire » (Port-Royal).

Modalité. – *Crit.* Propriété qui affecte la valeur de l'assertion* dans un jugement. *Chez les classiques :* voir *Modal*[2]. *Chez Kant :* ce qui fait que le jugement est assertorique*, problématique* ou apodictique* (v. ces mots). *Chez Husserl :* « modalités doxiques », celles qui affectent les divers modes de croyance par rapport à la « croyance-mère » ou fondamentale : *vg.* certitude, supputation, conjecture, doute, vraisemblance, probabilité, etc.

Mode (masc.). – *Méta.* **1.** (Syn. : *modification*). Toute détermination[1] d'un sujet[3] ; manière d'être : « Lorsque je dis ici façon ou mode, je n'entends rien que ce que je nomme ailleurs attribut ou qualité. Mais, lorsque je considère que la substance en est autrement disposée ou diversifiée, je me sers du nom de mode ou façon » (Descartes, *Princ.*, I, 56). – **2.** *Chez Spinoza :* « les affections de la substance ; autrement dit, ce qui est en une autre chose par le moyen de laquelle il est aussi conçu » (*Eth.*, I, déf. 5) ; en ce sens, mode s'*opp.* à attribut[3] qui est une propriété essentielle : *vg.* les *modes* de l'étendue sont les corps[1].

– *Log. form.* **3.** Forme que prend un syllogisme selon la quantité[2] et la qualité[3] de ses propositions. ☞ *Dist.* figure[5].

Mode (fém.). – *Soc.* **4.** *Str.* Ensemble d'usages qui règnent dans une société donnée : « Cette mode des Éthiopiens était fort bizarre et incommode ; mais c'était la mode : on la suivait avec joie » (Malebranche, *R. V.*, II, 3, 2) ; « Le goût, qui est personnel, est bien différent de la mode, qui est fait social » (Goblot). – **5.** *Lato. Chez Tarde :* imitation[1] des contemporains (opp. *coutume*[1] ou imitation du passé).

Mœurs. – *Soc.* et *Mor.* **1.** Ensemble des pratiques, sentiments et jugements relatifs au bien[2] et au mal[3] et à la conduite en gén. : « Pour les mœurs, il est besoin qqfs. de suivre des opinions qu'on sait être fort incertaines » (Descartes, *Méth.*, IV) ; « Il y a cette différence entre les lois[1] et les mœurs que les lois règlent plus les actions du citoyen et les mœurs les actions de l'homme » (Montesquieu, *Lois*, XIX, 16) ; « La raison pure donne à l'homme une loi[4] universelle que nous appelons la loi des mœurs [*Sittengesetz*] » (Kant, *R. pr.*, I, 1, 1, § 7). *Science* (ou *Physique*) *des mœurs :* étude sociologique et positive des mœurs (L. Lévy-Bruhl, Durkheim).

– *Biol.* **2.** Comportement général : « Les mœurs des abeilles ».

Moi. – Le sujet*, considéré : **1.** *Psycho.* (moi empirique) comme identique à la conscience[1] ; – **2.** *Méta.* (moi substantiel) comme âme[2] distincte de la conscience empirique ; – **3.** *Crit.* (moi sujet[4]) comme pensée s'opposant à l'objet[5] ou non-moi : « Le *moi* ne peut se connaître que dans un rapport immédiat à quelque impression qui le modifie » (Biran) ; – **4.** comme détermination[1] du *Je** (v. ce mot) : « L'acte essentiel de conscience consiste pour le *je* à distinguer et opposer en lui-même deux *moi* [le *moi* universel (cf. *Valeur**) et le *moi* particulier ou empirique] » (Le Senne, *Bull.*, 1932, p. 8).

– *Hist.* **5.** *Chez Kant :* « moi nouménal », le moi en tant qu'« il a conscience de lui-même comme chose en[3] soi » (*R. pr.*, I, 3, *ad fin.*). – **6.** *Chez Fichte :* « Moi absolu », acte constitutif du sujet[4] qui, en se posant lui-même, pose à la fois le moi et le non-moi. – Cf. *Ego**.

Molaire. – *Biol.* Qui est le résultat d'une action d'ensemble (opp. *moléculaire* : qui concerne les actions de détail des éléments de la cellule). *Ext.* qui concerne l'ensemble (en qq. domaine que ce soit) : *vg.* certains psychologues opposent le point de vue *molaire* de la forme[4] ou du comportement* total à l'atomisme[3] psychologique et à la psycho. des éléments.

Monade [G. *monas*, unité]. – *Hist.* **1.** *Chez Platon :* terme d'origine pythagoricienne, appliqué aux Idées[1] : « On discute la question de savoir s'il faut admettre de telles monades véritablement existantes ; puis comment chacune, tout en restant une et toujours la même, sans génération ni dépérissement, peut être avec une parfaite constance la même unité » (*Philèbe*, 15 b). – **2.** *Chez Leibniz :* substance[1] simple, inétendue, indivisible, active, douée de perception[3] et d'appétition* et qui constitue l'élément dernier des choses : « Les monades n'ont point de fenêtres par lesquelles qqc. y puisse entrer ou sortir » (*Mon.*, 7). Cf. *Atome*[4] et *Entéléchie*[2]. ☞ Le terme a été repris en un sens voisin par Renouvier dans sa *Nouvelle Monadologie*, – par Husserl, etc.

Monadisme. – *Hist.* △ Doctrine de Leibniz sur les monades[2].

Mondain. – *Méta.* Qui concerne le monde extérieur[2]. ☞ On dit aussi : *intramondain* (opp. *extramondain**).

Monisme [G. *monos*, seul]. – △ *Méta.* Nom générique des doctrines qui n'admettent qu'un seul principe là où d'autres en admettent deux ou plusieurs. Notamment : **1.** (Opp. : *dualisme*[2]). Système philosophique qui ramène tout ce qui existe, soit à la matière[4] (monisme matérialiste) soit à l'esprit[5] (mon. spiritualiste) soit à l'idée[1] (mon. idéaliste). – **2.** (Opp. : *pluralisme**). Doctrine qui considère la multiplicité du devenir comme superficielle et admet l'unité et l'intelligibilité de l'être : *vg.* la doctrine de Bradley (cf. W. James, *Philo. de l'Expérience*, leçon II).

– *Spéc.* **3.** Système de Hegel (parce que la thèse[2] et l'antithèse[2] s'y dépassent dans une synthèse[2] supérieure). – **4.** Système de Hæckel (forme de monisme[1] et de panthéisme* qui pose l'unité de l'esprit[1] et de la matière[1] et l'identité de Dieu et du monde).

– **5.** Doctrine qui, *dans un domaine particulier*, vg. Mor., n'admet qu'un seul principe : « Les morales[1] classiques relèvent toutes d'une sorte de monisme moral » (Parodi).

Monogénisme. – *Biol.* △ Doctrine selon laquelle : 1. toutes les races humaines se rattachent à une espèce unique ; 2. tous les êtres humains descendent d'un couple originel unique : « La question du monogénisme est moins simple qu'on ne l'a cru » (Le Roy).

Monolithique. – *Soc. pol.* Se dit de la structure des États ou des partis totalitaires (v. *Totalitarisme**) parce que ces États ou ces partis forment « un seul bloc » et excluent les groupes intermédiaires.

Monothéisme. – *Méta.* △ Système religieux ou doctrine philosophique qui affirme l'existence d'un Dieu unique distinct du monde.

Moral. – *Mor.* **1.** Qui concerne les mœurs[1] : « La conscience[3] morale » ; « L'obligation morale » ; « L'essentiel dans la valeur morale *[sittlich]* des actions, c'est que la loi morale *[moralisch]* détermine immédiatement la volonté » (Kant, *R. pr.*, I, 1, 3) ; « Ces deux caractéristiques de la vie morale [l'obligation[1] et la désirabilité] se retrouvent partout où il y a fait moral » (Durkheim). – **2.** Qui concerne la Morale[2] : « Les doctrines morales des philosophes » ; « Toutes les théories morales constatent que l'individu ne peut vivre uniquement pour lui-même » (Guyau). – **3.** (Ctr. : *immoral*). *Laud.* Conforme aux règles morales[1] : « Il n'est rien de si facile que de se donner l'air très moral » (Staël).

– *Psycho.* et *Épist.* **4.** (Opp. : *physique*[4]). Qui concerne l'esprit[4], la pensée[1] : « Nos maux moraux sont tous dans l'opinion » (Rousseau) ; « Le droit est un pouvoir moral [= idéal[1], spirituel] » (Leibniz) ; « La société est une personne morale » (Durkheim). *Le moral :* ensemble des facultés psychiques, et *spéc.* de celles qui permettent de faire face aux épreuves : « Si le physique va trop bien, le moral se corrompt » (Rousseau) ; « Remonter le moral à qqn. » *Sciences morales :* celles qui étudient « le moral » de l'homme : psychologie, histoire, sociologie, morale[2]. – **5.** (Opp. : *logique*[7], *théorique*). D'ordre sentimental ou pratique : « Je distinguerai ici deux sortes de certitude : la première est appelée morale, *i. e.* suffisante pour régler nos mœurs ou aussi grande que celle des choses dont nous n'avons point coutume de douter touchant la conduite de la vie » (Descartes, *Princ.*, IV, 205).

Morale. – *Soc., Psycho.* ▲ **1.** (Syn. : *moralité*[1], *mœurs*[1]). Ensemble des mœurs[1] et jugements moraux[1] d'un individu ou d'une société : « Bien qu'il y ait une morale du groupe, chaque homme a sa morale à soi » (Durkheim) ; « Une morale relâchée » ; « La morale chinoise ».

– *Mor.* △ **2.** (Syn. : *éthique**). Théorie, *gén.* conçue sous forme normative*, de l'action humaine en tant qu'elle est soumise au devoir[6] et a pour but le bien[2] : « La Morale est la science des fins, la science de ce que la raison veut invinciblement, la science de l'ordre idéal de la vie » (Rauh). – **3.** Un système particulier de Morale[2] : « La morale utilitaire » ; « La morale de Kant » ; « A elles deux, la morale hellénique et la morale chrétienne paraissent embrasser tout l'idéal humain : l'une est la morale de l'intelligence, l'autre est la morale de la volonté » (Boutroux).

Moralisme. – *Mor.* (Gén. *péj.*) Attitude morale : *a)* qui substitue « l'honnêteté de surface » à la vertu authentique : « La corruption de la morale, c'est le moralisme » (Guitton), – ou :

b) qui sacrifie à la valeur morale toutes les autres valeurs : « Le moralisme consiste à traiter la valeur morale comme si elle devait se confondre avec la valeur absolue » (Le Senne).

Moralité. - *Soc.* et *Mor.* **1.** ● (Syn. : *mœurs*[1] ou *morale*[1]). Croyances et pratiques morales[1] effectives d'une société : « La science des mœurs a pour objet la moralité positive. »

- *Mor.* **2.** ● Vie morale personnelle d'un individu : « La moralité n'est pas autre chose que la volonté rationnelle » (Hamelin) ; « La moralité déborde la morale[2]... [qui] s'y oppose comme la rigueur à la souplesse » (Le Senne). - **3.** ○ Valeur morale ; caractère de ce qui est moral[3] : « Nos actions tirent leur moralité du rapport qu'elles ont avec l'Ordre[11] immuable » (Malebranche, *Entr.*, XIV, 7). *Chez Kant :* opp. *légalité*[2] (v. ce mot).

Morphème. - *Ling.* Élément formatif d'un mot, tel qu'affixe, suffixe, désinence, etc.

Morphologie [G. *morphê*, forme, et *logos*, étude]. - *Épist.* Science des formes, not. : *a)* en *Ling.*, partie de la grammaire qui étudie les morphèmes* et leurs rapports (opp. : *syntaxe**) ; - *b)* en *Biol.*, description et classification des espèces[3] végétales et animales (botanique, zoologie) et étude de leurs transformations (morphologie dynamique) ; - *c)* en *Soc.*, étude des différents types de sociétés classées d'après leur volume* et leur densité*.

Moteur. - *Hist.* (nom). **1.** *Chez Aristote :* « premier moteur », Dieu en tant qu'acte[2] pur et cause de tout mouvement[2].

- *Ps. phol.* (adj.). **2.** Qui se rapporte au mouvement[1] « Sensations motrices » (syn. : *kinesthésiques*) ; « Nerfs moteurs » ; - *ou :* qui tend au mouvement[1] : « La reviviscence possible d'une représentation est en raison directe des *éléments moteurs* qu'elle contient » (Ribot).

Motif. - *Psycho.* Mobile[1] d'ordre intellectuel : « Le conflit des mobiles[2] et des motifs ».

Motilité, Motricité. - *Ps. phol.* Faculté de se mouvoir soi-même.

Mouvement. - *Str. Phys.* **1.** Changement de position dans l'espace en fonction du temps : « Le mouvement, pris selon l'usage commun, n'est autre chose que l'action par laquelle un corps passe d'un lieu en un autre » (Descartes, *Princ.*, II, 24). *Chez les cartésiens :* « quantité de mouvement », produit *mv* de la masse par la vitesse : « Ils ont cru que ce qui peut se dire de la force[5] [*i. e.* qu'elle est constante] pourrait aussi se dire de la quantité de mouvement » (Leibniz, *Disc. méta.*, 17).

- *Lato. Méta.* **2.** Changement en général. Spéc., *chez Aristote :* « entéléchie[1] de l'être en puissance[2] », *i. e.* la réalité en devenir[1], comprenant : *a)* le mouvement spatial ; *b)* le changement qualitatif ou altération : *c)* le changement quantitatif [accroissement ou décroissance] ; *d)* la génération et la corruption. – *Psycho.* **3.** Impulsion spirituelle : « Les mouvements de la grâce » (Pascal, 507) ; « On ne saurait rien demander à Dieu qu'il n'en donne le mouvement » (Bossuet) ; « L'esprit a du mouvement pour aller plus loin [que l'impression particulière] » (Malebranche, *R. V.*, I, 1, 2) ; « Un mouvement de pitié ». – *Soc.* **4.** Changement dans l'ordre social : « Le parti du mouvement » ; « Le mouvement des idées ».

Moyen. – *Vulg.* (nom). **1.** Ce qui sert à réaliser une fin[2] : « Le passé et le présent sont nos moyens ; le seul avenir est notre fin » (Pascal, 172). – *Log. form.* (adj.). **2.** *Moyen terme* : dans un syllogisme, terme qui sert à établir le rapport entre le petit* et le grand* terme. *Ext.*, tout intermédiaire entre deux concepts.

Mutation. – *Biol.* (Opp. : *fluctuation**). Transformation brusque d'un type morphologique, ayant son origine dans les conditions internes de l'organisme.

Mystère [G. *muein*, garder le silence]. – *Hist.* **1.** Dans l'Antiquité : culte ésotérique : « Les mystères d'Éleusis ». – *Théol.* **2.** Dans la religion chrétienne : vérité révélée d'ordre transrationnel* et que nous ne pouvons comprendre : « Le mystère de la Trinité ». – *Méta.* **3.** *Plus gén.*, difficulté que nous ne pouvons résoudre : « Toutes choses couvrent quelque mystère » (Pascal) ; « Je suis un être non transparent pour lui-même, *i.e.* à qui son être même apparaît comme un mystère » (G. Marcel). Cf. *Problème**.

Mysticisme. – *Psycho.* ▲ **1.** État psychique où le sujet a le sentiment d'entrer en rapport direct avec Dieu : « S'il y a un mysticisme faux et périlleux, il y a un mysticisme vrai et salutaire. Ce dernier part de ce principe que nous ne pouvons pas développer en dehors de Dieu l'être que nous tenons de Dieu » (Wehrlé).

– *Hist.* △ **2.** Doctrine fondée sur le sentiment et l'imagination plus que sur la raison et l'expérience sensible (qqfs. *péj.*, et avec l'idée qu'elle repose sur des notions confuses) : « Le mysticisme consiste à prétendre connaître autrement que par l'intelligence » (Goblot).

Mystique. – *Psycho.* **1.** Qui concerne ou pratique le mysticisme[1] : « Les états mystiques » ; « Le mystique est celui qui croit appréhender immédiatement le divin » (Delacroix). Qqfs. *péj.* : « On vient avec nos mystiques [les quiétistes*] à faire un dogme de l'indifférence du salut » (Bossuet). Nom fém. : *(la) mystique*, étude de la spiritualité mystique : « La théologie, dont la mystique est une branche... » (Bossuet).

— *Crit.* **2.** Qui concerne le mysticisme[2], ésotérique, caché : « Des notions mystiques » ; « Il y a deux sens parfaits [de l'Écriture], le littéral et le mystique » (Pascal). Qqfs. *péj.* : « C'est un mystique (= un rêveur, un utopiste) ». Nom fém. : *(une)* mystique, attachement passionnel à une idéologie[4] : « La mystique de la révolution » ; « Une mystique de l'humanité » (Ruyssen).

— *Soc.* **3.** *Chez L. Lévy-Bruhl :* « pensée mystique », type de pensée répandu surtout dans les sociétés primitives[2] et fondé sur la « croyance à des forces, des influences, des actions imperceptibles aux sens et cependant réelles ». Cf. *Participation*[2].

Mythe [G. *muthos*, récit ou parole]. — *Soc.* **1.** « Récit fabuleux d'origine populaire » (Lalande) : « Les mythes cosmogoniques » ; « Le mythe est vécu, avant d'être formulé, fixé dans une mythologie et revivifié par un rituel » (Leenhardt).

— *Hist.* **2.** Exposé d'une doctrine sous forme de récit allégorique : « Les mythes platoniciens ».

— *Vulg.* **3.** Représentation idéale de l'avenir. *Chez G. Sorel*, opp. à l'*utopie* qui est une construction intellectuelle, tandis que le mythe (*vg.* de la grève générale, de la révolution) exprime l'instinct profond d'une classe infériorisée.

Mythomanie. — *Ps. path.* Tendance pathologique (not. dans l'hystérie, l'infantilisme, etc.) à la fabulation* et à la simulation.

N

Nappe. — *Biol.* « Unité de masse évolutive » (Teilhard de Chardin).

Narcissisme. — *Ps. an.* État mental dans lequel la *libido*[2] est dirigée uniquement vers le moi.

Narcoanalyse. — *Ps. phol.* Mode d'exploration de l'inconscient (pour des fins, soit psychiatriques, soit policières) à l'aide de narcotiques abolissant le contrôle personnel.

Natalité. — *Soc.* Rapport du nombre des naissances au chiffre de la population pendant une période donnée.

Nation — *Soc.* **1.** Groupe social déterminé à la fois par certaines conditions naturelles et objectives (unité de langue ; indépendance économique ; unité de gouvernement, etc.) et par des conditions spirituelles et subjectives (communauté de souvenirs, volonté d'une fin politique distincte, etc.) : « La nation moderne est un résultat historique amené par une série de faits convergeant dans le même sens » (Renan). — **2.** (Dist. : *gouvernement*, *État*[2]). Ensemble des citoyens en tant que constituant une unité morale : « Le principe de toute souveraineté réside dans la nation» (Décl. 1789).

Nationalisme. — *Soc.* et *Mor.* **1.** ▲ Exaltation du sentiment national,, «amour immodéré de la nation» (pape Pie XI). — **2.** △ Doctrine politique qui fait de la nation¹ un absolu. ☞ Dist. *patriotisme* (cf. Ph. II, p. 374 et 384).

Nationalité. — *Soc.* et *Pol.* ○ **1.** Caractère que possèdent les membres d'une nation¹. — ● **2.** Syn. de *nation*¹, avec cette différence que la nationalité peut exister à l'état diffus* avant que la nation soit organisée politiquement (État¹) ou après qu'elle a cessé de l'être. *Principe des nationalités*: celui d'après lequel chaque nation doit être considérée comme une personne morale autonome et a le droit d'exister et de se développer selon son génie propre.

Nativisme. — Voir *Génétique*¹.

Naturalisme. — △ *Méta.* **1.** Doctrine qui nie l'existence du surnaturel*. — *Mor.* **2.** Doctrine selon laquelle la vie psychique n'est que le prolongement de la vie organique. — *Esth.* **3.** Syn. de *réalisme*².

Naturante (Nature). — *Hist.* Expression scolastique reprise par Spinoza chez qui elle désigne le monde en tant que substance infinie, *i. e.* Dieu (opp. *nature naturée*, considérée dans la diversité de ses modes² finis).

Nature. — *Méta.* **A)** *Nature d'un être:* **1.** Ce qu'un être est par lui-même; essence* de cet être (cf. *Forme*¹ᵇ): «La nature de l'amour-propre est de n'aimer que soi» (Pascal, 100); «Notre esprit est de nature à vivre toujours» (Bossuet). *Spéc., Théol.* (Opp.: *grâce*¹). Ce que l'homme ou le monde sont de par leur essence propre, sans intervention surnaturelle* de Dieu: «La nature est une image de la grâce» (Pascal, 675). *Dist.* ici: *a)* la nature avant le péché; *b)* la nature corrompue, après le péché: «Il leur reste [aux hommes] quelque instinct⁴ impuissant du bonheur de leur première nature*ᵃ*, et ils sont plongés dans les misères de leur concupiscence, qui est devenue leur seconde nature*ᵇ*» (id., 430). — **2.** *Chez Descartes:* «natures simples», essences* dont nous avons des idées claires et distinctes et auxquelles se ramènent tous les êtres.

— **B)** *La nature:* **3.** Ensemble de tout ce qui existe, considéré comme un tout soumis à des lois: «La *nature* des philosophes païens est une chimère; ... à ppt. parler, ce qu'on appelle nature n'est rien autre chose que les lois générales que Dieu a établies pour construire ou conserver son ouvrage» (Malebranche, *Tr. de la Nature et de la Grâce*). ☞ Qqfs. personnifiée: «Ceux qui parlent de médecine font souvent de la nature une espèce d'être moral⁴ qui a des volontés» (Condorcet); «La nature a dû hésiter entre deux modes d'activité psychique [l'instinct[2] et l'intelligence[3]] » (Bergson, *E. C.*, II) ; « La nature a probablement voulu que la femme concentrât sur l'enfant le meilleur de sa sensibilité » (id., *Deux Sources*, I) ; « La nature se préoccupe de la société plutôt que de l'individu » (*ibid.*, II).

Nature (État de). – *Pol.* (Opp. : *civil*[1]). État de l'humanité antérieur à la vie sociale. ☞ Rousseau *(Inégalité)* le présente comme une simple fiction : il n'a « peut-être point existé » et « probablement n'existera jamais ».

Naturel. – **1.** Qui se rapporte ou qui est conforme à la nature* (dans tous les sens de ce mot). *Sciences naturelles* : les sciences biologiques (dist. *sciences de la nature* qui comprennent en outre la physique, la chimie, la géologie, etc.). – **2.** (Opp. : *positif*[6]). Qui relève uniquement de la nature[1] : « Droit naturel », cf. *Droit*[2] ; « Religion naturelle », celle qui relèverait uniquement de la raison[5] et serait indépendante de toute révélation (cf. *Déisme**).

– **3.** *Math. Nombre naturel :* le nombre entier.

Naturisme. – *Soc.* △ **1.** Théorie selon laquelle la religion a pour origine la divinisation des forces naturelles. – ▲ **2.** Culte de ces forces.

– *Méd.* **3.** Système d'hygiène préconisant une vie plus proche de la nature.

Néant. – *Méta.* **1.** Le non-être ; ce qui n'est pas : « Je suis comme un milieu entre Dieu et le néant, *i. e.* placé entre le souverain être et le non-être » (Descartes, *Méd.*, IV ; cf. *Défaut**) ; « L'idée du néant absolu est une pseudo-idée » (Bergson, *E. C.*, IV) ; « Le néant ne peut être donné : il n'est pour nous que la pensée de l'être raturé » (Lavelle). – **2.** Ce qui est de valeur nulle : « L'âme commence à considérer comme un néant[2] ce qui doit retourner dans le néant[1] » (Pascal) ; « L'homme n'est qu'un pur néant par lui-même » (Malebranche).

– **3.** *Chez les existentialistes :* limitation de l'être, origine de la négation : « Le Néant n'est pas l'opposé indéterminé à l'égard de l'existant, il se dévoile comme composant l'être de cet existant » (Heidegger) ; « Le néant est donné au sein même de l'être, en son cœur, comme un ver » (Sartre).

Néantisation. – *Méta. Chez Sartre :* acte par lequel la conscience se libère de l'*en-soi*[5] en le pensant : « Le pour-soi surgit comme néantisation de l'en-soi. »

Nécessaire (Ctr. : *contingent*). – *Épist.* et *Méta.* Qui ne peut ni être autrement, ni ne pas être. *Dist.* : **1.** Ce qui est *logiquement* nécessaire (cf. *Apodictique**), ce que nous ne pouvons pas concevoir autrement (nécessité *rationnelle* ou *de droit*) : cette nécessité peut être elle-même : *a) absolue* et *inconditionnelle* (cf. *Catégorique**) : « Vérités nécessaires », propositions dont les contradictoires[1] impliqueraient contradiction ou seraient connues comme fausses a priori* ; « L'Être nécessaire », Dieu, parce que sa non-existence serait contradictoire : « Je sens que je puis n'avoir point été, ... donc je ne suis pas un être nécessaire » (Pascal, 469) ; – *b) relative* et *conditionnelle* (cf. *Hypothétique**) : vg. dans une déduction*, la conclusion est dite « nécessaire », *i. e.* il y aurait contradiction à la nier *si* l'on accepte les principes ; – **2.** ce qui est *physiquement*[1] nécessaire, ce qui s'impose à nous a posteriori* (nécessité *expériencielle* ou *de fait*) : « Les lois de l'équilibre et du mouvement, telles que l'observation les fait connaître, sont de vérité nécessaire » (D'Alembert). – Voir *Physique*[1].

Négatif. – **1.** Qui implique une négation* : « Le *négatif* possède une puissance ; c'est elle que nous avons reconnue en morale en insistant sur l'importance de l'obstacle*, du sacrifice » (Le Senne). – *Math.* **2.** *Nombre négatif :* nombre affecté du signe –.

Négation. – *Log.* (Ctr. : *affirmation*). ● **1.** Acte de nier* ou produit de cet acte : « Deux négations valent une affirmation ». – ○ **2.** Signe de la négation[1].
– *Méta.* **3.** Refus d'existence : « Il faut que la négation soit comme une invention libre, qu'elle nous arrache à ce mur de positivité qui nous enserre » (Sartre).

Négativité. – *Méta. Chez Sartre :* « type particulier de réalité » qui implique une négation, une absence, une altération, un regret, etc.

Négativisme. – *Ps. path.* **1.** *Str.* Hyperactivité des muscles antagonistes qui empêchent le malade d'exécuter les mouvements commandés ou lui font prendre l'attitude opposée. – **2.** *Lato.* Attitude d'opposition volontaire systématique, *not.* dans l'*hébéphrénie**.

Négativité. – *Méta. Chez Hegel :* activité de la négation[1] comme moment dialectique[5].

Néoréalisme. – *Hist.* △ Forme moderne du réalisme[4] (surtout chez les Anglo-Saxons : Russell, Alexander, Holt, etc.), dont l'affirmation essentielle est que l'*objet*[5] de la connaissance n'est pas altéré par sa relation avec le *sujet*[4] connaissant (cf. *Précis*, Ph. I, p. 158).

Neutres (États). – *Psycho.* États qui ne seraient à aucun degré ni agréables ni désagréables.

Névrose. – *Ps. path.* Maladie (telle que : neurasthénie, psychasthénie, hystérie) comportant des troubles des diverses fonctions psychiques, « caractérisés par l'arrêt du développement sans détérioration de la fonction elle-même » (Pierre Janet). ☞ Dist. *démence** (impliquant au ctr.

des détériorations des fonctions anciennes) et *psychose**.

Nier. – *Psycho.* Poser un rapport comme faux, ou dire qu'une existence n'est pas réelle : « L'homme est toujours disposé à nier ce qui lui est incompréhensible » (Pascal).

Nihilisme [L. *nihil*, rien]. – △ Doctrine qui nie : **1.** *Crit.* l'existence de la vérité : « Le nihilisme, dans la théorie de la connaissance, nie toute vérité générale fixe » (Eisler) ; – **2.** *Mor.* la consistance des valeurs : « ... Un nihilisme de la valeur d'après lequel la valeur ne serait qu'un mirage, un *manqué* » (Le Senne) (cf. Ph. II, p. 315) ; – **3.** *Pol.* (syn. : *anarchisme**) la nécessité de l'État ou d'une organisation sociale quelconque (*vg.* chez certains intellectuels russes de la seconde moitié du XIXe s.).

Niveau mental. – Voir *Tension**.

Nocturne. – Qqfs. employé *auj.* comme synonyme d'*inconscient** et d'*irrationnel** : « Le côté nocturne de l'âme humaine ».

Noématique. – *Crit.* Qui concerne le noème : « Le sens noématique. »

Noème, Noèse. – *Crit. Chez Husserl :* le noème [G. *noêma*, objet pensé] est l'objet intentionnel[3] avec son *sens*, son caractère de *réalité*, ses modes d'*apparaître*, etc. : « La perception a son noème, à savoir le *perçu comme tel* », tandis que la noèse [G. *noêsis*, pensée] est l'acte même de la connaissance, tourné vers l'objet : « La réalité psychique concrète sera nommée *noèse* ; et le sens qui vient l'habiter, *noème* » (Sartre).

Noétique. – *Crit.* **1.** *Chez Husserl :* qui concerne la noèse*. Est *noétique* ce qui n'est ni sensible ni empirique, mais est saisi par l'intuition[4] pure.
– *Psych. path.* **2.** *Théories noétiques du langage :* celles qui rattachent l'aphasie à un trouble intellectuel général (opp. : *théories antinoétiques*, qui n'y voient qu'un trouble sensori-moteur).

Nolonté. – *Psycho.* Résistance de la volonté à une impulsion.

Nombre. – Une des notions fondamentales de l'entendement : « L'idée de nombre implique l'intuition simple d'une multiplicité de parties ou d'unités, absolument semblables les unes aux autres » (Bergson, *D. I.*, I.). *Selon Kant*, le nombre est le *schème*[5] de la catégorie de quantité*. – *Loi des grands nombres :* les résultats du calcul de la probabilité[2] mathématique s'accordent avec l'expérience pourvu qu'on opère sur un nombre de cas suffisamment grand.

Nominale (Définition). – *Log.* Celle qui consiste à définir un mot par convention (opp. : définition *réelle*[2]).

Nominalisme. – △ *Méta., Psycho.* **1.** (Opp. : *réalisme*[3] *et conceptualisme*). Théorie selon laquelle l'idée générale « n'est qu'un nom » (Condillac, Taine) et n'a aucune réalité, ni dans l'esprit, ni hors de l'esprit.

– *Épist.* **2.** *Nominalisme scientifique :* conception de la science d'après laquelle celle-ci se réduit à un langage commode et à des règles purement conventionnelles : « Nominaliste de doctrine, mais réaliste de cœur, il [Le Roy] semble n'échapper au nominalisme que par un acte de foi désespéré » (Poincaré).

Nomographie. – *Épist.* Ensemble de méthodes qui consistent à représenter les lois scientifiques par des graphiques ou *abaques*[2].

Non-euclidien. – *Épist.* Qui n'admet pas les postulats de l'espace euclidien* : « Les géométries non-euclidiennes » (Poincaré).

Non-moi. – *Méta.* L'objet[5] ou le monde extérieur[2] en tant que distinct du sujet[4].

Noocentrisme. – *Crit.* △ Doctrine ou attitude gnoséologique* « qui fait graviter l'être autour du connaître » (Blanché).

Noologiques (Sciences). – *Épist. Chez Ampère :* les sciences de l'esprit.

Noosphère. – *Biol.* et *Méta.* « C'est vraiment une nappe* nouvelle, la « nappe pensante » qui, après avoir germé au tertiaire finissant, s'étale depuis lors par-dessus le monde des plantes et des animaux : hors et au-dessus de la Biosphère*, une Noosphère » (Teilhard de Chardin).

Normal. – *Biol., Soc., Psycho.* (Ctr. : *pathologique*[2]). Conforme à un type donné, donc qui se rencontre dans la généralité des cas : « Nous appellerons normaux les faits qui présentent les formes les plus générales, et nous donnerons aux autres le nom de morbides ou de pathologiques[2] » (Durkheim).

Normatif. – *Épist.* (Opp. : *constatif**). Qui concerne ou énonce des normes* : « Un principe normatif ». *Sciences normatives :* nom donné par Wundt à l'Esthétique[2], à la Logique[2] et à l'Éthique[2] ou Morale[2] : « Ce qui caractérise les sciences normatives, ce n'est pas l'idée de fin..., c'est plutôt qu'elles ont à établir des jugements de valeur[2] » (Goblot).

Norme [L. *norma*, règle]. – *Épist.* ● **1.** Type idéal[2] : « Ce que nous sommes n'est pas la norme de ce que nous devons être » (Vinet) ; « L'idéal[3] est un principe fait norme » (Le Senne). – ○ **2.** Formule exprimant l'idéal[3] sous forme de jugement de valeur : « Les normes morales. »

Notion. – *Vulg.* **1.** Connaissance, discernement : « Quelle notion précise peut-on avoir du bien et du mal, du beau et du laid, ... sans une notion préliminaire de l'homme ? » (Diderot) ; « Avoir des notions de mathématiques. »

– *Psycho* et *Épist.* **2.** Idée[3],

concept¹ : « De pures sensations ne sont pas des notions » (Bonnet) ; « En mathématiques, les notions ont cet avantage qu'ayant été une fois déterminées¹, elles ne varient plus » (Condillac).

Nouménal. – *Chez Kant :* qui se rapporte au noumène* : « Moi nouménal » : voir *Moi*⁵ ; « Volonté nouménale » : celle du moi nouménal ; qui émane, non du caractère empirique, mais du caractère intelligible¹.

Noumène [G. *noumenon*, intelligible¹]. – *Crit. Chez Kant* (opp. : *phénomène*²) : réalité intelligible¹, chose en³ soi : « Si j'admets des choses qui soient purs objets de l'entendement et puissent pourtant être données à une intuition sans pouvoir l'être à l'intuition sensible, il faudra nommer ces choses des noumènes » (*R. pure*, Analyt., II, 3). D'où : *a)* au sens *négatif* : « Le concept d'un noumène est donc un pur *concept limitatif* qui a pour but de restreindre les prétentions de la sensibilité » *(ibid)* ; – *b)* au sens *positif* : « Entendons-nous par là l'objet d'une intuition non sensible, ... intellectuelle, que toutefois nous ne possédons pas ? ce serait là le noumène au sens positif » *(ibid,* 2ᵉ éd.).

Nucléaire. – *Phys.* Qui concerne le noyau de l'atome².

Numineux [L. *numen*, divinité]. – *Méta. Chez R. Otto :* élément « ineffable » du sacré consistant dans le sentiment d'une réalité qui nous dépasse et d'un « mystère redoutable » (*mysterium tremendum*).

O

O. – *Log. form.* Désigne les propositions particulières* négatives : *vg.* « Certains hommes ne sont pas instruits. »

Objectal. – *Ps. an.* Voir *Libido*². – Qui appartient à l'objet⁵ en tant que posé devant le moi. – ☞ *Dist.* objectif², qui implique le caractère *scientifique* de l'objet étudié.

Objectif. – *Crit.* et *Méta.* **1.** *Autref.,* not. *chez Descartes :* qui existe dans l'esprit en tant que représenté (voir Objet⁴, et cf. *Eminent** et *Idée*⁶) : « Une chose est objectivement ou par représentation dans l'entendement par son idée⁴ » (*Méd.*, III) ; « Afin qu'une idée contienne une telle réalité objective, elle doit avoir cela de qq. cause dans laquelle il se rencontre pour le moins autant de réalité formelle¹ que cette idée contient de réalité objective » *(ibid.).* Ce sens a été repris par Renouvier : « J'appellerai *objectif* ce qui s'offre comme objet, *i. e.* qui vient représentativement dans la connaissance » (*Traité de Log. gén.*, III). – **2.** *Auj.* (depuis Kant, – opp. : *subjectif*¹). Qui existe hors de l'esprit et indépendamment de la connaissance qu'en a le sujet⁴ pensant (voir *Objet*⁵) : « L'espace n'est pas qqc. d'objectif ou de réel, mais de subjectif¹ et d'idéal¹ » (Kant). D'où : extérieur à la conscience : « La pesanteur est une réalité objective » ☞ Bien *dist.* ces 2 sens dont la confusion entraînerait de graves erreurs et voir *Objectal**.

— *Épist.* **3.** (Ctr. : *subjectif*²). *Laud.* Fondé sur une observation impartiale, indépendante des préférences individuelles de l'auteur : « L'objectif, c'est ce qui est impersonnel » (Hamelin) ; « Un compte rendu très objectif ». — **4.** Fondé sur l'étude de phénomènes objectifs² : « La méthode objective en psychologie. »

— *Méta.* **5.** *Chez Hegel :* « Esprit objectif », voir *Esprit*⁵.

Objectivation. — *Psycho.* **1.** Processus par lequel une sensation, supposée d'abord purement subjective (*vg.* chez Taine), se trouverait projetée au-dehors et extériorisée dans l'objet⁵.

— *Épist.* **2.** Processus par lequel la connaissance s'approche sans cesse de l'objectivité¹ : « Le critère cherché s'appliquera moins à une qualité statique qu'à une *vection*, non tant à l'objectivité qu'à l'objectivation » (Blanché).

Objectivisme. — *Épist.* ▲ Tendance à privilégier, dans la connaissance, le point de vue de l'objet en négligeant l'apport du sujet.

Objectivité. — *Épist.* Qualité qui consiste à être objectif³, soit : **1.** en parlant de la connaissance : « L'objectivité qui se définit, en opp. avec l'empiricité, toujours sujette à caution, est la probité de l'objet » (Le Senne) ; « Le meilleur indice de l'objectivité d'une connaissance réside, pour le savant, dans la convergence des résultats obtenus par des méthodes différentes » (Blanché) ; — **2.** en parlant du sujet⁴ connaissant : « L'objectivité de l'historien ».

Objet [L. *ob-jectum*, ce qui est placé devant]. — *Vulg.* **1.** Ce qui s'offre à la vue, chose perçue : « Quel objet pour les yeux d'une amante ! » (Racine) ; « Les images des objets se forment au fond de l'œil » (Descartes). — **2.** Cause d'un sentiment : « Objet de crainte ». *Spéc.*, au XVIIᵉ s., l'être aimé : « Ce cher objet à qui j'ai pu déplaire » (Corneille). — **3.** Matière¹ ou but : « L'objet d'une science » ; « Ame qui étais née pour un objet immortel » (Bossuet) ; « La passion a toujours un objet » (Bonnet) ; « L'objet du mariage est d'avoir des enfants » (Buffon).

— *Crit.* et *Méta.* [Ce qui est placé devant l'esprit ; d'où :] **4.** *Autref.* (cf. *Objectif*¹), ce qui est pensé, représenté dans l'esprit : « J'appelle *objet* ce qui dans la représentation s'offre comme le terme immédiat du connaître : le représenté » (Renouvier). — **5.** *Auj.* (opp. : *Sujet*⁴ ; cf. *Objectif*²), la réalité extérieure qui est pensée : « J'ai souvent remarqué en beaucoup d'exemples qu'il y avait une grande différence entre l'objet et son idée » (Descartes, *Méd.*, III) ; « Sous le titre d'objet, on peut renfermer tout ce que l'être pensant perçoit, comme actuellement distinct du sentiment de son existence individuelle » (Biran) ; « Il y a trois conceptions possibles de l'objet : l'objet est la chose en soi [solution que l'auteur rejette], ou c'est l'accord des idées entre elles, ou c'est la liaison nécessaire par opp. à des liaisons contingentes » (Hamelin).

Obligation. – **1.** *Mor.* ○ Caractère impératif qui constitue la forme[2] de la loi[3] morale : « Le caractère spécifique de l'obligation est de faire, en qq. mesure, violence au désir » (Durkheim). ☞ *Dist.* contrainte ou nécessité : le devoir[6] est obligatoire, mais nous laisse libres. – **2.** ● *Mor.* Prescription qui constitue la matière[3] de la loi[3] morale : « Les obligations des riches envers les pauvres. »

– *Jur.* **3.** ○ et ●. Prestations auxquelles nous sommes tenus de par la loi[1] juridique : « Von Brinz a distingué dans toute obligation deux éléments : le *debitum* (Schuld) et l'*obligatio* au sens étroit (Haftung). Le *debitum* est l'objet propre de l'obligation, ce que doit fournir le débiteur. L'*obligatio* est le lien de droit qui force le débiteur à fournir sa prestation » (H. Lévy-Bruhl) ; « Les obligations contractuelles. »

Obscur. – Ctr. de *clair** (v. ce mot).

Observation. – ○ *Épist.* **1.** *Lato.* Constatation attentive ; investigation : « L'observation est ce qui montre les faits » (Cl. Bernard). – **2.** *Str.* (Opp. : *expérimentation**). Constatation attentive des faits tels qu'ils se présentent naturellement : « Sciences d'observation », sciences de faits qui n'ont pas recours à l'expérimentation (*vg.* astronomie). – ● **3.** Résultat de l'observation[1] : « Dans un sens concret, on a donné le nom d'*observations* aux faits constatés, et c'est dans ce sens que l'on dit : observations médicales, observations astronomiques » (Cl. Bernard).

Obsession. – *Ps. path.* Image ou idée qui s'impose à l'esprit du sujet[5]. Selon Janet, elle se dist. de l'*idée fixe* en ce qu'elle ne passe gén. pas à l'action et en ce que le sujet a conscience de son caractère anormal.

Obstacle. – Ce qui s'oppose à la pensée ou à l'action : « Les obstacles font partie de la science » (Biran) ; « Les obstacles épistémologiques » (Bachelard ; cf. Ph. I, p. 378 ; Sc. et M., p. 58) ; « L'obstacle fêle le *je** [= le dédouble en sujet et objet] » (Le Senne). Cf. *Négatif*[1] et *Situation*[2].

Occasionalisme. – *Hist.* △ Doctrine des causes occasionnelles* (chez Geulincx, Malebranche, etc.)

Occasionnelle (Cause). – *Méta.* Celle

qui n'est que l'occasion à propos de laquelle Dieu, seule cause efficace*, produit l'effet : « Dieu établit leurs modalités [des créatures], causes occasionnelles des effets qu'il produit lui-même ; causes occasionnelles qui déterminent l'efficace de ses volontés, en conséquence des lois générales qu'il s'est prescrites » (Malebranche, *Entr.*, VII, 10).

Occulte. – Caché, mystérieux, dont les causes sont inconnues : « Les forces occultes » (cf. *Qualités*[2]) ; « Sciences occultes », celles qui prétendent connaître les forces occultes (magie, astrologie, spiritisme, etc.)

Œdipe (Complexe d'). – *Ps. an. Chez Freud :* attachement de l'enfant au parent de sexe opposé, refoulé par suite du conflit avec le parent de même sexe qu'il aime et craint à la fois.

Œkoumène [G. *oïkoumènè*, habitée]. – *Épist.* En géographie humaine : la Terre en tant qu'habitée par l'homme : « Ce mot recouvre deux éléments associés : l'idée d'un espace terrestre avec ses limites, l'idée d'une occupation par l'homme » (Sorre).

Olfactif. – *Ps. phol.* Qui se rapporte à l'odorat.

Oligarchie. – *Pol.* Système politique où le pouvoir, exercé par un petit nombre de personnes, est exploité par elles dans leur intérêt.

On [Trad. all. : *man*]. – *Méta. Chez Heidegger :* le Dasein[2] engagé par l'existence-en-commun dans l'ensemble des circonstances extérieures : « Le Soi de la banalité quotidienne, c'est le *On* se constituant dans et par les interprétations qui ont cours publiquement ». Cf. *Authentique*[2].

Onirique [G. *onar*, rêve]. – *Psycho.* **1.** Qui concerne le rêve[1] ou lui ressemble : « Image onirique » ; « Pensée onirique ». – *Ps. path.* **2.** *Délire onirique :* sorte de rêve[1] (*gén.* pénible) que le malade vit tout éveillé avec hallucinations généralisées de tous les sens.

Ontique [G. *ôn, ontos*, étant]. – *Méta. Chez Heidegger :* qui concerne l'existence quotidienne du *Dasein*[2] ; existentiel (opp. : *ontologique**).

Ontogénie. – *Biol.* (Opp. : *phylogénie**). Évolution biologique de l'être individuel.

Ontologie. – *Méta.* Autre nom de la métaphysique[1] comme étudiant « l'être en tant qu'être », *i. e.* indépendamment de ses déterminations particulières : « Les êtres ayant qqs. propriétés générales comme l'existence, la possibilité, la durée, l'examen de ces propriétés forme cette branche de la philosophie qu'on nomme l'*ontologie* ou science de l'être ou métaphysique générale » (D'Alembert).

Ontologique. – *Méta.* Qui concerne l'être général. Spéc., *chez Heidegger* (opp. à *ontique*) : existential*. – *Preuve ontologique :*

argument inventé par saint Anselme et selon lequel l'existence est comprise dans l'idée de Dieu en tant qu'Être parfait[3] « en même façon qu'il est compris en celle d'un triangle que ses trois angles sont égaux à deux droits » (Descartes, *Méth.*, IV).

Opaque. – Non perméable à la pensée. *Spéc., chez Sartre*, « l'opacité de l'être-en-soi » se définit par le principe d'identité qui pose que « l'en-soi est ce qu'il est », donc hétérogène à ce qui n'est pas lui.

Opérationalisme. – △ *Épist.* Forme renouvelée du pragmatisme* selon laquelle les concepts doivent se définir en termes d'opérations physiques. Cf. *Opérationnel**.

Opérationnel, Opératoire. – △ *Épist.* Qui sert à effectuer des opérations logiques : « Un concept opérationnel » ; « Le caractère essentiel de la pensée logique est d'être opératoire, *i. e.* de prolonger l'action en l'intériorisant » (Piaget). Cf. *Schème*[4].

Opinion. – *Psycho.* et *Crit.* **1.** ☐ Assentiment* partiel, croyance, au sens 1 : « Quand le pénitent suit une opinion probable, le confesseur le doit absoudre » (Pascal, *Prov.*, 5). Spéc., *chez Platon* (grec *doxa*) : type de connaissance inférieur à la science et à la pensée discursive et qui comprend la croyance *(pistis)* et la pensée par images *(eikasia)* : « Ce qu'est l'être au devenir, ainsi est la connaissance intellectuelle *(noêsis)* à l'opinion » (*République*, VI).
– *Psycho.* et *Soc.* ○ **2.** Type de pensée sociale qui consiste à prendre position, plus ou moins fermement, sur les problèmes politiques, moraux, philosophiques, religieux : « L'opinion fait des hommes ce qu'elle veut » (Lacombe) ; « Les valeurs sont choses d'opinion » (Durkheim) ; « Il existe deux formes de l'opinion, l'opinion publique et l'opinion privée. La première est d'ordre sociologique ; ... la seconde, d'ordre psychologique », toutefois même celle-ci « répond à une question sociale, est elle-même une réponse sociale » (Stœtzel). Cf. *Public*[2]. – ● **3.** Objet de l'opinion[2] : « L'opinion est un groupe plus ou moins logique de jugements qui, répondant à des problèmes actuellement posés, se trouvent reproduits en nombreux exemplaires dans des personnes du même pays, du même temps, de la même société » (Tarde) ; « Ainsi se vont les opinions, succédant du pour au contre » (Pascal, 337) ; « Tout le mécanisme social repose sur des opinions » (Comte, *Cours*, I).

Opposition. – *Log. form.* Mode de déduction* immédiate consistant à conclure d'une proposition principe à la proposition *opposée, i. e.* ayant même sujet et même attribut, mais différant de la première, soit par la quantité[2], soit par la qualité[3], soit par les deux à la fois. Cf. *Contradiction*[1], *Contrariété**, *Subcontraires** et *Subalternes**.

Optatif. – Mode grammatical qui exprime un souhait (puissé-je faire...) : « La morale concrète emploiera l'indicatif plutôt que l'optatif » (Gusdorf).

Option. – *Mor.* et *Pol.* Choix[1] ; prise de position : « L'option se dévoile : être des hommes ou être des riches » (Perroux).

Optimisme. – *Vulg.* ▲ ☐ **1.** Disposition à voir le bon côté des choses, *ou* attitude morale de confiance dans la vie, « croyance réfléchie au bien », *opp.* à cet « optimisme tranquille et satisfait pour qui le mal n'est rien que l'ombre qui fait ressortir la lumière » (Boutroux).

– *Méta.* △ **2.** Doctrine selon laquelle, dans l'univers, le bien (en tous les sens du terme) l'emporte sur le mal. *Spéc.*, doctrine de Leibniz selon laquelle ce monde est, « entre tous les mondes possibles, le meilleur de tous » (*Théod.*, 416).

Ordre. – *Épist.* **1.** (Sens général). Une des idées fondamentales de l'entendement : elle implique une disposition satisfaisante pour la raison et qui peut être logique ou spatiale ou temporelle, selon la causalité ou la finalité, en série numérique, etc. : « Le rapport de la raison et de l'ordre est extrême » (Bossuet) ; « L'idée de la forme se confond avec l'idée de l'ordre » (Cournot). – *D'où :* **2.** (Dans l'espace). « La géométrie de position* ne retient que l'ordre de distribution » (Poincaré). – **3.** (Dans le temps). « L'histoire suit l'ordre chronologique ». – **4.** (Ordre logique). « L'ordre consiste en cela seulement que les choses qui sont proposées les premières doivent être connues sans l'aide des suivantes » (Descartes, *2ᵉ Rép.*) ; « Cet ordre, le plus parfait entre les hommes [celui de la démonstration géométrique]... » (Pascal) ; « Le cœur a son ordre ; l'esprit a le sien, qui est par principe et démonstration » (id., 283).

– (Sens spéciaux). *Math.* **5.** Degré : « Courbe *ou* infiniment petit du second ordre ». – *Phys.* **6.** (Causalité ou légalité). « L'ordre de la nature est constant et universel » [formule du déterminisme[2] d'après Goblot]. – **7.** (Finalité). « Un principe d'ordre qui veille, pour ainsi dire, au maintien des espèces chimiques et biologiques » (Lachelier). – *Biol.* **8.** Groupe morphologique intermédiaire entre la classe[2] et la famille[2] : « L'ordre des carnassiers ». – *Soc.* **9.** Stabilité sociale : « L'étude statique[4] de l'organisme social doit coïncider avec la théorie positive de l'ordre » (Comte, *Cours*, 48ᵉ leçon) ; « L'ordre public ».

– *Méta.* **10.** *Chez Pascal :* les « trois ordres », règnes de la nature matérielle et spirituelle et du surnaturel : « La distance infinie des corps aux esprits figure la distance infiniment plus infinie des esprits à la charité... Ce sont trois ordres différant de genre. » (*Pensées*, 793). – **11.** *Chez Malebranche :* hiérarchie des perfections : « L'Ordre immuable ne consiste que dans les rapports de perfection... L'amour de l'Ordre est l'unique vertu » (*Mor.*, I et III). – **12.** *Chez Leibniz :* harmonie de l'univers : « Dieu ne fait rien hors de l'ordre... Les miracles sont dans l'ordre » (*Disc. méta.*, VI et VII). – **13.** *Chez Bergson :* « L'ordre existe, c'est un fait » : « l'ordre physique » est automatique ; « l'ordre vital » est « analogue à l'ordre *voulu* », et l'idée de *désordre* est illusoire (*E. C.*, III).

Organicisme. – △ *Biol.* **1.** (Opp. : *vitalisme**). Doctrine selon laquelle la vie totale d'un organisme résulte de la composition des forces particulières des différents organes. – *Soc.* **2.** Doctrine selon laquelle, la société étant un grand organisme, les lois biologiques s'appliquent aux phénomènes sociaux aussi bien qu'à la vie organique.

Organique. – *Biol.* **1.** *Vie organique :* syn. : *végétative**. – **2.** Qui concerne les organismes vivants ou leurs fonctions. *Chimie organique :* celle qui a pour objet « l'étude chimique des matières contenues dans les êtres vivants » (M. Berthelot).

– *Psycho.* **3.** *Sensations organiques* (syn. : *cénesthésie*) : celles qui sont relatives à la vie organique[1].

– *Ext.* **4.** Analogue à ce qui existe dans les organismes vivants, *i. e.* impliquant à la fois pluralité et unité, différenciation et solidarité : *vg. Soc. Solidarité organique :* voir *Solidarité**.

Organisé. – Cf. *Diffus**.

Orgueil. – *Mor.* **1.** Sentiment exagéré de sa propre valeur qui pousse l'individu à se préférer aux autres et à les dédaigner : « L'orgueil a deux effets, dont l'un est de vouloir en tout exceller au-dessus des autres ; l'autre, de s'attribuer à soi-même sa propre excellence. » (Bossuet). ☞ Dist. *vanité**. – **2.** Qqfs. *laud.* Sentiment légitime de la dignité personnelle : « (Un guerrier) pour mettre l'orgueil même à pardonner l'offense. » (Voltaire).

Orientation. – *Ps. phol.* **1.** *Sens de l'orientation :* complexus de sensations (du sens statique[2], de l'orientation lointaine, etc.) qui permettent à certains animaux (*vg.* oiseaux migrateurs) de s'orienter dans l'espace.

– *Péd.* **2.** *Orientation professionnelle :* ensemble des procédés par lesquels on guide les individus vers les professions pour lesquelles ils ont le plus d'aptitude.

Orthogenèse. – *Biol.* Évolution qui s'accomplit, par développement de l'être vivant dans une direction bien déterminée et surtout sous l'influence de causes internes.

Ouvert. — *Méta., Mor.* etc. (Ctr. : *clos*). Accessible à qqc. de nouveau : « L'âme ouverte au bien que le Ciel lui envoie » (Corneille). ☞ Qualificatif mis à la mode par Bergson avec sa distinction de « l'âme close » et de « l'âme ouverte », de la « morale close » (celle de l'obligation[1]) et de la « morale ouverte » (celle de l'aspiration), de la société close » et de la « société ouverte » : « La société close est celle dont les membres se tiennent entre eux, toujours prêts à attaquer ou à se défendre... La société ouverte est celle qui embrasserait en principe l'humanité entière » (*Deux Sources*, IV). On dit *auj.* « conscience close », celle qui se ferme à la communication*, *opp.* à « conscience ouverte », celle qui s'y offre ; – rationalisme ouvert » (Bachelard), opp. au rationalisme figé dans les cadres de la raison[2] constituée.

P

Paléontologie. — *Épist.* Étude des espèces[3] disparues, d'après les fossiles.

Pancalisme [G. *pan*, tout, et *kalon*, beau]. — *Hist.* △ Doctrine (de Baldwin) d'après laquelle le beau[1] est la valeur fondamentale, dont dépendent toutes les autres.

Panlogisme. — *Hist.* △ **1.** Syn. de *Logicisme** : « Pour caractériser cette métaphysique [de Leibniz] d'un mot, c'est un panlogisme » (Couturat). – **2.** Doctrine (de Hegel) d'après laquelle tout le réel est rationnel, en ce sens qu'il dérive du développement dialectique[5] de l'Idée[1]. – **3.** *Ext.* △ Doctrine selon laquelle l'action[4] elle-même se ramène à la pensée[1] : « C'est une sorte de panlogisme que je propose, une réintégration finale de la vie dans la pensée » (Blondel, *Bull.,* 1902, p. 190).

Panthéisme [G. *pan*, le Tout, et *theos*, Dieu]. — *Méta.* △ **1.** (Opp. : *athéisme** et *théisme**). Système philosophique selon lequel tout est, non seulement *par* Dieu, mais *en* Dieu (cf. *Immanent*[1] et *Dieu* B[b]). Ainsi Dieu se confond : *a)* soit avec « l'âme du monde » [panth. stoïcien] ; *b)* soit avec l'Un* absolu d'où émanent les deux autres hypostases[1] de l'Intelligence et de l'Ame formatrice du monde [panth. de Plotin] ; *c)* soit avec la Substance[2] unique dont les modes[2] sont les âmes et les corps [panth. de Spinoza] ; *d)* soit avec l'Esprit[5] absolu où s'achève le développement dialectique de l'Idée[1] : « Le panthéisme prend pour principe la consubstantialité éternelle et nécessaire du fini et de l'infini, de Dieu et de la nature » (Saisset).

– *Vulg.* △ **2.** Doctrine (vulgaire ou littéraire) qui identifie Dieu et la nature et aboutit au matérialisme (*vg.* chez Diderot, d'Holbach, etc.) : « Le panthéisme est la nature divinisée » (Staël). ☞ Bien *dist.* ces deux sens. En aucun cas, le panthéisme ne peut être défini par la formule : « Tout est Dieu. »

Paradigme [G. *paradeigma*, exemple]. – **1.** (En grammaire). Modèle, exemple type : « *Aimer* est le paradigme des verbes du premier groupe. »
– *Méta.* **2.** Type exemplaire. *Chez Platon*, appliqué à l'Idée[1] : « Peut-être se trouve-t-il au ciel un paradigme pour celui qui, l'ayant aperçu, veut s'y établir » (*République*, 592 *b*). Cf. *Exemplarisme**.

Parallélisme. – *Psycho.* △ Théorie selon laquelle les phénomènes psychiques d'une part, les phénomènes physiologiques (*spéc.* nerveux) de l'autre, constituent deux séries telles : *a)* qu'aucune action ne s'exerce de l'une sur l'autre ; *b)* qu'à tout phénomène psychique correspond un phénomène nerveux et inversement.

Paralogisme [G. *para*, faussement, et *logismos*, raisonnement]. – *Log.* **1.** Faute* formelle[3] de raisonnement : « Il y a des hommes qui se méprennent en raisonnant et y font des paralogismes » (Descartes, *Méth.*, IV). – *Hist.* **2.** *Chez Kant* : « paralogismes de la raison pure », ceux qui sont à la base de la psychologie[2] rationnelle et qui prétendent conclure du « je pense » à la substantialité, à la simplicité, à la personnalité de l'âme[2] et à l'idéalité de son rapport avec les phénomènes extérieurs (*R. pure*, Dial., II, 1).

Paramètre. – *Math.* **1.** Quantité entrant dans l'équation d'une courbe et qu'on peut faire varier sans changer la nature de cette courbe (*vg.* rayon de la circonférence dans $x^2 + y^2 = R^2$). – *Ext.* **2.** Tout élément dont la variation de valeur change la solution d'un problème sans en changer la nature.

Paramnésie. – *Ps. path.* (Syn. : *illusion du déjà-vu*). Trouble de la perception caractérisé par le sentiment qu'on a déjà vécu un état de conscience global qui est en réalité nouveau. ☞ *Dist.* pseudomnésie*.

Paranoïa. – *Ps. path.* Délire d'interprétation*.

Paraphasie. – *Ps. path.* Trouble du langage dans lequel les mots sont employés les uns pour les autres.

Paraphrénie. – *Ps. path.* Délire chronique qui prend souvent une forme extravagante et fantastique.

Parapsychique. – *Psycho.* Qualifie les faits psychiques d'apparence supranormale, tels que télépathie*, prémonitions, transmission de pensée, etc.

Parénétique [G. *parainein*, exhorter]. – **1.** (Nom) *Chez les Stoïciens :* partie de la philoso-

Parenthèses (Mise entre). – *Méta. Dans le lang. phénoménologique :* opération par laquelle le philosophe fait abstraction de certains problèmes, *vg.* de l'existence substantielle du monde extérieur ou des conditions empiriques où se situe l'Ego* transcendantal.

Paresseux (Argument). – Raisonnement des fatalistes qui concluent de leur doctrine à l'inutilité de l'effort (Leibniz, *Théod.*, préf.).

Parfait [L. *per-fectus*, achevé]. – *Vulg.* **1.** (Souvent, mais non nécessairement *laud.*). Complet, achevé *dans un ordre d'idées particulier* : « L'unité peut être parfaite, la multitude ne peut l'être » (Fénelon) ; « Une parfaite indifférence ». – *Spéc. Mor.* **2.** Qui possède éminemment toutes les qualités morales : « Dieu est le souverain bien ; de là, il est parfait » (Bossuet) ; « Dieu possédant la sagesse suprême et infinie agit de la manière la plus parfaite, non seulement au sens métaphysique, mais encore moralement parlant » (Leibniz, *Disc. méta.*, I). – *Méta.* **3.** Complet, achevé *sous tous les rapports* ; qui possède la plénitude de l'être : « Je doutais et par conséquent mon être n'était pas tout parfait » (Descartes, *Méth.*, IV) ; « Le parfait est le premier et en soi et dans nos idées, et l'imparfait n'en est que la dégradation » (Bossuet). *D'où :* « L'Être parfait », Dieu : « La substance que nous entendons être souverainement parfaite et dans laquelle nous ne concevons rien qui enferme qq. défaut* ou limitation de perfection, s'appelle Dieu » (Descartes, *2ᵉ Rép.*, déf. 8). *Plus* ou *moins parfait* : qui approche plus ou moins de la plénitude de l'être : « Il n'y a pas moins de répugnance* que le plus parfait soit une suite et une dépendance du moins parfait qu'il y en a que de rien procède qqc. » (id., *Méth.*, IV).

Pari (Argument du). – *Hist.* Celui par lequel Pascal (*Pensées*, 233) invite l'incrédule à « gager que Dieu est » en comparant les chances de perte et de gain pour son salut dans les deux hypothèses.

Parousie [G. *parousia*, présence]. – *Théol. Dans le christianisme primitif :* retour du Christ attendu comme prochain.

Par soi. – *Méta.* Est « par soi » l'être qui n'a pas besoin d'autre chose pour exister (cf. *Aséité** et *Substance²*). – *Chez Descartes :* « Connues par soi » [L. *per se nota*], les « natures² simples », dont la notion n'a pas besoin d'être définie à l'aide d'une autre.

Parti. – Math. **1.** *Règle des partis*, ancien nom du calcul des probabilités[2] : « Par les partis, vous devez rechercher la vérité » (Pascal, 236 ; cf. *Pari**). – Psycho. **2.** Décision, résolution : « Prendre parti ». – Pol. **3.** « Réunion d'hommes qui professent la même doctrine politique » (B. Constant).

Participation. – Hist. **1.** *Chez Platon*, rapport que soutiennent : *a)* les êtres sensibles avec les Idées[1] ; *b)* les Idées[1] entre elles. – **2.** *Ext.* Méta. Union de la partie au tout, de l'être fini à l'infini : « L'essence de Dieu est participable par les créatures » (Malebranche) ; « L'existence de la partie est toujours participée » (Lavelle).

– Psycho. **3.** *Loi de participation* : « Dans les représentations de la mentalité primitive, les objets, êtres, phénomènes peuvent être à la fois eux-mêmes et autre chose qu'eux-mêmes » (L. Lévy-Bruhl) : *vg.* le primitif est à la fois lui-même et son totem*.

Particulier. – Vulg. **1.** Syn. soit de *singulier**, soit de *spécial** : *vg.* Math. « cas particuliers » = cas spéciaux. ☞ Emploi très impropre, quoique courant, à éviter autant que possible :

– Log. form. **2.** (Seul sens propre). Se dit des propositions ou jugements dans lesquels l'attribut[1] n'est affirmé ou nié que d'une partie de l'extension du sujet[2] : *vg.* « Certains hommes sont instruits » ; « Tous les hommes ne sont pas égoïstes ».

Partie. – Ce qui est plus petit (dans l'espace, le temps ou l'extension[3] logique) que le tout sans être plus simple. ☞ Dist. *Élément**, et cf. *Division**.

Passion. – Latiss. Méta. **1.** (Opp. : *action*[1]). Impression reçue par un sujet[3] : « Ce qui est passion au regard d'un sujet est toujours action à qq. autre égard » (Descartes). – Psycho. Lato. **2.** Autref., tout état affectif : « Les passions de l'âme » ; « J'appelle passions toutes les émotions[1] que l'âme ressent naturellement à l'occasion des mouvements extraordinaires des esprits[2] animaux » (Malebranche, *R. V.*, V, 1). – Str. **3.** Auj., inclination devenue presque exclusive et dont la prédominance amène une rupture de l'équilibre psychique et une transformation générale de la personnalité : « La passion du jeu » ; « L'amour-passion ».

Pathologique [G. *pathos*, affection, et *logos*]. – **1.** *Chez Kant* : affectif (cf. *Passion*[2]) « Ce sentiment [du respect] n'est comparable à aucun sentiment pathologique » (*R. pr.*, I, 1, 3). – **2.** (Ctr. : *normal**). Maladif, morbide : « [Il faut] concevoir tous les phénomènes de l'état pathologique comme un prolongement des phénomènes de l'état normal, exagérés ou atténués au-delà de leurs limites ordinaires de variation » (Comte, *Cours*, 45ᵉ leçon). – **3.** Qui étudie les cas pathologiques[2] : « Anatomie pathologique » ; « Psychologie pathologique », celle qui étudie les troubles mentaux en vue d'en dégager les lois de l'état sain (Dist. *pathologie mentale*, partie de la médecine qui étudie les maladies mentales).

Patient. – Cf. *Agent** et *Intellect*[2].

Patron. – *Méta.* Modèle, type idéal : « Il faut à la fin parvenir à une première idée dont la cause soit comme un patron ou un original... » (Descartes, *Méd.*, III) ; « Notre esprit ne peut former par lui-même cette image de l'infini qui n'aurait aucun patron » (Fénelon).

Pattern. – Mot anglais qqfs. employé comme syn. de type, not. en *Soc.* : « Les *patterns* de culture » [= types de civilisation]. En *Psycho.*, à peu près syn. de *Forme*[4].

Péché. – *Mor.* Faute* morale considérée comme entachant l'âme elle-même : « La faute devient péché au moment où elle n'est plus éprouvée comme transgression d'une règle, mais comme diminution de l'être même du moi. Ce qui compte, ce n'est plus la gravité de la faute, mais la négation par le moi de la loi spirituelle qui fait le fond de son être » (Nabert).

Pédagogie. – *Épist.* – Système ou théorie de l'éducation.

Pédologie. – *Épist.* 1. [G. *pedon*, sol]. Étude des sols au point de vue de leur fertilité. – 2. [G. *pais, paidos*, enfant]. Science de l'enfant au point de vue physiologique et psychologique.

Pensée, Penser. – *Psycho., Méta.* ○ Ces termes peuvent s'appliquer : 1. *Lato.* à l'activité psychique dans son ensemble : « Je suis une chose qui pense, *i. e.* qui doute, qui affirme, qui nie, qui connaît peu de choses, en ignore beaucoup, qui aime, qui hait, qui veut, qui ne veut pas, qui imagine aussi et qui sent » (Descartes, *Méd.*, III) ; « La pensée toute seule est l'essence de l'esprit » (Malebranche, *R. V.*, III, 1, 1) ; « J'appelle pensée tout ce que l'âme éprouve » (Condillac) ; – 2. *Str.* à la pensée[1] réfléchie et organisée : « Travaillons à bien penser : voilà le principe de la morale » (Pascal, 347) ; « Penser est un art qui s'apprend, comme tous les autres, même plus difficilement » (Rousseau) ; « Penser, c'est connaître par concepts » (Kant, *R. pure*, Analyt., I, 1, 1).
– ● 3. Une idée[4] particulière : « Hasard donne les pensées » (Pascal, 370) ; « La pensée de la mort ».

Percentilage. – *Ps. métr.* Méthode d'étalonnage* des tests (cf. Ph. I, p. 543).

Perception. – *Psycho.* ○ 1. Fonction par laquelle l'esprit se forme une représentation des objets extérieurs : « La perception est la représentation de choses situées dans l'espace à travers de simples impressions sensibles » (Pradines). – ● 2. Exercice ou

résultat de cette fonction : « Une perception tactile » ; « Nos jugements ont plus d'étendue que nos perceptions » (Malebranche, *R. V.*, III, 2, 9, 1).
– *Hist.* **3.** *Chez les cartésiens :* toute opération de l'intelligence : « Il y a en nous deux sortes de pensées[1], à savoir la perception de l'entendement et l'action de la volonté » (*Princ.*, I, 32) ; « Il y a une perception que nous tenons du ouï-dire... » (Spinoza). – **4.** *Spéc., chez Leibniz :* affection[1] de la substance : « L'état passager qui enveloppe et représente une multitude dans l'unité ou dans la substance simple n'est autre chose que ce qu'on appelle la perception, qu'on doit distinguer de l'aperception[1] ou de la conscience » (*Mon.*, 14). D'où : « petites perceptions », les états subconscients.

Perfection. – Caractère de ce qui est parfait* au sens **1** : « C'est une plus grande perfection de connaître que de douter » (Descartes, *Méth.*, IV) ; – au sens **2** : « Qu'on n'aille pas penser que la perfection[2] morale ou bonté est ici confondue avec la perfection[1] métaphysique ou grandeur » (Leibniz) ; – au sens **3** : « Il s'ensuit de la perfection suprême de Dieu que... » (id.).

Périodique (Amnésie). – *Ps. path.* Amnésie* lacunaire portant sur une ou plusieurs périodes de la vie du sujet[5].

Péripatétisme [G. *peripateuein*, se promener, parce qu'Aristote enseignait en se promenant]. – *Hist.* △ École ou doctrine d'Aristote.

Périphérique. – *Phol.* **1.** L'extrémité périphérique d'un nerf est celle qui innerve les organes musculaires ou sensoriels (*opp.* à l'extrémité *centrale* qui part des centres nerveux). – *Psycho.* **2.** Voir *Attention**.

Persécution (Délire de). – *Ps. path.* Celui dans lequel le malade se croit en butte à l'action malveillante de personnages réels ou de forces imaginaires.

Persévération. – *Psych. path.* Sorte d'inertie ou d'« enlisement » mental (dans l'hébéphrénie*, la démence sénile, qqfs. aussi chez l'enfant) qui se traduit par la persistance des expressions avec impuissance à les modifier selon les besoins de la situation.

Persona [mot latin]. – *Ps. an. Chez Jung :* sorte de « masque » qu'impose à l'individualité son adaptation au milieu social.

Personnalisme. – △ *Méta.* **1.** *Chez Renouvier :* doctrine qui pose la notion de personne* comme base de toute la philosophie. – *Mor. et Pol.* **2.** Doctrine qui pose la personne* humaine comme la valeur fondamentale.

Personnage. – *Psycho.* L'homme défini par son rôle social : « La nature du personnage combine les impulsions individuelles et les influences externes (modèles et contrôles sociaux) » (Maisonneuve). Cf. Ph. II, pp. 146-147.

Personnalité, Personne. – *Psycho.* **1.** Forme que prend la vie psychique chez l'homme normal et qui suppose : 1. l'individualité (cf. *Individu*[1]) ; 2. la conscience[1] ; 3. une fonction de synthèse[4] qui établit une unité et une continuité dans la vie mentale : « Dans la mesure où le moi est conscient, il doit être toujours plus que simple sujet[4] ; et nous l'appellerons *personne* quand nous devrons mettre en évidence qu'il est le maître, et non l'esclave de ce qui lui est donné » (Le Senne). – **2.** *Personnalité de base* (notion élaborée par l'anthropologie[3] américaine : *basic personality*) : « configuration psychologique propre aux membres d'une société donnée et qui se manifeste par un certain style de vie » (Dufrenne).

Perspectivisme. – *Hist.* △ **1.** Doctrine de Nietzsche, selon laquelle la connaissance est relative aux besoins vitaux de l'homme. – **2.** Doctrine qui considère une idéologie[4] comme valable seulement selon une certaine *perspective* : « Nous entendons par *perspective* la façon globale qu'a le sujet de concevoir les choses, en tant que déterminée par sa position sociale et historique » (Mannheim).

Persuader. – *Psycho.* Faire accepter une opinion à qqn. en faisant appel à ses dispositions personnelles et à des mobiles d'ordre affectif plutôt qu'intellectuel. Voir *Conviction**, et cf. Ph. II, p. 174.

Pessimisme. – (Ctr. : *optimisme**). *Vulg.* ▲ □ **1.** Disposition à voir le mauvais côté des choses, les risques d'échec. – *Méta.* △ **2.** Doctrine (*vg.* de Schopenhauer) selon laquelle, dans l'univers, le mal l'emporte sur le bien : « Le pessimisme exprime une protestation de la conscience contre le réel au nom de la valeur » (Lavelle).

Petit. – *Psycho.* **1.** *Chez Malebranche :* personnes qui ont « l'esprit petit », celles à qui « leur capacité d'esprit » ne permet pas « de penser à plusieurs choses en même temps » (*R. V.*, II, 3, 1, 5). – **2.** (*Vulg.*) Mesquin : « Un petit esprit ». – **3.** *Chez Leibniz :* « petites perceptions », v. *Perception*[4].
– *Log. form.* **4.** *Petit terme* (syn. : mineur[1]) : dans un syllogisme, le sujet[2] de la conclusion[3] (parce qu'il a gén. la plus petite extension[3]).

Pétition de principe. – *Log.* Paralogisme* où l'on prend pour principe[1] ce qu'il s'agit de démontrer.

Phantasme. – *Psycho.* Représentation imaginaire qui se produit dans certains états névropathiques. ☞ Dist. *hallucination**.

Phénoménal. – *Crit.* Chez Kant : qui est de l'ordre des phénomènes[2].

Phénomène [G. *phaïnomenon*, ce qui apparaît]. – *Épist.* **1.** Tout ce qui se manifeste aux sens ou à la conscience, et *gén.* tout fait qui peut être objet de science : « Je ferai ici une brève description des principaux phénomènes dont je prétends rechercher les causes » (Descartes, *Princ.*, III, 4) ; « Les phénomènes sociaux ». Voir *Fait**.

– *Crit.* **2.** *Chez Kant :* (Trad. all. : *Erscheinung* ou *Phänomen*. Opp. : *noumène**) : tout ce qui est « Objet d'une expérience possible » dans l'espace ou dans le temps : « dans le phénomène, les objets et les manières d'être que nous leur attribuons sont toujours regardés comme qqc. de réellement donné » (*R. pure*, Esth., § 8). – Les deux sens sont bien définis par Jankélévitch : « Le phénomène désigne pour un métaphysicien ce qui n'est pas *en soi*, tandis que pour un physicien il désigne l'évidence. »

Phénoménisme. – *Hist.* △ Doctrine qui rejette la réalité de la substance¹ et du noumène* et n'admet que des phénomènes².

Phénoménologie. – *Lato.* **1.** (Rare auj. en ce sens). Simple description des phénomènes¹ : « La philosophie n'est pas, comme la physique expérimentale, une phénoménologie superficielle » (Ravaisson). – *Hist.* **2.** *Chez Hegel :* « phénoménologie de l'esprit », sorte d'autobiographie de l'esprit qui passe de la connaissance sensible au savoir véritable, genèse de la science¹. – **3.** *Chez Husserl*, et gén. auj. : méthode philosophique qui vise à saisir, par-delà les êtres empiriques et individuels, les essences absolues de tout ce qui est. *Ext. :* « La phénoménologie contemporaine [qui] a perdu la pureté husserlienne..., donne, comme allant de soi, une primauté au *senti*, au perçu, voire à l'imaginé » (Bachelard).

Philologie. – *Épist.* Étude spéciale d'une langue. ☞ Dist. *linguistique**.

Philosophie. – *Vulg.* **1.** Conception générale plus ou moins raisonnée de l'univers et de la vie : « La foi tient lieu de philosophie aux chrétiens » (Bossuet) ; « Chacun, au cours de sa vie, adopte une philosophie » (Roustan). *Spéc.*, sagesse, modération dans les désirs, force d'âme : « Supporter les épreuves avec philosophie » ; « Il est bon d'être philosophe, mais il est triste d'être obligé de se servir de la philosophie » (Voltaire).

– *Hist.* **2.** *Autref.*, tout savoir rationnel, ensemble des sciences² : « Au lieu de cette philosophie spéculative qu'on enseigne dans les écoles, on en peut trouver une pratique, par laquelle, connaissant la force et les actions du feu, de l'eau, de l'air, des astres... » (Descartes, *Méth.*, VI ; cf. *Physique*⁵) ; « L'expression *philosophie naturelle* est usitée en Angleterre pour désigner l'ensemble des diverses sciences d'observation » (Comte, *Cours*, avert.). – **3.** *Auj.*, type de connaissance qui diffère de la science² ppt.

dite : **A)** soit *en nature* : *a)* parce qu'elle fait appel à des facultés supérieures de l'esprit humain permettant de saisir les causes premières et la réalité absolue : « Chercher les causes premières et les vrais principes..., ce sont particulièrement ceux qui ont travaillé à cela qu'on a nommés philosophes » [Descartes, *Princ.*, préf.] ; – *b)* ou bien parce que, comme l'art, elle est individuelle et n'est faite que d'opinions probables : « Je ne crois pas que la philosophie soit une science : c'est une distraction utile pour l'esprit » (Cl. Bernard) ; – **B)** soit seulement *en degré*, not. parce qu'elle atteint une généralité plus haute : « Par *philosophie positive*, j'entends l'étude propre des généralités des différentes sciences » (Comte) ; « La philosophie est le savoir totalement unifié » (Spencer) ; – **C)** soit enfin *par son objet* qui porte sur les *valeurs* humaines et leur *fondement*[2] : « S'enquérir toujours du fondement dernier de sa connaissance ou de son action, c'est proprement ce que l'on appelle philosophie » (Le Senne). *Philosophie première :* chez Aristote, la métaphysique[1], connaissance de « l'être en tant qu'être », des principes premiers[3] et des causes premières[4].
– **4.** Un système particulier de philosophie[3] : « La philosophie de Descartes », ou ensemble des systèmes d'un pays ou d'une époque : « La philosophie anglaise » ; « La philosophie moderne ». *Spéc.*, au XVIIIᵉ siècle, rationalisme[3] des « philosophes » qui rejetaient la révélation : « La superstition met le monde en flammes ; la philosophie les éteint » (Voltaire).

Phobie. – *Ps. path.* Crainte obsédante et angoissante qui s'attache sans raison à un objet déterminé (not. dans la psychasthénie).

Phonation. – *Phol.* Fonction physiologique du langage articulé.

Phonème. – *Ling.* Élément sonore du langage, son significatif : « Un phonème distinct est l'articulation qui peut servir à distinguer un sens » (Cohen)

Phonétique. – *Épist.* Science de la phonation*. ☞ Dist. *phonologie**.

Phonologie. – *Ling.* Partie de la linguistique* qui étudie les phonèmes.

Phoronomie. – *Épist.* Science des lois de l'équilibre et du mouvement des corps (à l'exclusion de l'idée de *force*[4]) : « La mécanique cartésienne est une phoronomie. »

Phosphène. – *Phol.* Impression lumineuse produite par une pression du globe oculaire.

Phrénologie. – *Hist.* △ Théorie (de Gall et Spurzheim, 1808) selon laquelle le développement des facultés mentales se traduirait par celui des circonvolutions cérébrales correspondantes.

Phylétique. – *Biol.* Qui concerne

Phylétique. – *Biol.* Qui concerne les *phyla** : « Évolution phylétique ».

Phylogénie. – *Biol.* (Opp. : *ontogénie**). Évolution du *phylum** : « L'ontogénie* reproduit la phylogénie » (loi biogénétique*, auj. contestée).

Phylum. – *Biol.* Série d'espèces dérivant les unes des autres ou liées les unes aux autres : « Le phylum humain n'est pas un phylum comme les autres » (Teilhard de Chardin).

Physicalisme. – *Épist.* △ Doctrine de l'école de Vienne (cf. Ph. I, p. 371), selon laquelle il n'est d'autre critère de vérité que la vérification positive et empirique.

Physico... – Voir *Chimique**, *Mathématique**, *Téléologique**.

Physiologie. – *Épist.* Science des fonctions[2] des organismes vivants.

Physique (adj.). – **1.** (Opp. : *rationnel*[2] ou *métaphysique*[1]). Qui concerne la nature, telle qu'elle se révèle dans l'expérience : « La conséquence n'est pas toujours nécessaire *necessitate metaphysica*, souvent elle n'est que physique » (Leibniz). Qqfs. opp. à *mathématique* : « Astronomie physique ». – **2.** (Opp. : *chimique*). Qui se rapporte à la Physique[6]. – **3.** (Opp. : *biologique* et *psychologique*). « Sciences physiques » (ou « physico-chimiques ») : la Physique[6] et la Chimie. – **4.** (Opp. : *moral*[4]). Qui se rapporte au corps[3] ou à la matière[4] : « Souffrance physique » ; « Liberté[1] physique » (= absence de contrainte matérielle). *Le physique :* le corporel. Au XVIIe siècle, souvent écrit *le Physic :* « Que de sagesse dans les combinaisons du Physic avec le Moral ! » (Malebranche, *Entr.*, XII).

Physique (nom fém.). – *Épist.* **5.** *Autref.*, théorie philosophique de la nature : « La physique des stoïciens ». *Chez les cartésiens :* toutes les sciences de la nature : « Toute la philosophie est comme un arbre dont les racines sont la métaphysique, le tronc la physique » (Descartes, *Princ.*, préf.). *D'où* même auj. : étude entreprise d'un point de vue positif, comme les sciences de la nature : « Physique sociale » (Comte), syn. de *Sociologie** ; « Physique des mœurs et du droit » (Durkheim), étude positive des faits moraux et juridiques. – **6.** *Auj.*, science des phénomènes matériels en tant qu'ils n'altèrent pas la structure moléculaire des corps : « La Physique, comme toutes les sciences de la nature, progresse par deux voies : l'expérience, la théorie » (L. de Broglie).

Pithiatique [G. *peïthô iatos*, curable par la persuasion]. – *Ps. path.* Se dit des malades et des maladies (hystérie*, mythomanie*) guérissables par la suggestion[1].

Plaisir. – *Psycho.* **1.** *Lato.* Syn. d'*agréable* et, en ce sens, indéfinissable. ☞ Impropre, quoique fréquent, en ce sens (voir Ph. II, p. 35). - **2.** *Str.* Au sens propre, le terme s'applique : *a)* soit au *plaisir physique, b)* soit au *plaisir moral* (Ph. II, p. 46). ☞ Dist. *bonheur** et *joie**.

Plébiscite. - *Pol.* Consultation du peuple sur une question à laquelle il doit répondre par oui ou par non. ☞ Le plébiscite a souvent servi à légitimer le pouvoir personnel (plébiscites napoléoniens) : il est alors une abdication de souveraineté. Quand il porte sur une question générale (*vg.* rattachement d'une province à une nation), il doit être appelé *référendum**.

Pléonexie. - *Mor.* Abondance de biens ; *d'où* tendance à désirer plus qu'on ne doit : « [Selon Jésus], toute possession est fille d'injustice et d'instinct pléonexique. » (Jankélévitch).

Plérôme. - **1.** *Hist. Chez les Gnostiques** : être suprême d'où émanent les *éons, i. e.* les intelligences éternelles qui président à la formation de l'univers et reviendront, à la fin des temps, s'y confondre. - **2.** *Lato.* Ensemble des êtres.

Ploutocratie [G. *ploutos*, riche et *cratos*, pouvoir]. - *Pol.* Régime politique où le pouvoir est exercé ou dominé par les riches.

Pluralisme. - *Méta.* (Opp. : *monisme**). Nom générique des doctrines qui, en un ordre d'idées quelconque, posent une pluralité de principes irréductibles, *spéc.* de certaines doctrines anglo-saxonnes qui posent les êtres individuels comme irréductibles à une substance unique : « Le pluralisme permet aux choses d'exister individuellement ou d'avoir chacune sa forme particulière » (James) ; « Le pluralisme n'est jamais un beau rêve : il est la réclamation de l'état de fait contre la tendance naturelle de l'esprit à transformer l'idéal en une réalité » (Lalande).

Pneumatique, Pneumatologie [G. *pneuma*, esprit]. - *Hist.* Nom donné autref. : **1.** *Lato.* à la science des choses spirituelles *ou* à la croyance aux « esprits » : « La pneumatologie de nos jours se nomme spiritisme* » (Bersot) ; - **2.** *Str.* à la psychologie : « Les perceptions insensibles sont d'un grand usage dans la pneumatique » (Leibniz, *N. E.*, préf., 11).

Pneumatisme. - *Hist.* Ancien nom du monisme[1] spiritualiste[1] : « Ni ce concept [de la dualité de l'âme et du corps] ni le pneumatisme qui s'y oppose d'un côté ni le matérialisme qui s'y oppose de l'autre... » (Kant, *R. pure*, Dial., II, 1, 4).

Polysyllogisme. - *Log. form.* Ensemble de plusieurs syllogismes enchaînés de sorte que la conclusion de l'un *(prosyllogisme)* serve de prémisse au suivant *(épisyllogisme)*.

Polytélisme [G. *poly*, plusieurs, et *telos*, fin]. - « Multiplicité des fins qu'un même moyen permet d'atteindre » (Bouglé).

Polythéisme. – *Soc.* Système religieux qui admet une pluralité de dieux (*vg.* paganisme ancien).

Polyvalentes (Logiques). – *Log.* Celles qui, outre le *vrai* et le *faux*, admettent d'autres valeurs logiques, *vg.* le *probable**, l'*indéterminé*, etc. Cf. Ph. I, p. 372.

Positif. – *Vulg.* **1.** (Ctr.: *imaginaire*). Réel, palpable : « Des avantages positifs » ; « Le mot positif désigne le *réel* par opp. au chimérique » (Comte, *Disc. esprit pos.*, I, III, 1, 2). – **2.** (Ctr.: *vain*). « Ce terme indique le contraste de l'*utile* à l'*oiseux* » (Comte, *ib.*). *D'où* (en parlant des personnes): utilitaire : « Un homme très positif. » – **3.** Ctr. de *négatif** en tous les sens du terme. *D'où : Méta.* « Ce qu'il y a de positif et de réel dans les mouvements[3] de la concupiscence » (Malebranche, *Ecl.*, I); « La privation des qualités fait le néant : pour être, il faut avoir qqc. de positif » (Condillac) ; *Math.* « Nombre positif », affecté du signe +; *Soc* et *Pol.* « La société ne vit point d'idées négatives, mais d'idées positives » (Saint-Simon, 1821); « La philosophie positive est destinée par sa nature, non à détruire, mais à organiser ». (Comte, *ib.*).

– *Épist.* **4.** Donné dans l'expérience, *ou :* qui s'appuie sur les faits : « Un fait positif » ; « Il [d'Alembert] proscrivait tout ce qui ne tendait pas à la découverte de vérités positives » (Condorcet); « Les savants adonnés à l'étude des sciences positives, les physiologistes, les chimistes, les physiciens et les géomètres » (Saint-Simon). *Chez Comte* (opp.: *théologique*[2] et *métaphysique*[10]) : « état positif » (cf. *États**), celui où l'esprit humain, renonçant à découvrir l'origine, la destinée et la nature intime des êtres, recherche uniquement les lois[5] des phénomènes. – *D'où :* **5.** (Ctr.: *douteux*). Certain, bien établi : « Ce qui paraît si positif à nous, ne paraît pas tel à tout le monde » (Massillon).

– *Soc., Jur.* **6.** (Opp.: *naturel*). Établi, institué : « J'appellerai la valeur de la monnaie valeur positive parce qu'elle peut être fixée par une loi » (Montesquieu, *Lois*, XII, 10). *Droit positif :* cf. *Droit*[1]. *Religions positives* (opp.: *religion naturelle*[2]): celles qui existent en fait (Christianisme, Judaïsme, Islam, Bouddhisme, etc.). *Théologie positive :* celle qui étudie les documents de la foi reçus dans l'Église (Écriture, décisions des conciles et des papes, etc.).

Position (Géométrie de). – *Épist.* Syn. de *Topologie**.

Positionnel. – Voir *Thétique**.

Positivisme. – *Hist.* △ **1.** *Str.* Doctrine d'Aug. Comte. – **2.** *Lato.* Doctrine (de Comte, Littré, Taine, Goblot, et même Mill et

Spencer) qui rejette la métaphysique et fonde la connaissance sur les faits : « Le Positivisme cherche à atteindre l'unité de la pensée en partant des données réelles » (Höffding). – **3.** *Positivisme logique :* doctrine de l'école de Vienne. Voir *Physicalisme**.

– *Vulg.* ▲ **4.** Souci de se tenir aussi près que possible de la réalité : « Envisager les choses avec positivisme. »

Possibilité, Possible. – *Méta.* Dist. : **1.** la possibilité *rationnelle* (ce qui est possible *logiquement* ou *en droit*), *i. e.* ce qui n'implique pas contradiction : « La possibilité d'une chose nous est connue *a priori* quand nous résolvons la notion en ses éléments et quand rien entre eux n'est incompatible » (Leibniz) ; « Il suffit de prouver qu'il [Dieu] est possible pour prouver qu'il est » (id.) ; « Les deux contradictoires sont souvent possibles toutes deux [séparément] ; est-ce qu'elles peuvent aussi exister toutes deux [elles ne sont pas "compossibles"] ? » (id., *Théod.*, 409) ; – **2.** ■ la possibilité *physique* (ce qui est possible *empiriquement* ou *en fait*), *i. e.* ce qui n'est pas en contradiction avec les lois de la nature : « Prendrons-nous notre faible connaissance pour la mesure des possibilités physiques ? » (Bonnet) ; « La probabilité[2] mathématique est la mesure de la possibilité physique » (Cournot) ; – **3.** ☐ la possibilité *subjective, i. e.* ce que l'on considère comme possible[2] : « Il est possible qu'il vienne ». Cf. *Probabilité* au sens 1.

Post hoc, ergo propter hoc [après cela, donc à cause de cela]. – *Log.* Paralogisme* où l'on conclut, de ce qu'un fait B succède à un fait A, à un lien causal entre A et B.

Postulat. – *Épist.* **1.** Proposition qui n'est ni évidente ni démontrable, mais qu'on admet comme principe indispensable d'un système déductif (*vg. Math. :* voir *Euclidien**), d'une opération logique, d'une théorie de la pratique[4]. – **2.** *Chez Kant :* « postulats de la raison pratique », la liberté, l'immortalité de l'âme et l'existence de Dieu, parce que, quoique indémontrables, ce sont des croyances[2] indispensables à la loi[4] morale.

Posturale (Sensibilité). – *Ps. phol.* Partie de la sensibilité proprioceptive* qui correspond aux attitudes ou positions du corps. Cf. Ph. II, p. 8.

Potentialité. – *Méta.* Puissance[2] ; possibilité d'être ou de n'être pas telle chose : « La potentialité fait apparaître la dimension du futur » (Sartre).

Potentiel. – *Méta.* **1.** (Syn. : *virtuel* ; ctr. : *actuel*[2]). Qui existe en puissance[2] : « Le temps appartient à ce type de réalités potentielles... (Guitton).

– *Phys.* **2.** *Énergie potentielle :* voir *Énergie**.

Pour-soi. – *Méta.* **1.** *Chez Hegel :*

l'être, en tant que, par la conscience, il s'oppose à l'objet et rentre en soi. – **2.** *Lato.* La conscience[1] en gén. : « Le pour soi ou la conscience : telle est la synthèse à laquelle nous aspirons » (Hamelin) ; « Le pour-soi, c'est l'en-soi se perdant comme en-soi pour se fonder comme conscience » (Sartre).

Pouvoir. – *Phys.* **1.** Propriété physique, force[3] : « Pouvoir absorbant » ; « Pouvoir inducteur ». – *Psycho.* et *Mor.* **2.** Faculté morale : « Le pouvoir de la volonté ». *En notre pouvoir* : expression d'origine stoïcienne (ἐφ ± ἡμῖν) pour désigner ce qui dépend de notre volonté : « Il n'y a rien qui soit entièrement en notre pouvoir que nos pensées » (Descartes, *Méth.*, III). – **3.** Puissance[5], autorité : « Et sur lui la raison a repris son pouvoir » (Corneille) ; « Le pouvoir de l'imagination est sans borne » (Condillac). – *Soc.* et *Pol.* **4.** Corps constitué qui, dans une société, détient l'autorité : « Il y a dans chaque État trois sortes de pouvoirs : la puissance législatrice, la puissance exécutrice des choses qui dépendent du droit des gens, et la puissance exécutrice de celles qui dépendent du droit civil » (Montesquieu, *Lois*, XI, 6) ; « On n'a jamais vu encore de pouvoir sans flatteurs » (Alain).

Pragmatique. – *Hist. Chez Kant* (opp. *pratique*[2]) : qui concerne l'action *utilitaire*, qui vise le succès ou le bien-être.

Pragmatisme. –. *Hist.* △ Système philosophique (de James, Schiller, Dewey, etc.) selon lequel la vérité se définit par la « réussite » en des sens divers de ce terme. Cf. Ph. I, p. 568.

Pratique (adj.). – **1.** (Opp. : *théorique, spéculatif*). Qui concerne l'action[3] *utilitaire* : « On en peut trouver une [philosophie] pratique, par laquelle... nous pourrions nous rendre comme maîtres et possesseurs de la nature » (Descartes, *Méth.*, VI). – **2.** (Opp. : *pragmatique**). Qui concerne l'action *morale*. Spéc., *chez Kant :* « La Raison pratique » ; « La règle pratique est inconditionnée, donc représentée *a priori* comme proposition catégoriquement pratique » (*R. pr.*, I, 1, 1, § 7). Cf. *Théorétique*[2].

Pratique (nom). – (Sens général). **3.** (Ctr. : *théorie*[1], *spéculation**). L'action[3], au sens le plus large : « La pratique n'admet pas toujours les lenteurs de la spéculation » (Fontenelle) ; « La pratique conduit parfois à la théorie ». – *Mor.* et *Soc.* **4.** « Règles de la conduite individuelle et collective, système des devoirs et des droits, rapports moraux des hommes entre eux » (L. Lévy-Bruhl). – *Vulg.* **5.** Observance ou exercice habituel : « La pratique des règles morales, d'une méthode, d'une langue, des affaires. »

Praxiologie. – *Épist.* « Science des formes les plus universelles et des principes les plus élevés de l'action dans l'ensemble des êtres vivants. » (A. Espinas).

Précarité. – *Mor.* Caractère attribué par Eug. Dupréel aux valeurs morales et qui fait : 1. qu'il n'y a de valeur que pour un sujet ; 2. que ces valeurs sont sans cesse menacées par des actes qui les nient.

Précision. – *Épist.* **1.** S'est dit *autref.* pour *abstraction*[1] : « La précision est l'action que fait notre esprit en séparant des choses inséparables » (Bossuet). – **2.** *Auj.*, qualité de ce qui est précis (ctr. : *vague*), *i. e.* nettement déterminé[1] : « Les mesures ont atteint une précision extraordinaire en électromagnétisme et en optique » (Langevin) ; « La précision d'une définition ». ☞ Dist. : 1. *exactitude* qui exclut toute approximation ; la précision ne requiert qu'une approximation aussi rigoureuse que possible ; – 2. *vérité* ou *certitude*[2] : « La précision et la certitude sont deux qualité en elles-mêmes fort différentes » (Comte, *Cours*, II).

Pré-conscient. – *Ps. an. Chez Freud :* partie de l'inconscient qui est « capable de devenir consciente ».

Prédestination. – *Théol.* Décret divin qui fait que chaque individu est destiné de toute éternité à être sauvé ou damné : « Il y a en lui [Dieu] des raisons de la prédestination des élus » (Malebranche, *Entr.*, IX, 12) ; « Il y a une question à l'égard de la prédestination à la vie éternelle..., à savoir si cette destination est absolue ou respective » (Leibniz, *Théod.*, I, 81).

Prédicat [L. *praedicare*, attribuer]. – *Log. form.* Syn. d'*attribut*[1] : « Dans une proposition vraie, la notion du prédicat est toujours contenue dans le sujet » (Leibniz). Voir *Quantification*[2].

Prédicatif (Jugement). – *Log. form.* (Syn. : *jug. de prédication*). Celui qui affirme ou nie un prédicat* d'un sujet[2] : « Toute prédication véritable a qq. fondement dans la nature des choses » (Leibniz, *Disc. méta.*, 8). Voir *Inhérence*[2].

Préférence. – *Mor.* **1.** *Chez Scheler :* acte émotionnel[1] et intentionnel, supérieur au *sentiment pur*, mais inférieur à l'*amour* et par lequel s'établit une hiérarchie entre les valeurs. – **2.** *Lato.* « La préférence est l'acte même de l'évaluation : elle est l'attribution de la valeur, l'opération par laquelle se constitue cet ordre hiérarchique qui montre la valeur à l'œuvre » (Lavelle).

Préformation. – *Biol.* △ (Syn. : *emboîtement des germes*. Opp. : *épigenèse*). Théorie (auj. abandonnée) selon laquelle : 1. tous les organes de l'être vivant sont *préformés* dans l'embryon ; 2. tous les êtres d'une lignée sont *préformés* dans l'œuf des premiers géniteurs, de sorte que « chaque semence contient toute l'espèce qu'elle peut conserver » (Malebranche, *Entr.*, X, 3).

Prégnant. – *Vulg.* Significatif, expressif. *D'où : Psycho. Dans la Gestalttheorie :* « loi de prégnance », prédominance d'une forme[4] privilégiée, plus stable et plus fréquente parmi toutes les autres possibles.

Préjugé. – *Crit.* Opinion[3] admise sans jugement[1] explicite : « Les préjugés ne se détruisent pas en les heurtant de front » (D'Alembert) ; « Préjugé est synonyme de jugement précipité » (Destutt).

Prélèvement. – *Épist.* Chez Lalande : « méthode des prélèvements successifs », celle qui, dans les sciences expérimentales, consiste « à décomposer idéellement les faits dont on recherche la cause, de façon à isoler des éléments entre lesquels il y ait identité ou du moins équivalence quantitative ».

Prélogique. – *Soc.* Qualificatif attribué par L. Lévy-Bruhl, dans ses premiers ouvrages, à la mentalité primitive[2], parce qu'elle « ne s'astreint pas avant tout, comme la nôtre, à s'abstenir de la contradiction ». Cf. *Participation*[3].

Premier. – Qui n'est précédé par rien : **1.** dans l'ordre chronologique (syn. : *primitif*[1]) : « Ce qui est premier dans l'ordre de la psychologie, c'est le syncrétisme[2] » ; – **2.** *Log.* selon la relation de principe[1] à conséquence : « Les principes premiers de la démonstration mathématique sont les axiomes[3] ; » – **3.** *Crit.* eu égard à la *valeur* de nos connaissances et de leurs fondements : *principes premiers de la raison, notions* ou *vérités premières*, ceux qui sont évidents par eux-mêmes et qui constituent la base de toutes nos connaissances : « Ce qu'ils appellent le premier principe de la connaissance : il est impossible que la même chose soit et ne soit pas » (Port-Royal, IV, 7) ; – **4.** *Méta.* dans l'ordre ontologique : *cause première*, celle qui se suffit à elle-même et qui a en elle sa raison d'être (opp. : *cause seconde*, celle qui est l'effet d'une autre cause). **5.** *Philosophie première :* voir *Philosophie*[3]. – **6.** *Qualités premières :* voir *Qualité*[2]. – **7.** *Matière première :* voir *Matière*[1]. – **8.** *Mor., Esth.* Fondamental ou supérieur dans l'ordre de la valeur : « Le premier mérite auprès des hommes, c'est de leur être utile » (D'Alembert) ; « Le premier de tous les biens est la liberté » (Rousseau). Cf. *Primat**.

Prémisses. – *Log. form.* Dans un syllogisme les deux propositions principes[1] : majeure* et mineure*.

Prémonition. – *Psycho.* Pensée, rêve, etc., qui semble nous annoncer l'avenir.

Prémonition physique. – *Théol.* Action par laquelle, selon certains théologiens, Dieu agirait directement sur la volonté humaine tout en la laissant libre.

Prénotions. – *Soc.* Notions que l'homme se fait des choses antérieurement à l'analyse scientifique et que Durkheim assimile aux *idoles** de Bacon : « C'est surtout en sociologie que ces prénotions sont en état de dominer les esprits et de se substituer aux choses » (Durkheim).

Préoccupation [Trad. all. *Besorgen*]. – *Méta. Chez Heidegger :* caractère fondamental du *Dasein*[2], qui résulte du fait qu'il est lié au monde.

Préperception. – *Psycho.* Représentation anticipée d'un objet : « Nulle part il n'y a perception sans préperception, *i. e.* sans conscience préalable d'un schéma intuitif » (Le Roy).

Pré-réflexif. – Voir *Cogito*[3].

Prescience. – *Théol.* Attribut de Dieu qui lui permet de connaître l'avenir ou plutôt de tout voir dans « un éternel présent ».

Présence. – *Hist.* **1.** *Chez Plotin :* ce terme s'applique à l'Un lorsque l'âme s'unit à lui dans l'extase : « Tant que dure cette présence, aucune distinction n'est possible... La présence est meilleure que la science » *(Ennéades*, VI). – **2.** Terme fréquent dans le lang. philosophique contemporain : « La présence totale de l'être est déjà impliquée dans la simple expérience que le moi fait de sa propre existence » (Lavelle) ; « Ce sentiment de présence qui est la définition même de la *réalité religieuse* » (Brunschvicg).

Présent. – Se dit de ce qui est immédiatement saisi par l'esprit : « J'appelle claire la connaissance qui est présente et manifeste à un esprit attentif » (Descartes, *Princ.*, I, 45).

Presque-néant. – *Hist.* **1.** Terme employé par Leibniz (*Théod.*, I, 19) pour réduire le rôle du mal* dans le monde : « La proportion de la partie de l'univers que nous connaissons se perdant presque dans le néant au prix de ce qui nous est inconnu..., il se peut que tous les maux ne soient qu'un presque-néant en comparaison des biens ». – **2.** En un sens très différent, V. Jankélévitch a nommé *presque-rien* le « passage du rien à l'être » et le « passage de l'être au rien » (l'événement, la mort, l'instant, etc.) : « Le presque-rien correspond à une expérience[1] concrète » (*Bull.*, 1954, p. 66).

Préternaturel. – Voir *Surnaturel**.

Preuve. – *Épist.* Ce qui amène notre esprit à reconnaître la vérité d'une proposition : on prouve soit par *démonstration*[1] (*vg.* en Math.) soit par *vérification** (*vg.* en Phys.) : « Les preuves ne convainquent que l'esprit[7] » (Pascal, 252) ; « Une preuve est un fait purement intellectuel ou un ensemble de faits purement intellectuels, qui est condition suffisante d'un autre fait intellectuel» (Goblot).

Primaire. – *Psycho.* **1.** *Autref.,* «état primaire», la sensation* comme première présentation à l'esprit (opp. à l'image[3] ou état *secondaire*). – *Méta.* **2.** Voir *Qualité*[2].

Primarité. – *Car.* (Opp. : *secondarité**). Trait de certains caractères[3] chez lesquels l'effet des représentations est immédiat et sans retentissement* Cf. *Précis*, Ph. II, p. 154.

Primat, Primauté. – △ *Mor., Esth.* Caractère de ce qui est premier[8], fondamental dans l'ordre de la valeur : « Le primat de la raison pratique » (Kant), « Primauté du spirituel » (Maritain).

Primitif. – Syn. de *premier* (v. ce mot) en ses divers sens : **1.** (Sens chronologique). « Les temps primitifs » ; « L'axiome qui voudrait que le primitif fût toujours le fondamental » (Bachelard) ; – **2** et **3.** *Log.* et *Crit.* « Toute vérité est ou primitive ou dérivée : les vérités primitives sont celles dont on ne peut rendre raison, et telles sont soit les vérités identiques[4], soit les immédiates[2] » (Leibniz) ; – **4.** *Méta.* A la fois fondamental et primitif au sens 1 : « Les faits primitifs du sens intime » (Biran) ; « Le fait [de l'effort] est bien *primitif* puisque nous ne pouvons en admettre aucun autre avant lui dans l'ordre de la connaissance » (id.).

– **5.** *Soc.* Un système social, religieux, etc., est dit *primitif* : 1. quand il « se rencontre dans des sociétés dont l'organisation n'est dépassée par aucune autre en simplicité » ; 2. quand il est « possible de l'expliquer sans faire intervenir aucun élément emprunté à un [système] antérieur. Dans le même sens, nous dirons de ces sociétés qu'elles sont *primitives* et nous appellerons *primitif* l'homme de ces sociétés » (Durkheim) ; « La mentalité primitive » (L. Lévy-Bruhl).

Principe. – Ce dont les autres choses découlent, ou ce qui leur sert de norme* directrice : A) *Log. Dans l'ordre logique :* **1.** dans une déduction*, proposition d'où l'on tire d'autres propositions, dites *conséquences*, qui en résultent nécessairement[1b] : « Ceux qui sont accoutumés... à raisonner par principes » (Pascal, 3) ; « Les principes de la géométrie » ; – **2.** *Principes rationnels* ou *directeurs de la connaissance :* axiomes[1] purement formels[3] qui règlent l'exercice de la pensée logique (cf. *Identité**, *Contradiction**, *Contrariété**, *Causalité**, *Milieu*[2]) ; – **B)** *Épist. En sciences expérimentales :* **3.** proposition très générale[3] dont les lois déjà découvertes peuvent être considérées comme les conséquences : « Principe de la conservation de l'énergie » ; « Principe de relativité » ; « Quand une loi[5] a reçu une confirmation suffisante de l'expérience, on peut l'ériger en principe » (Poincaré) ; 4. proposition fondamentale : « Principes de biologie, de psychologie, etc. » (Spencer) ; – C) *Méta. Dans l'ordre ontologique :* 5. Ce qui est source d'existence ou d'action : « J'ai tâché de trouver les principes ou premières[4] causes de ce qui est » (Descartes, *Méth.*, VI) ; « Le principe vital » ; « Le secret principe de nos actions [l'âme] » (Bossuet) ; « Les manichéens* enseignaient deux principes » (id.) ; – 6. *D'où :* ce qui fait agir, source, cause, mobile : « Nous avons un autre principe d'erreur : les maladies » (Pascal, 82) ; « Le travail est le principe de toute richesse » (Vauban) ; « Il y a cette différence entre la nature du gouvernement et son principe, que sa nature est ce qui le fait être tel, et son principe ce qui le fait agir [vg. l'*honneur* dans la monarchie, la *vertu*[3] dans la démocratie] » (Montesquieu, *Lois*, III, 1) ; – 7. élément constitutif ou essentiel : « Les proportions des principes qui entrent dans la composition du sucre » (Lavoisier) ; « Les principes nutritifs » ; – D) *Esth.* et *Mor.* 8. Norme fondamentale, règle : « Les principes de l'art, de la morale » ; « Une croyance ne devient ppt morale que du jour où elle résiste à toutes les raisons, où elle est devenue un principe » (Rauh) ; « Un homme sans principes ».

Privatif. – *Log.* 1. *Terme privatif :* celui qui exprime l'absence d'une qualité *(vg. inobservable, aveugle).* – *Méta.* 2. Négatif[1], qui implique un manque d'être : « La nature privative du mal » (Leibniz, *Théod.*, préf.).

Probabilisme. – *Hist.* △ 1. Doctrine selon laquelle il n'y a que des opinions[1] plus ou moins probables[2], non des propositions certaines[2]. – 2. *Probabilisme scientifique :* auj. doctrine selon laquelle les lois scientifiques, ayant un caractère statistique[2], n'ont, en ce qui regarde les faits singuliers, qu'une signification probabilitaire (cf. Ph. I, p. 457).

Probabilité. – *Épist.* 1. □ Caractère de ce qui nous paraît vraisemblable, de ce qui nous semble devoir se réaliser de préférence à d'autres possibles ou avoir le plus de chances d'être vrai, sans cependant qu'on puisse le prouver ; en ce sens, la probabilité caractérise l'*opinion*[1] : « La probabilité, comme toute autre modalité de la pensée, est un caractère essentiellement subjectif de nos jugements » (Couturat). – 2. ■ (Sens mathématique). « La probabilité est le rapport du nombre des cas favorables au nombre total des événements » (Borel). *Calcul des probabilités :* règles à l'aide desquelles on calcule la probabilité[2] d'un événement futur. *Lois de probabilité :* les lois statistiques[2] (cf. *Probabilisme*[2]) : « La nouvelle Physique ne nous fournit que des lois de probabilité » (L. de Broglie).

Probable. – *Autref.* **1.** digne d'être approuvé : « La doctrine des opinions probables » (Pascal, *Prov.*, 5), celles qui, selon les casuistes, méritent d'être suivies sans cependant être certaines.
– *Auj.* **2.** □ Qui présente de la probabilité au sens 1 ; qui a une apparence de vérité : « Les actions de la vie ne souffrant aucun délai..., lorsqu'il n'est pas en notre pouvoir de discerner les plus vraies opinions, nous devons suivre les plus probables » (Descartes, *Méth.*, III). – **3.** ■ Qui présente une certaine probabilité au sens 2 : « L'erreur probable ».

Problématique (Jugement). – *Crit. Chez Kant* (opp. : *assertorique*** et *apodictique***) : celui qui exprime une simple possibilité[2].

Problème. – Question à résoudre, en *gén.* : « Les problèmes scientifiques ». « Les problèmes politiques ». ☞ G. Marcel a dist. le *problème* du *mystère*[3] : « Un problème est qqc. que je trouve tout entier devant moi, mais que je puis par là même cerner et résoudre, au lieu qu'un mystère[3] [*v. ce mot*] est qqc. en quoi je suis moi-même engagé. »

Procession. – *Hist.* **1.** *Chez Plotin :* progrès[1] selon lequel une hypostase[1] naît d'une autre : « Les hommes de la fin de l'Antiquité et du Moyen Age pensent les choses sous la catégorie de procession, comme ceux du XIXe et du XXe sous la catégorie d'évolution » (Bréhier). – **2.** *Dans la théol. chrétienne :* l'Esprit Saint « procède » du Père et du Fils, auxquels il est consubstantiel.

Prochain. – (Adj.). **1.** *Log. form. Genre prochain :* le genre[1] immédiatement supérieur en extension[3] à l'espèce[2] considérée. – **2.** *Épist. Cause prochaine :* celle qui précède immédiatement l'effet. – **3.** *Théol. Pouvoir prochain :* pouvoir d'agir selon la volonté de Dieu, avec l'assistance de la grâce[2] (cf. Pascal, *Prov.*, I). – (Nom). **4.** *Le prochain :* tous nos semblables.

Profil psychologique. – *Ps. métr.* Graphique figurant les diverses aptitudes d'un sujet. Cf. Ph. I, p. 545.

Profit. – *Éc. pol.* Bénéfice propre de l'entrepreneur ou du commerçant, distinct de la rémunération du travail de direction.

Profond, Profondeur. – *Psycho.* Ces termes, très usités auj., sont extrêmement équivoques. Ils peuvent désigner : **1.** la profondeur *vers le bas, i. e.* l'infraconscient et l'illogique : « L'absurde, que l'on baptise profondeur » (Jaspers). *Psychologie des profondeurs* (trad. all. *Tiefenpsychologie*) : celle du subconscient ou la psychanalyse*. *Chez Bergson :* « moi profond » ou « moi fondamental » (*D. I.*, II), encore appelé « moi d'en bas » (*D. I.*, III), celui de la durée[2] pure, « confus, infiniment mobile, inexprimable » et caractérisé par « une absurdité fondamentale » (opp *moi superficiel*, tourné vers l'action pratique[1]) ; – **2.** la profondeur *vers le haut* : « La profondeur est le terme de la réflexion. Quiconque a l'esprit véritablement profond doit avoir la force de fixer sa pensée fugitive » (Vauvenargues).

Progrès. – ▲ **1.** Développement (sans jugement de valeur) : « Les progrès de l'alcoolisme, de la criminalité » ; « [La dynamique[4] sociale] constitue la théorie positive du *progrès* [ou « développement »] social qui, en écartant toute vaine pensée de perfectibilité absolue et illimitée... » (Comte, *Cours*, 48ᵉ leçon). – △ **2.** Transformation graduelle *dans le sens d'un mieux* : « Les progrès de l'esprit humain » (Condorcet) ; « Le progrès de la conscience » (Brunschvicg). *Le Progrès* : mouvement général de la civilisation vers le mieux : « L'idée de progrès s'est désagrégée : on ne considère plus qu'il y ait une liaison nécessaire entre le progrès intellectuel et le progrès technique d'une part, le progrès politique ou le progrès moral de l'autre » (Hubert).

Projection. – *Ps. an.* Processus par lequel « le sujet se décharge de ses propres mouvements affectifs en les attribuant à autrui » (Baudouin).

Pro-jet [Trad. all. *Entwurf*]. – *Méta. Chez Heidegger :* propriété du *Dasein*[2] d'être sans cesse jeté-en-avant de lui-même par la préoccupation*.

Prolégomènes. – Préliminaires, introduction : *vg.* Kant, *Prolégomènes à toute métaphysique future*.

Proleptique (Attitude). [G. *Prolepsis*, terme employé par les Stoïciens pour désigner les anticipations sur l'expérience]. – *Épist.* Syn. d'*intuition*[3].

Propédeutique. – Étude préparatoire à une science : « La logique, comme propédeutique, ne forme qu'une sorte de vestibule des sciences » (Kant, *R. pure*, préf. 2ᵉ éd.).

Proposition. – *Log.* Énoncé verbal d'un jugement[2]. Cf. *Assertion** et *Lexis**. – Voir aussi *Fonction*[1].

Propre. – *Log.* Qui appartient à l'objet considéré et à lui seul : « La définition doit être propre » (*i. e.* convenir au seul défini[2]).

Propriété. – *Épist.* **1.** Caractère[2] qui appartient à un être (opp. : *Faculté*[1]). *D'où :* caractère[1] distinctif : « Les qualités qui sont tellement propres à une chose qu'elles ne sauraient convenir à d'autres se nomment propriétés : être terminé par trois côtés est une *propriété* du triangle » (Condillac)
– *Éc. pol.* et *Jur.* **2.** Droit[4] de posséder : « La propriété est le droit de jouir et de disposer des choses de la manière la plus absolue pourvu qu'on n'en fasse pas un usage prohibé par les

lois ou les règlements » (*C. C.*, 544). ☞ *Dist.* le simple fait de la possession.

Proprioceptive (Sensibilité). – *Ps. phol.* Celle qui nous renseigne sur l'activité propre de notre corps (sensations kinesthésiques* et posturales*).

Prospective. – *Techn.* Terme inventé par G. Berger pour désigner une forme de réflexion sur l'avenir qui, « s'appliquant à en décrire les structures les plus générales » et à « dégager les éléments d'une méthode applicable à notre monde en accélération », constitue avant tout « une attitude pour l'action ».

Protocole. – *Épist. Chez les logisticiens* (opp. : *Tautologie*²) : énoncé formulant une assertion expérimentale vérifiable.

Protopathique. – *Ps. phol.* (Opp. : *épicritique**). Se dit de la sensibilité tactile profonde, qui n'apporte que des indications vagues, mais suscite de fortes réactions affectives.

Protreptique. – *Hist.* Genre littéraire ayant pour objet la consolation dans la douleur ou l'exhortation à la vertu : « Aristote a écrit un *Protreptique* ».

Proversion. – *Mor.* Mouvement qui nous pousse « à tourner le dos au passé pour nous porter vers l'avenir encore indéterminé en vue de le marquer au sceau de l'idéal » (Le Senne) : « La morale est proversive ».

Providence. – *Méta.* et *Théol.* Action que Dieu exerce sur le monde : 1. par l'établissement de lois³ fixes (providence générale) ; 2. par des interventions particulières (providence particulière, miracles).

Providentialisme. – *Méta.* △ Doctrine qui consiste à tout expliquer dans l'univers par l'intervention de la Providence*.

Prudence. – *Mor.* **1.** (Syn. : *sagesse*²). *Autref.*, une des vertus cardinales*, consistant dans « la pénétration et le discernement du vrai » (Cicéron, *Off.*, I, 5). – **2.** *Auj.*, circonspection.

Pseudégorie. – Façon de parler détournée et qqfs. mensongère : « L'ironie est une pseudégorie. » (Jankélévitch).

Pseudomnésie. – *Psycho.* Erreur de la mémoire qui consiste à croire reconnaître qqc. qu'on n'a pas déjà perçu ou inversement à prendre pour nouveau ce qu'on a déjà vu. ☞ Dist. *paramnésie**.

Psittacisme [L. *psittacus*, perroquet]. – Pensée verbale où l'on « raisonne en paroles sans avoir les objets mêmes dans l'esprit », où l'on « récite sur la foi d'autrui » (Leibniz, *N. E.*, II, 21, 31).

Psychanalyse. – *Épist.* Méthode thérapeutique, puis système psychologique, inaugurés par Freud, continués par Adler, Jung, etc. (voir Ph. I, p. 539 et II, p. 122), et qui consiste en une interprétation des rêves, propos spontanés, actes manqués* d'un sujet en vue d'explorer son inconscient et *spéc.* de déceler les *complexes*[3] psychiques qui causent chez lui des troubles mentaux ou physiques. ☞ Le sens du terme est qqfs. élargi jusqu'à désigner la psychologie* clinique tout entière. Cf. *Refoulement** et *Transfert**.

Psychasthénie. – *Ps. path.* Nom donné par Janet à l'ensemble des névroses* caractérisées par les obsessions*, doutes[2], phobies*, sentiments d'incomplétude*, l'abaissement de la tension* psychologique et l'affaiblissement de la « fonction du réel[3] ». ☞ Janet écrit *psychasténie*.

Psychè. – *Ps. an.* « Ensemble de tous les processus psychiques conscients et inconscients » (Jung).

Psychiatrie [G. *psychè*, âme, et *iatreia*, médecine]. – *Méd.* Partie de la médecine qui consiste dans l'étude et la thérapeutique des maladies mentales.

Psychique. – *Psycho.* 1. (Syn. : *mental*[1]). Qui concerne l'esprit[1], la pensée[1] : « La Psychologie est la science des faits psychiques ». 2. Chez certains, se dit *spéc.* des phénomènes parapsychiques*.

Psychodiagnostic. – *Psycho.* Méthode d'exploration de la personnalité fondée sur l'interprétation du test de Rorschach (test des taches d'encre).

Psycho-analyse. – Syn. : *psychanalyse**.

Psychodrame. – *Ps. path.* Improvisation d'actions dramatiques, sur un thème donné, par un groupe de sujets pour les guérir de troubles psychiques analogues. *Cf. Soeiométrie**.

Psycholepsie. – *Ps. path.* Chute de tension* psychologique (Janet).

Psychologie [G. *psychè*, âme, et *logos*]. – *Épist.* 1. Science positive de la vie psychique et de la conduite*. *Psychologie de conscience :* celle qui prend pour objet les faits de conscience[1] et fait surtout appel à l'introspection*. *Psycho. de comportement* ou *de réaction* (syn. : *behaviourisme*[1]) : celle qui étudie le comportement*, les réactions[2] des êtres vivants. *Psycho. clinique :* celle qui repose sur « l'investigation systématique[1] et aussi complète que possible des cas individuels » (Lagache). *Psycho. expérimentale :* celle qui utilise les techniques expérimentales (méthodes de laboratoire, tests*, etc.). *Psycho. objective :* celle qui, sans rejeter l'introspection, fait surtout appel à l'observation extérieure (qqfs. syn. de *psycho. de réaction* au sens étroit, avec rejet de l'introspection : *vg.* Bechterev). *Psycho. pathologique :* cf. *Pathologique*[3].

– *Méta.* 2. *Psychologie rationnelle* (ou *ontologique*) : étude métaphysique de l'âme[2] en tant que réalité substantielle.

Psychologique. – 1. Qui concerne la psychologie : « Les méthodes, les théories psychologiques ». – **2.** Souvent, mais imppt., syn. de *psychique*[1] : « Les faits psychologiques ».

Psychologisme. – △ Tendance à faire prédominer le point de vue psychologique[1], soit sur le point de vue logique ou critique, soit sur le point de vue sociologique : « Le psychologisme de Tarde » (cf. Ph. I, p. 154).

Psychométrie. – *Épist.* Étude quantitative des faits psychiques[1], au point de vue de leur intensité*, de leur durée[1], etc.

Psychopathie. – *Ps. path.* État psychique morbide, maladie mentale.

Psycho-physiologie. – *Épist.* Étude des rapports entre les faits psychiques et les faits physiologiques.

Psychophysique. – *Épist.* **1.** Étude expérimentale et quantitative des rapports entre l'excitation* et la sensation[1] (voir *Fechner**). – **2.** *Lato,* syn. de *psycho-physiologie*.

Psychose. – *Ps. path.* Maladie mentale avec trouble des fonctions intellectuelles. ☞ Dist. *névrose**.

Psychosomatique. – Qui concerne à la fois l'esprit et le corps. *Médecine psychosomatique :* celle qui se fonde sur l'union intime du psychique et du corporel.

Psychotechnique. – *Techn.* Étude scientifique, pour des buts pratiques (orientation professionnelle, organisation du travail, etc.), du comportement de l'individu devant une tâche à accomplir.

Psychothérapie. – *Méd.* « Médecine psychologique » (Janet), traitement des maladies par des moyens psychologiques (suggestion, isolement, confiance, etc.). ☞ Dist. *psychiatrie** où l'esprit est l'*objet* du traitement, tandis qu'ici il en est le *moyen*.

Public. – **1.** (Adj.). Qui concerne l'ensemble des citoyens. *Spéc., Jur. Droit public* (opp. : *droit privé*), celui qui concerne l'État et ses rapports avec les citoyens (cf. *Droit*[3]). – **2.** (Nom). *Soc. Le public :* groupe diffus ayant pour base l'opinion[2] : « L'opinion[2] est l'essence d'un type de groupement social original, qui ne peut se comprendre que par elle : le public » (Stœtzel). – **3.** Se dit qqfs d'*un* public particulier : « Le public du cinéma, des courses ».

Puérilisme. – *Ps. path.* Retour aux attitudes extérieures et au langage de l'enfant (minauderies, emploi des diminutifs, etc.), que l'on constate dans les tumeurs du lobe frontal, la démence sénile, etc.

Puissance – *Vulg.* **1.** Possibilité, faculté : « Peut-être qu'il y a en moi qq. faculté ou puissance propre à produire ces idées » (Descartes, *Méd.,* III) ; « Cet état [de l'homme] qui tient le milieu entre deux extrêmes, se trouve en toutes nos puissances » (Pascal, 72) ; « Les puissances trom-

peuses » [sens, passions, imagination] (id., 83).
– *Méta.* **2.** *Chez Aristote* (opp. : *Acte*[2]) : l'être à l'état virtuel*, en voie de devenir. *En puissance,* virtuellement : « Peut-être que toutes les perfections que j'attribue à la nature d'un Dieu sont en moi en puissance » (Descartes, *Méd.*, III). – **3.** Pouvoir d'agir, causalité efficace : « La puissance de Dieu » ; « Que si l'on vient à considérer l'idée que l'on a de cause[1] ou de puissance d'agir, on ne peut douter que cette idée ne représente qqc. de divin » (Malebranche, *R. V.*, VI, 2, 3) ; « Rien n'est plus sacré que la puissance » (id., *Entr.*, VII, 14) :
– *Soc.* et *Pol.* **4.** Pouvoir[4] politique, souveraineté : « Il y a dans chaque nation un esprit général sur lequel la puissance même est fondée » (Montesquieu) ; « Quand on a la puissance, on croit tout possible » (Condillac). – **5.** *D'où* : *Ext.* Autorité, domination : « La puissance de la volonté sur les passions » ; « La puissance de l'argent ».

Pulsion [Trad. all. *Trieb*]. – *Ps. an.* Instinct[3] (au sens freudien) en tant qu'il pousse à agir.

Pur. – **1.** Sans mélange d'un élément étranger. *Plaisir pur* (Épicure, Bentham) : celui qui n'est pas mêlé de peine ou de besoin.
– **2.** Sans mélange d'éléments empiriques ou sensibles : « L'entendement ou l'esprit pur » (Malebranche, *R. V.*, III), *i. e.* « l'esprit considéré en lui-même et sans aucun rapport au corps ». *Quantité pure :* le nombre, abstraction faite de toute grandeur concrète. *Mathématiques pures :* celles qui ont pour objet la quantité pure, arithmologie*. Spéc., *chez Kant :* « Je nomme *pures*, au sens transcendantal, toutes les représentations dans lesquelles il ne se trouve rien qui appartienne à l'expérience sensible *[Empfindung]* » (*R. pure*, Esth., § 1) ; *d'où* : « raison pure », « intuitions pures » de l'espace et du temps, « concepts purs de l'entendement » (= catégories*).
– **3.** *Pur amour :* voir *Amour*[1].
– *Mor.* **4.** (Ctr. : *impur*). Sans souillure : « Ames pures et innocentes » (Bossuet) ; « Tout est pur à ceux qui sont purs (Massillon, d'après saint Paul).

Pyrrhonisme. – *Hist.* △ **1.** Doctrine de Pyrrhon. – *Ext.* **2.** Scepticisme* radical : « Une idée de la vérité, invincible à tout le pyrrhonisme » (Pascal, 395). *D'où :* « les pyrrhoniens », les sceptiques.

Pythagorisme. – *Hist.* △ **1.** Doctrine de Pythagore. – *Ext.* **2.** Tendance à faire du nombre la loi suprême des choses, idéalisme[4] et symbolisme d'inspiration mathématique.

Q

Qualité. – (Opp. : *quantité**). *Crit.* **1.** Une des catégories* fondamentales de la pensée : propriété[1], manière d'être : « J'ai pensé que je ne ferais pas peu si je montrais comment il faut distinguer les propriétés ou qualités de l'esprit des propriétés ou qualités du corps » (Descartes, *2ᵉ Rép.*); « Une qualité est ce qui fait qu'on appelle une chose d'un tel nom : on ne peut le nier à Aristote » (Malebranche, *R. V.*, VI, 2, 2). – **2.** Propriété sensible et non mesurable des choses : « Nous mettons la quantité de la cause [de la sensation] dans la qualité de l'effet » (Bergson, *D. I.*, I.) ; « Dès le premier coup d'œil jeté sur le monde, nous y distinguons des *qualités* » (id., *E. C.*, IV). *Qualités premières* ou *primaires :* celles sans lesquelles les corps ne peuvent se concevoir (étendue, impénétrabilité). *Qualités secondes* ou *secondaires :* celles qu'on peut supprimer par abstraction sans supprimer la notion de corps (couleur, saveur, etc.). *Qualités occultes :* propriétés non constatables qu'on supposait dans la nature pour expliquer les phénomènes : « Les livres de science... sont tous pleins de raisonnements fondés sur les qualités élémentaires et sur les qualités secondes, comme les *attractrices*, les *rétentrices*, les *concoctrices*, les *expultrices*, et autres semblables : sur d'autres qu'ils appellent *occultes*, sur les *vertus spécifiques...* » (Malebranche, *R. V.*, III, 2, 8, 1). – *Log. form.* **3.** *Qualité d'une proposition :* le fait qu'elle est affirmative ou négative.

– *Mor.* **4.** Disposition ou valeur morale, vertu[2] : « Le vrai courage est une des qualités qui supposent le plus de grandeur d'âme » (Vauvenargues). – *Ext.* **5.** Valeur, en gén. : « Le monde aurait été sauvé plus d'une fois si la qualité des âmes pouvait dispenser de la qualité des idées » (Brunschvicg).

Quanta. – Voir *Quantum**.

Quantification. – *Phys.* **1.** Attribution d'un *quantum** : « La quantification des mouvements intra-atomiques ». – *Log. form.* **2.** *Quantification du prédicat :* théorie (de Hamilton) selon laquelle on doit, dans toute proposition, énoncer la quantité[3] de l'attribut[1], alors que, selon la logique classique, celui-ci est toujours pris particulièrement dans les affirmatives, universellement dans les négatives.

Quantique. – *Phys.* Qui repose sur l'hypothèse des *quanta** : « La Physique quantique » ; « La théorie quantique du champ[1] ».

Quantité. – (Opp. : *qualité**). *Crit.* **1.** Une des catégories* fondamentales de la pensée : abstraction[2] de la grandeur, dépouillée de toutes ses qualités[2] et considérée seulement comme mesurable. Voir *Continu* et *Discontinu*[2]. – *Log. form.* **2.** *Quantité d'une proposition :* le fait que le sujet[2] y est pris dans toute son extension[3] (prop. *universelles*[3]) ou bien dans une partie seulement de son extension (prop. *particulières*[2]). – Ext. **3.** *Quantité d'un terme* : le fait qu'il est pris dans la totalité ou dans une partie seulement de son extension[3].

Quantophrénie. – *Épist.* Terme inventé par le sociologue américain Sorokin pour désigner ironiquement la tendance excessive à introduire la quantité et la mesure dans les sciences de l'esprit (psychométrie, sociométrie, statistiques, etc.)

Quantum. – *Phys. Quantum d'énergie* : unité de variation de l'énergie[1] quand celle-ci est considérée comme variant de façon discontinue[1] ; il a pour expression : $w = hv$ (h étant la constante de Planck, et v la fréquence du rayonnement) : « L'origine de la théorie des *quanta* [de Planck] a été l'étude de la répartition de l'énergie[1] entre les fréquences dans le rayonnement » (L. de Broglie). *Quantum d'action* : extension de la conception précédente à tous les mouvements corpusculaires à très petites échelle : « Le quantum d'action[3] apparaît auj. comme l'une des réalités les plus fondamentales de la Physique » (id.).

Quasi-contrat. – *Jur.* Engagement implicite sans convention expresse.

Quérulance [L. *querulus*, plaintif]. – *Ps. path.* Tendance pathologique à se plaindre d'injustices dont on se croit victime. Cf. *Revendicatif**.

Quiddité. – *Hist. Chez les scolastiques* : ce qui répond à la question *quid ?, i. e.* l'essence*. *Quiddité spécifique*, ce qui caractérise l'espèce[2].

Quiétisme. – △ **1.** *Théol.* Doctrine de certains mystiques (Molinos, Mme Guyon) qui faisaient consister la perfection chrétienne dans le *pur amour*[1] : « Le quiétisme réclame de l'âme pieuse un amour si désintéressé qu'elle devient indifférente au salut » (Roustan). – Ext. ▲ **2.** Attitude morale consistant dans la contemplation pure et l'inactivité spirituelle. *D'où : Pol.* : « Le temps n'est pas au quiétisme... Les événements ne sont jamais neutres » (Lamartine, 1832) ; et *Mor.* : « Le quiétisme de l'ivrogne solitaire » (Sartre).

Quotient d'intelligence. – *Ps. métr.* Mesure de l'intelligence par le quotient de « l'âge mental » (donné par les tests*) divisé par l'âge réel : pour le sujet normal, ce quotient est égal à 1. (Cf. Ph. I, p. 543).

R

Race. – *Biol.* Variation de l'espèce[3] fixée par l'hérédité. ☞ Concept d'ordre biologique qui ne doit pas être confondu avec les notions d'*ethnie**, de *peuple*, de *nation**, etc. : « La race, représentant la continuité d'un type physique, représente un groupe naturel pouvant n'avoir et n'ayant gén. rien de commun avec le peuple, la nationalité, la langue, les mœurs » (Boule).

Racisme. – *Pol.* △ Doctrine qui prend la notion de race* comme base d'un système politique et qui privilégie une « race » par rapport aux autres.

Radicalisme philosophique. – *Hist.* △ Doctrine de Bentham, de J. Mill et de J. Stuart Mill (confiance en la raison[5], libéralisme[2 et 3], utilitarisme*, etc.).

Raison. – A) *La Raison.* □ *Psycho.* et *Crit.* **1.** « Puissance de bien juger et de discerner le vrai d'avec le faux... qu'on nomme le *bon** sens ou la *raison* » (Descartes, *Méth.*, I) ; « La parfaite raison fuit toute extrémité » (Molière) ; « Avoir *ou* perdre sa raison ». – **2.** Faculté directrice de la pensée et de l'action humaines, que l'on fait qqfs. consister en un ensemble de principes[2] universels et immuables *(raison constituée)*. Mais A. Lalande en dist. à juste titre la *raison constituante*, tendance active vers l'identité[3], faculté normative* et inventive, dont la première n'est que l'expression temporaire. – Souvent *opp.* à *expérience* ou à *sensibilité** : « La Raison pure et nue, distinguée de l'expérience, n'a à faire qu'à des vérités indépendantes des sens » (Leibniz, *Théod.*, début) ; « La raison parle bas ; il faut de l'attention pour l'entendre. Mais les sens... » (Malebranche). Spéc., *chez Kant :* « Toute notre connaissance commence par les sens, passe de là à l'entendement *(Verstand)* et s'achève dans la raison *(Vernunft)*... Nous distinguons ici la raison de l'entendement en la nommant la *faculté des principes* » (*R. pure*, Dial, introd., II, A) ; « Connaissance par raison et connaissance *a priori* sont identiques » (*R. pr.*, préf.). – *Au sens moral :* « La raison, en tant qu'elle nous détourne du péché, s'appelle la conscience » (Bossuet) ; « La règle de la conduite humaine, la raison, est indispensable » (Renouvier) ; « L'acte moral est un acte de raison » (Lagneau). – **3.** Faculté de connaître l'absolu[1] : « La raison conçoit l'infini, l'éternel, l'absolu, le nécessaire » (Lacordaire). *Spéc.*, participation à la Raison divine, Logos* : « Chacun sent en soi une raison bornée et subalterne qui ne se corrige qu'en rentrant sous le joug d'une autre raison supérieure, universelle et immuable » (Fénelon) ; « La Raison qui éclaire l'homme, est le Verbe ou la Sagesse de Dieu même » (Malebranche). – **4.** (Raison « raisonnante » ou discursive). Faculté de raisonner : « L'intellect[2] tire son nom de l'intime pénétration de la vérité ; la raison, de la recherche et du discours* » (St Thomas, *S. th.*, II^a II^{ae}, 5) ; « La raison compare une chose avec une autre et en découvre les rapports » (Bossuet) ; « [Il faut] séparer entièrement l'usage analytique et l'abus dialectique de la raison » (Brunschvicg) ; « La raison est la plus belle de toutes nos facultés, à condition qu'on n'en fasse pas la faculté qui raisonne, mais celle qui mesure » (Lavelle ; cf. sens 7). – **5.** (Opp. : *foi*[5]). Connaissance naturelle de l'esprit sans l'aide de la révélation : « Deux excès : exclure la raison, n'admettre que la raison » (Pascal, 253) ; « Les dogmes de la foi et les principes de la raison doivent être d'accord dans la vérité » (Malebranche, *Entr.*, XIV, 4) ; « La sainte haine qu'il [le P. Canaye] avait contre la raison » (St-Évremond).

– B) *Des raisons*. ■ *Épist.* **6.** Explication ; ce qui fait comprendre ou justifie : « Les raisons d'un choix » ; « Les raisons me viennent après » (Pascal, 276) ; « Le cœur a ses raisons, que la raison[4] ne connaît point » (id, 277) ; « La raison des choses » (Cournot). *Principe de raison suffisante :* celui qui pose que rien n'arrive sans raison, *i. e.* sans qu'on puisse « rendre raison *a priori* pourquoi cela est existant plutôt que non existant et pourquoi cela est ainsi plutôt que de toute autre façon » (Leibniz, *Théod.*, I, 44). – **7.** Rapport, proportion, loi [cf. L. *reor*, calculer ; d'où : *ratio*] : « Livre de raison » [= de comptes]. Spéc., *Math.* : « en raison directe (*ou* inverse) de... », « moyenne et extrême raison », « la raison d'une progression ». *Ext.* : « La pensée est la raison commune en laquelle les actes intellectuels conviennent..., l'extension[1], la raison commune des actes corporels » (Descartes, *3es Rép.*, II). – *Pol.* **8.** *Raison d'État :* considérations d'intérêt public par lesquelles on justifie certaines mesures discutables du point de vue de la pure justice[1]. – **9.** *Raisons séminales :* voir *Séminales**.

☞ La « raison[A] subjective » et la « raison[B] objective » (Cournot) présentent cependant une certaine unité, qu'indique assez bien ce philosophe dans *Matérialisme, Vitalisme, Rationalisme*, III, § 1 : « Ces théories et ces méthodes, ces sciences... sont du domaine de la RAISON, de cette faculté supérieure par laquelle l'homme parvient à dégager l'idée pure de son enveloppe sensible, à saisir un ordre intelligible, suivant lequel les faits, tant sensibles qu'intelligibles, *rendent raison* les uns des autres. »

Raisonnable. – *Psycho.* et *Mor.* □ **1.** Doué de raison[1], ou : qui agit selon la raison : « Celui qui n'a vu que des hommes polis et raisonnables, ne connaît pas l'homme » (La Bruyère) ; « Se placer dans une attitude impartiale, impersonnelle..., cela s'appelle être raisonnable » (Rauh). – *Épist.* ■ **2.** *Laud.* En faveur de quoi on peut donner de bonnes raisons[6], *ou* : conforme à la raison[1] : « C'est une solution raisonnable » ; « Il n'est permis de suivre les mouvements du cœur que lorsqu'ils sont raisonnables » (Malebranche); « Qu'y a-t-il de moins raisonnable que de prendre notre intérêt pour motif de croire une chose ? » (Port-Royal, III, 20, 1).

Raisonnement. – *Psycho.* et *Log.* ○ **1.** Opération discursive* de la pensée consistant à enchaîner logiquement des jugements (avec plus ou moins de rigueur selon le type de raisonnement considéré) et à en tirer une conclusion[1] : « Le raisonnement est le mouvement par lequel la pensée se réalise dans les jugements successifs » (Lagneau). – ● **2.** Résultat de cette opération : « Un raisonnement correct »; « Ces tables* [de Bacon] ne sont pas par elles-mêmes des raisonnements » (Goblot).

Rapport. – *Épist.* **1.** Relation[1] en gén. : « Le monde est une hiérarchie de rapports » (Hamelin). – **2.** Affinité : « Les parties du monde ont un tel rapport l'une avec l'autre... » (Pascal, 72); « Dieu a du rapport avec l'univers comme créateur et comme conservateur » (Montesquieu, *Lois*, I, 1).

Raptus. – *Ps. path.* Impulsion brusque et irrésistible qui pousse le sujet à des actes tels que violences, suicide, fuite éperdue, etc.

Rationalisme. – △ *Crit* **1.** (Opp. : *empirisme*[2]). Doctrine qui pose la raison[2] comme indépendante de l'expérience, et même souvent (il vaudrait mieux dire alors *apriorisme**) affirme que la raison[2] est innée, *a priori*, immuable et égale chez tous les hommes : « Le rationalisme le plus intrépide, le plus intransigeant est celui des vieux philosophes Éléates* » (Roustan). – **2.** (Opp. : *mysticisme*[2] ou *traditionalisme*[2]). Doctrine qui affirme l'autorité souveraine de la raison[2] et rejette l'intervention du sentiment[4] ou de la tradition dans l'ordre théorique : « Il faut, dit le rationalisme, aller vers la vérité avec la seule intelligence » (Goblot). – *Spéc. Théol.* **3.** Doctrine de ceux qui rejettent toute révélation et tout surnaturel et ne veulent admettre que la raison au sens 5. – ▲ **4.** Rationalité, pensée rationnelle[1] : « Toute critique scientifique doit ramener les faits au rationalisme » (Cl. Bernard). – **5.** *Ps. path. Rationalisme morbide :* nom donné par Minkovski à l'excitation intellectuelle de certains schizophrènes*, qui les fait raisonner d'une façon absolue sans tenir compte d'aucun sentiment humain.

Rationnel. – *Épist.* et *Crit.* **1.** Qui se rapporte à la raison, aux sens 1, 2 ou 3 : « Principes rationnels »; « J'oppose le rationnel à l'empirique » (Kant, *R. pure*, Methodenlehre, III); « Faire œuvre de science rationnelle, c'est chercher à formuler qq. relation constante entre des propositions qui se nomment des *lois*[5] » (Milhaud, *Le Rationnel*).

– **2.** Qui se fonde sur la raison[4], *i. e.* sur la déduction pure *opp.* à la méthode expérimentale. *Sciences rationnelles :* les mathématiques. *Psychologie rationnelle :* v. *Psychologie*[2]. – **3.** (Syn. : *raisonnable*). Conforme à la raison : « Voilà une idée raisonnable ; maintenant on dit bien plus dignement : voilà une déduction rationnelle » (Musset) ; « Une éducation rationnelle » (Comte).

– Math. **4.** *Nombre rationnel* (cf. *Raison*[7]) : celui qui peut se mettre sous la forme d'un rapport entre deux entiers.

Réactions. – Math. et Phys. **1.** *En Mécanique :* action[5] qu'un corps exerce sur un autre en réponse à une action de celui-ci : « La réaction est toujours égale et opposée à l'action[5]. » *En Chimie :* phénomène qui résulte de la mise en contact de différents corps. – Biol. et Psycho. **2.** (Adj. correspondant : *réactionnel*). Réponse de l'organisme à un stimulus* ; cf. *Psychologie*[1] et *Temps*[2]. – Pol. **3.** (Adj. corresp. : *réactionnaire*). Mouvement en sens contraire : « La réaction thermidorienne », et *spéc.* en sens opposé au progrès[2] : « Les partis de réaction. »

Réaliser. – **1.** Faire exister à titre de réalité objective[2] : « Réaliser un projet » ; « Plotin s'engageait à réaliser la république de Platon » (Diderot). – **2.** Faire exister à titre de réalité mentale, penser effectivement : « Il ne réalisait pas son échec ». – **3.** (Souvent *péj.*) Considérer comme réelle une entité[2] abstraite : « Les philosophes ont été de tous temps sujets à réaliser leurs abstractions[2] » (Condillac).

Réalisme. – Vulg. **1.** ▲ Sens des réalités : « Un homme d'État doit faire preuve de réalisme. » Qqfs. *péj. :* « Un réalisme étroitement utilitaire. »

– △ Esth. **2.** (Opp. : *idéalisme*[2]. Syn. : *naturalisme*[3]). Doctrine esthétique qui assigne pour but à l'art la reproduction exacte du réel : « Le réalisme et l'idéalisme[2] ont un postulat commun : l'art existerait tout fait dans la réalité empirique ou transcendante » (Delacroix). – Méta. **3.** (Opp. : *nominalisme*[1] et *conceptualisme*[3]). Doctrine de Platon et de certains scolastiques, qui attribue aux Idées[1] ou aux universaux* une existence en soi : « Le réalisme de saint Anselme ». – Crit. et Méta. **4.** (Opp. : *idéalisme*[4]). Nom générique des doctrines qui admettent que la connaissance saisit des réalités véritables, des « choses » *(res)* ayant une existence indépendante de la pensée : « Le réalisme s'installe d'emblée dans l'être : il admet que la pensée accède à l'être directement » (Blanché)

– Psycho. **5.** (Par ext. du sens 4). Tendance de l'enfant à attribuer à l'objet les résultats de l'activité du sujet (Piaget). Cf. Ph. I, p. 49.

Réalité. – Voir *Réel**. *Épist.*: *Jugements de réalité* (opp.: *jug. de valeur*²). Ceux qui énoncent des faits ou des rapports entre des faits. ☞ On dit encore: *jugements constatifs** ou *positifs*⁴.

Réciprocité. – *Crit.* **1.** Catégorie (nommée par Kant *communauté*¹) qui exprime l'action réciproque¹ de deux substances. – **2.** *Réciprocité de perspectives*: notion introduite par Th. Litt (*Individuum und Gemeinschaft*, 1913) pour interpréter l'action réciproque¹ de l'individuel et du social.

Réciproque. – *Vulg.* **1.** De l'un à l'autre, mutuel: « Ce besoin d'une confiance réciproque » (Voltaire). – *Log.* **2.** La réciproque d'une proposition hypothétique est une autre proposition hypothétique ayant pour antécédent² le conséquent² de la première et pour conséquent l'antécédent de la première. Schéma: soit « si P est vrai, Q est vrai »; la réciproque est: « si Q est vrai, P est vrai ». ☞ Dist. *inverse**.

Reconnaissance. – *Psycho.* Fonction de la mémoire⁴ qui consiste: 1. à éprouver à l'égard des souvenirs le sentiments du *déjà-vu**; 2. à les attribuer consciemment au passé: « La reconnaissance est un jugement, un acte de l'entendement » (Lagneau). *Fausse reconnaissance*: v. *Paramnésie** et *Pseudomnésie**.

Récurrence. – *Épist.* **1.** Retour en gén., répétition: « Les récurrences du rythme » (Bayer). – **2.** Retour sur soi, réaction de l'effet sur sa propre cause: « La science sociale contribue à modifier son objet: c'est ce que nous appellerons la récurrence de l'action et de la connaissance sociales » (Belot); « Une histoire *récurrente*, une histoire qu'on éclaire par la *finalité* du présent » (Bachelard). – **3.** *Raisonnement par récurrence* (Poincaré); celui qui consiste: 1. à vérifier une relation mathématique pour une valeur⁶ déterminée de n; 2. à démontrer que, si la relation est vraie pour $n-1$, elle est vraie pour n; 3. à l'étendre à toute la série des nombres entiers.

Rédintégration (Loi de). – *Psycho.* (Syn.: *loi de totalisation*). Un élément psychique qui reparaît à la conscience¹, tend à restaurer l'état total dont il a fait partie.

Réduction. – *Psycho.* **1.** *Chez Taine*: « réduction des images », le fait qu'une représentation imaginaire se trouve repoussée dans l'irréel par les sensations qui la contredisent. – *Méta.* **2.** *Dans le lang. phénoménologique*: « réduction eïdétique », celle qui consiste à éliminer les éléments empiriques du donné pour n'en retenir que la pure essence; « réduction phénoménologique », celle qui consiste à mettre « entre parenthèses* » les *existences* empiriques. – *Log.* **3.** Cf. *Absurde*³.

Réel. – *Crit.* et *Méta.* **1.** Qui existe comme existe une « chose » *(res)*, opp. : *a)* à l'apparent et à l'illusoire ; *b)* au simple possible ; *c)* à l'abstrait et à l'intelligible¹ : « Le réel est ce qui est actuellement donné ou ce qui peut être donné dans une expérience... Le *vrai* et le *réel* sont choses fort différentes. L'appréhension du réel dans une intuition est déjà une vérité ; mais, à partir de cette intuition, l'intelligence progresse dans la vérité en s'éloignant du réel » (Goblot) ; « La science part de l'expérience, *i. e.* du *réel* et tend constamment à l'*intelligible* » (id.).

– *Épist.* **2.** Qui concerne les « choses », opp. ce qui concerne : *a) les mots :* « définition réelle », celle qui porte sur la chose elle-même, opp. à « déf. nominale* », plus ou moins conventionnelle ; – *b) les idées :* « la réelle distinction qui est entre l'âme et le corps » (Descartes, *Méd.*, VI), *i. e.* celle qui est « selon l'ordre de la vérité de la chose », *opp.* à la distinction « selon l'ordre de ma pensée », *i. e.* entre l'idée de l'âme et l'idée du corps, posée dans *Méd.* II. *Analyse réelle :* celle qui décompose l'objet⁵ lui-même (*vg.* analyse chimique), *opp.* à *analyse idéale*¹ qui décompose l'idée de l'objet ; – *c) les personnes :* (Jur.) « droits réels », « domaine réel », droits ou pouvoir sur les choses.

– *Psycho.* **3.** *Fonction du réel* (Janet) : sentiment de la réalité perçue et adaptation des actes et de la pensée à cette réalité et au moment présent.

Référendum. – *Pol.* Consultatioin des citoyens sur un projet de loi.

Réflexe. – *Phol.* Réaction² (inhibition, contraction musculaire ou sécrétion) involontaire succédant automatiquement¹, en vertu de connexions préétablies dans le système nerveux, à l'excitation d'un nerf sensitif. *Réflexe conditionné* ou *conjonctif :* réflexe qui, provoqué d'abord par une excitation A, s'est associé par répétition à une excitation B et finit par être provoqué par celle-ci. Cf. Ph. II, pp. 3-8.

Réflexif. – *Crit.* Qui implique une prise de conscience des opérations de la pensée par elle-même : « Le caractère réflexif que présente le progrès de la science moderne » (Brunschvicg). – Cf. *Sensitif*³.

Réflexion. – *Psycho.* **1.** *Chez Locke :* « connaissance que prend l'esprit de ses opérations et de leurs caractères ». Cf. Ravaisson : « La vraie méthode psychologique est celle qui, du fait de telle sensation ou perception, distingue par une opération particulière ce qui l'achève en la faisant nôtre : cette opération, c'est la réflexion. » – **2.** (Vulg.) Attention intellectuelle² : « Nom qu'on donne à l'attention lorsqu'on la considère comme allant et revenant d'un objet sur un autre objet » (Condillac) ; « La réflexion part d'une intuition* qu'elle réforme et finit dans une intuition qui la supprime » (Nédoncelle).

Refoulement. — *Ps. an.* Processus qui fait qu'une idée ou une tendance pénible ou dangereuse se trouve rejetée et maintenue dans l'inconscient. ☞ D'abord attribué par Freud au *moi* conscient, le refoulement a ensuite été considéré par lui comme un processus inconscient émanant du *sur-moi**.

Règle. — *Épist., Mor., Esth.,* etc. **1.** Formule prescriptive qui commande ou indique ce qu'il faut faire, en un ordre d'action quelconque : « Aristote trace les règles de la tragédie de la même main dont il a donné celles de la dialectique, de la morale, de la politique » (Voltaire). – **2.** Qqfs., mais imppt., syn. de *Loi*⁵ (parce que celle-ci fut d'abord considérée comme une loi³ imposée par Dieu à la nature) : « Ces règles [sans lesquelles le Créateur ne pourrait gouverner le monde] sont un rapport constamment établi » (Montesquieu), *Lois,* I, 1) ; « Tous les corps se meuvent selon certaines lois ou règles..., qui dépendent de la libre volonté de Dieu » (Sigaud de Lafond, 1769).

Règne des fins. — *Hist. Chez Kant :* idéal de la Raison pratique consistant en une « union systématique » des êtres raisonnables se considérant tous réciproquement comme des *fins en*⁴ *soi* : « Dans le règne des fins, tout a un prix ou une dignité » (*Fond. méta. des mœurs,* II).

Régression. — Retour en arrière. D'où : **1.** *Biol., Psycho.* Arrêt de développement ou retour à un type moins évolué. *Spéc.,* Ps. an. Retour de la *libido* à un stade infantile. – **2.** *Ps. path. Loi de régression :* loi selon laquelle, dans l'amnésie progressive, la perte des souvenirs va « du plus nouveau au plus ancien, du complexe au simple, du volontaire à l'automatique, du moins organisé au mieux organisé » (Ribot). – **2.** *Soc.* et *Pol.* Transformation en sens inverse du progrès² : « Le totalitarisme* est une régression. »

Réifier. – Faire une chose³ de ce qui est mouvant : « Les procédés de réification conceptuelle dont use la raison discursive » (Le Roy).

Relatif. – *Crit.* et *Méta.* **1.** (Opp. : *absolu*¹). Qui ne se suffit pas à soi-même : « Le relatif ne se conçoit que par contraste avec une existence en soi et par soi » (Liard). – **2.** (Opp. : *absolu*²). Qui dépend d'un paramètre² plus ou moins conventionnel : « Pourquoi et dans quelle mesure l'espace est-il relatif ? Si tous les objets et notre corps lui-même, ainsi que nos instruments de mesure, étaient transportés dans une autre région de l'espace, sans que leurs distances mutuelles varient, nous ne nous en apercevrions pas... Le temps mesurable est aussi essentiellement relatif» (Poincaré). – **3.** (Opp. : *absolu*[3]. Syn. : *a posteriori**. Qui dépend de l'expérience : «Cette vérité [expérimentale] n'est jamais que relative au nombre d'expériences et d'observations qui ont été faites» (Cl. Bernard). – **4.** Qui implique une relation[1] ou est constitué par des relations[1] : «Cause et effet sont des termes relatifs» (Condillac) ; «L'absolu est encore le relatif..., parce qu'il est le système des relations[1]» (Hamelin). – *Vulg.* **5.** (Opp. : *absolu*[4]). Qui a des limites : «Toute puissance est relative» (Montesquieu, *Lois*, IX, 9).

☞ Dire que « la connaissance humaine est relative » peut s'entendre en deux sens : cf. *Relativité**.

Relation. – *Crit.* **1.** Une des catégories fondamentales de la pensée, et même, selon Renouvier, « la catégorie des catégories » (*Log. générale*, III, 27) : « Qu'est-ce que penser, sinon poser des relations ? »

– *Épist.* ○ **2.** Rapport entre deux objets, phénomènes ou quantités, tel que toute modification de l'un entraîne une modification de l'autre : « La science recherche des relations constantes entre les phénomènes ». – ● **3.** Formule exprimant une relation[2], *spéc.* en *Math.* égalité[3] ou inégalité.

– *Log.* **4.** *Propositions de relation :* celles qui énoncent une relation[2] autre que celle d'*inhérence*[2] (v. ce mot).

Relativisme. – *Hist.* △ (Opp. à la fois à *dogmatisme*[3] et à *scepticisme**). Doctrine qui admet la relativité* de la connaissance (*vg.* criticisme*).

Relativité. – *Crit. Relativité de la connaissance :* caractère de la connaissance d'être « relative », en ce sens : **1.** qu'elle ne peut porter que sur des relations[2] (Hamilton, Comte) ; – ou bien : **2.** qu'elle dépend du sujet[4a] connaissant et de la constitution de l'esprit humain (Kant). ☞ Dans les 2 sens, *dist.* avec soin *relatif* de *faux* ou *inadéquat*. Au sens 1, Hamelin écrit : « La relativité de la connaissance n'est pas, comme on l'a cru qqfs., un obstacle au savoir : elle en est le moyen ». Au sens 2, voir *Phénomène*[2].

– *Phys.* **3.** *Principe de relativité* (Einstein) : principe selon lequel 1. les lois des phénomènes physiques sont les mêmes pour différents groupes d'observateurs en mouvement de translation uniforme (relativité restreinte) ou uniformément accélérée (*vg.* gravitation : relativité généralisée) les uns par rapport aux autres ; 2. par suite, la durée des phénomènes varie suivant qu'elle est mesurée par des observateurs en repos ou en mouvement par rapport à eux. ☞ Bien *dist.* ce sens des deux précédents auxquels il est même « opposé à certains égards » (Lalande).

Religion. – *Théol.* **1.** St. Thomas (*S. th.*, II^a II^{ae}, 81, 5) définit la religion comme une vertu[2] morale dont Dieu est la fin et le culte rendu à Dieu l'objet ou la matière[1]. – *Soc.* **2.** « Système de croyances [dogmes] et de pratiques [rites] relatives à des choses *sacrées** et qui unissent en une même communauté morale, appelée *église*, tous ceux qui y adhèrent » (Durkheim). Cf. *Naturel*[2] et *Positif*[6].

Remémoration. – *Psycho.* (Syn. *anamnèse*[1]). Évocation* volontaire des souvenirs.

Réminiscence. – *Psycho.* **1.** Souvenir incomplet qui n'est pas reconnu comme passé : « Il mêle trop à ses souvenirs ceux des autres et ceux mêmes de ses lectures : c'est ce qu'on peut appeler des réminiscences » (Sainte-Beuve). – **2.** Retour spontané à la conscience d'un souvenir confus : « La réminiscence est un réveil fortuit de traces anciennes dont l'esprit n'a pas la conscience nette et distincte » (id.).

– **3.** *Hist. Chez Platon :* « ressouvenir de ce que notre âme a vu » [les Idées] dans une existence antérieure (*Phèdre*, 249 *c*).

Remords. – *Mor.* Angoisse de la conscience qui a le sentiment d'avoir commis une faute.

Repentir. – *Mor.* Tristesse de la conscience qui, tout en ayant le sentiment d'avoir commis une faute, s'efforce de s'en détacher et de s'orienter vers une vie meilleure.

Représentatif. – *Psycho* **1.** (Syn. *cognitif**). Qualifie les faits de connaissance en tant qu'ils présentent à l'esprit un objet[5].

– *Pol.* **2.** *Régime représentatif :* celui où le peuple délègue à des représentants le pouvoir législatif.

Représentation. – *Psycho.* et *Crit.* **1.** Fait de conscience représentatif[1] ; fait intellectuel[1]. Spéc., *chez Renouvier :* « synthèse du sujet et de l'objet dans une conscience », la « chose » en tant que présente à l'esprit ; la *représentation* comprend deux éléments : le *représenté* qui est « ce qu'on appelle un corps avec ses qualités » (tout ce qui est perçu, senti, etc.), et le *représentatif* « qui rentre dans la classe courante de l'esprit » (pensée, affection, volonté). – **2.** Qqfs. (en donnant au préfixe *re* un sens itératif et par opp. à *présentation*), état secondaire*, reproduction d'un état antérieur.

Répugner. – *Log. Autref.,* impliquer[2] contradiction : « Il répugne que qqc. vienne de lui [Dieu] qui tende à la fausseté » (Descartes, 2es *Rép.*).

Résidus. – *Soc.* Nom donné par V. Pareto aux instincts[4] fondamentaux qui inspirent les actes, le plus souvent non logiques, de l'homme et qui sont des constantes psychologiques, constituant les vrais mobiles de l'histoire. Cf. *dérivations**.

Résidus (Méthode des). – *Épist.* Une des quatre méthodes expérimentales de J. Stuart Mill (Ph. I, p. 434).

Respect. – *Mor.* **1.** *Chez Kant :* sentiment que nous éprouvons en présence d'une valeur morale : « Le respect s'adresse aux personnes, jamais aux choses ». – **2.** *Respect humain :* pusillanimité qui nous fait « craindre la censure du monde » (Bourdaloue).

Responsabilité. – *Jur.* ■ **1.** *Resp. civile :* obligation[3], déterminée par la loi[1], de réparer le dommage causé à autrui. – **2.** *Resp. pénale :* état de celui qui peut être poursuivi pour un crime ou un délit.
– *Mor.* □ **3.** *Resp. morale :* état de l'agent moral qui : 1. se reconnaît l'auteur de ses actes ; 2. en assume le mérite ou le démérite : « La responsabilité est la solidarité de la personne humaine avec ses actes » (Blondel).

Ressemblance (Association par). – *Psycho.* Un des modes de l'association[3] des idées.

Ressentiment. – *Mor.* Sentiment de rancune qui, selon Nietzsche, est à l'origine de la « morale des esclaves* ». Scheler a repris une thèse analogue en définissant le ressentiment « un *autoempoisonnement psychologique...*, une disposition d'une certaine permanence qui, par un refoulement* systématique, libère certaines émotions et sentiments [désir de vengeance, haine, méchanceté, envie] et tend à provoquer une déformation plus ou moins permanente du sens des valeurs et de la faculté de juger ».

Retentissement. – *Car.* Phénomène qui caractérise la *secondarité** et qui consiste en ce que les impressions disparues du champ de la conscience continuent « à influencer notre manière d'agir et de penser » (Berger).

Retour éternel. – △ *Méta.* Théorie de certains philosophes anciens (Héraclite, Pythagore, Stoïciens) selon laquelle l'univers repasse toujours, au terme de plusieurs milliers d'années, par les mêmes phases. La théorie a été reprise par Nietzsche.

Rétrograde. – *Ps. path.* **1.** *Amnésie rétrograde :* celle où l'oubli remonte vers le passé à partir du choc (physique ou moral) qui lui a *gén.* donné naissance. – *Soc.* **2.** (Péj.). Qui va en sens contraire du Progrès[2]. Fréquent *chez Comte :* « L'école rétrograde » (*Cours*, 46e leçon) ; « Depuis trois siècles, son influence [de la « politique théologique[2] »] a été essentiellement rétrograde » (*ibid.*).

Rêve. – *Psycho. Str.* **1.** État de la pensée pendant le sommeil : « Le rêve est la vie mentale tout entière, moins l'effort de concentration » (Bergson, *E. S.*, IV). – *Lato.* **2.** Rêverie*, pensée qu'on laisse aller sans faire effort pour l'adapter à l'action : « Un être humain qui *rêverait* son existence au lieu de la vivre... » (id., *M. M.*, III).

– *Ps. path.* **3.** *Rêve éveillé :* autisme* des schizophrènes. – **4.** *Délire de rêve :* syn. *Onirique*[2].

Revendicative (Psychose). – *Ps. path.* Celle où « la personnalité se durcit dans des récriminations incessantes et des démarches sans fin, qui constituent la quérulance* » (Baruk). Cf. *Persécution**.

Rêverie. – *Psycho.* Forme de pensée vague, plus ou moins passive, qqfs. cependant plus ou moins dirigée : « Les pernicieuses rêveries de l'oisiveté » (Bossuet) ; « Dans la rêverie, on n'est point actif » (Rousseau) ; « La rêverie complète la vie : elle est l'épanouissement des tendances refoulées et des virtualités insatisfaites » (Delacroix).

Réversible. – **1.** Qui peut être reporté sur autrui. *Spéc., Théol.* « Réversibilité des mérites » (cf. *Communion*[2]). – **2.** Qui peut se faire, soit dans un sens, soit dans un autre : *vg. Phys. :* « Aucune transformation d'énergie n'est intégralement réversible » (cf. *Dégradation**) ; *Log.* L'intelligence de la mobilité réversible : c'est là le caractère essentiel des opérations de la logique vivante » (Piaget).

Reviviscence. – Réapparition d'un état disparu. *Spéc., Psycho. :* « La reviviscence des souvenirs. »

Révolution. – *Phys.* **1.** Déplacement d'un mobile sur une courbe fermée : « Les carrés des temps des révolutions des planètes sont entre eux comme les cubes de leurs distances du centre commun de leur révolution » (Malebranche, *Écl.*, XVI) – **2.** *Révolutions du globe :* théorie géologique de Cuvier (*auj.* abandonnée) selon laquelle l'écorce terrestre aurait été le siège de cataclysmes successifs détruisant les espèces auj. fossiles.

– *Soc.* et *Pol.* **3.** Changement brusque et gén. violent de régime politique et social : « L'ordre de la société est sujet à des révolutions inévitables » (Rousseau). ☞ A. Camus a dist. la *révolution* qui « met le ressentiment* à la place de l'amour » et aboutit à une « mécanique meurtrière et démesurée », et la *révolte* qui est refus de l'injustice et sursaut de la conscience.

Rite. – **1.** *Soc.* Geste, acte ou formule consacré et stéréotypé, qui est censé posséder une efficacité d'ordre extra-empirique : « La religion, par ses rites, affirme à la fois la transcendance du numineux* et la possibilité pour l'homme de participer à ses archétypes[2] sacrés. » (J. Cazeneuve). – **2.** *Ext.* Toute manière d'agir stéréotypée :

« Chacun de ses actes devenait un rite. »

Rôle social. – △ *Soc.* Ensemble des comportements présentant une certaine unité qui caractérisent dans la société un individu qui y occupe une situation² particulière (*vg.* père, mari, médecin, professeur, chef de groupe) ou qui cherche à incarner une valeur particulière (*vg.* patriote, honnête homme).

Rompus (Nombres). – *Math.* Ancien nom des fractions.

Rythme. – *Biol.* 1. Caractère périodique des phénomènes vitaux : « Le rythme est d'abord un fait vital, un phénomène organique » (Delacroix). *Rythmes vitaux* : comportements périodiques de certains êtres vivants selon l'alternance du jour et de la nuit, des saisons, des marées, etc. (v. Ph. I, p. 233).

– *Esth.* 2. Alternance périodique des mouvements ou des sons dans une œuvre d'art (danse, musique, poésie) : « Le rythme marque la supériorité du temps ordonné, intellectualisé, la victoire de l'intelligence organisatrice qui anime la durée monotone du temps » (Delacroix). Cf. Ph. II, pp. 203 et 206.

S

Sacré. – *Théol.* 1. Qui inspire un respect religieux. – *Soc.* 2. Qui est séparé des choses et êtres ordinaires (dits *profanes*) par un système d'interdits : « Les choses sacrées sont celles que les interdits protègent et isolent » (Durkheim). Cf. *Numineux**. – Ext. 3. Respectable, inviolable : « Les droits sacrés de la personne humaine. »

Sadisme. – *Ps. an.* Perversion qui consiste à trouver le plaisir dans la souffrance infligée à autrui.

Sagesse. – 1. *Autref.*, savoir, science¹ : « La sagesse accumulée des siècles » (Diderot) ; « Le plus ancien nom de la philosophie fut sagesse » (Renouvier). – *Auj., Mor.* 2. (Syn. : *prudence*¹) La vertu de l'intelligence : « La sagesse est la vertu propre de l'entendement... Le mal le plus contraire à la sagesse, c'est exactement la sottise » (Alain). – 3. (Vulg.). Modération dans les désirs.

– 4. *Théol.* La Sagesse² parfaite, le Verbe² divin : « La Raison s'est incarnée : les hommes ont vu de leurs yeux la Sagesse éternelle » (Malebranche, *Entr.*, V, 9).

Sainteté. – *Mor.* Perfection morale, dans une conception religieuse de la vie : « La sainteté est en Dieu une incompatibilité essentielle avec tout péché » (Bossuet) ; « Le propre de la sainteté, c'est de nous découvrir la relation entre les deux mondes, le matériel et le spirituel » (Lavelle).

Salut. – *Théol.* Destinée bienheureuse des justes¹ : « Dieu veut le salut de tous les hommes » (Malebranche).

Sanction [L. *sancire*, consacrer]. – *Jur.* et *Soc.* **1.** Confirmation d'une loi par le chef de l'État qui la rend exécutoire en la promulguant. *Ext.* Confirmation en gén. : « Un terme qui n'a pas encore reçu la sanction de l'usage. – **2.** Peine établie par la loi : « Les sanctions pénales. »

– *Mor.* **3.** Récompense ou punition appliquée à l'agent moral : « La sanction est une conséquence de l'acte qui ne résulte pas du contenu de l'acte, mais de ce que l'acte [est ou] n'est pas conforme à une règle préétablie » (Durkheim). – *Ext.* **4.** Toute conséquence résultant, pour notre sensibilité, des actes que nous avons commis. *Sanction intérieure :* celle du remords* ou de la satisfaction de conscience. *Sanction naturelle :* celle qui résulterait du jeu même des lois naturelles, *vg.* la maladie conséquence de l'intempérance. ☞ Impropre en ce dernier sens.

Scalaire. – *Math.* Se dit des grandeurs : **1.** non dirigées, *vg.* le travail[1] (opp. : *vectoriel*, *vg.* la force[4]) ; – **2.** variant de façon discontinue. ☞ Impropre au sens 2.

Scepticisme [G. *skeptomai*, j'examine]. – *Crit.* △ **1.** (Opp. : *dogmatisme*[2]). *Str.* Doctrine selon laquelle l'esprit humain ne peut rien connaître avec certitude[2] et qui conclut à la suspension* du jugement et au doute[1] permanent : « Le scepticisme se nie en se posant comme vrai » (Lagneau). – **2.** (Opp. : *dogmatisme*[3]). *Lato.* Toute doctrine qui nie la possibilité de la connaissance de l'absolu : *vg. a)* celle de Hume, ainsi qualifiée par lui-même en tant qu'elle aboutit au doute à l'égard : 1. de l'existence des objets extérieurs ; 2. de la connexion* nécessaire des causes et des effets (*Entend. humain*, IV) ; – *b)* celle de Kant en tant qu'elle déclare la connaissance entachée de relativité[1]. ☞ Tout à fait impropre au sens 2 : la doctrine de Hume est une sorte de *positivisme* ; celle de Kant, un *relativisme* ; même certains « sceptiques » de l'Antiquité étaient plutôt des *empiristes*, *vg.* Sextus Empiricus : « Les sceptiques ne détruisent pas les apparences. » Le seul sens propre est le sens 1.

Sceptique. – *Hist.* △ Qui professe le scepticisme : **1.** Au sens 1 : « Les sceptiques qui ne doutent que pour douter » (Descartes, *Méth.*, III ; – **2.** au sens 2 : « M. Hume, ce fameux sceptique... » (Voltaire) ; « Kant, le plus profond et le plus original des sceptiques modernes... » (Saisset). ☞ Très impropre au sens 2.

– ▲ **3.** Qui adopte une attitude de doute à l'égard de la *foi*[6] religieuse : « Faut-il l'abandonner [Dieu]... aux langues du sceptique et du blasphémateur ? » (Lamartine).

Schéma. – *Techn.* **1.** Figure ou diagramme simplifié. – *Psycho.* **2.** *Chez Bergson :* « schéma dynamique », « représentation simple, développable en images multiples » et « dont les éléments s'entrepénètrent » : « Le sentiment de l'effort intellectuel se produit sur le trajet du schéma à l'image » (*E. S.*, VI).

Schématisme. – *Hist. Chez Kant :* « schématisme des concepts purs de l'entendement » (*R. pure*, Analyt., II, 1), fonction des schèmes[5] transcendantaux.

Schème. – **1.** Syn. de *Schéma*[1] : « Le schème n'est qu'une figure, simplifiée et concrète, représentant les traits essentiels d'un objet également concret ou d'un mouvement » (Dumas). – *Psycho.* **2.** « Résumés ou abréviations qui conditionnent les opérations des sens, du sentiment, de l'esprit » (Revault d'Allonnes) : « Les schèmes de l'attention ». – **3.** (Syn. : *tendance formatrice*). « Forme[2] qui s'inscrit progressivement dans une matière et qui l'organise » (Burloud). – Spéc., *schème moteur :* ensemble de rapports spatiaux et temporels qui organise une suite de mouvements : « Le schème de la valse ». – **4.** *Schème opératoire :* forme[2] qui sert aux opérations de l'entendement, *not.* à la formation des concepts : « Le concept général n'est ni un simple signe, ni une idée véritable, *eïdos* : il consiste dans un schème opératoire de notre entendement » (Lalande). – *Hist.* **5.** *Chez Kant :* « schème transcendantal », représentation intermédiaire entre les catégories* et les intuitions empiriques : « Le schème pur de la quantité est le nombre » (*R. pure*, Analyt., II, 1).

Schizoïdie. – *Car.* Orientation du caractère prédisposant à la schizophrénie* et caractérisée par l'amour de la solitude et le repliement sur soi.

Schizophrénie [G. *schizein*, partager, et *phrên*, esprit]. – *Ps. path.* Nom donné par Bleuler à une incoordination psychique proche de la démence* précoce et caractérisée par l'autisme* et la perte du sens du réel[3].

Science. – *Épist.* **1.** *Lato.* Savoir en *gén.*, connaissance : « J'entends par la science du monde l'art de se conduire avec les hommes » (D'Alembert) ; « Savoir de science certaine... » – **2.** *Str.* Ensemble de connaissances et de recherches méthodiques ayant pour but la découverte des *lois*[5] des phénomènes : « La science a trouvé dans l'expérience un principe propre et immanent[2] d'où elle tire, sans autre auxiliaire que l'activité intellectuelle commune, les faits, matériaux de son œuvre, et les lois[5] à l'aide desquelles elle coordonne les faits » (Boutroux).

Scientisme. – *Épist.* (Péj.) Conception déformée de la science[2] qui consiste : **1.** soit à en faire une connaissance dogmatique², un système clos définitif ; – **2.** soit à lui demander la solution de tous les problèmes.

Scolastique. – *Hist.* **1.** Qui se rattache à la philosophie de « l'École », *i. e.* celle qu'on enseignait au Moyen Age et jusqu'au XVIIᵉ siècle dans les Universités (celle d'Aristote adaptée au dogme chrétien) : « Il y a dans les sentiments des philosophes et théologiens scolastiques bien plus de solidité qu'on ne s'imagine » (Leibniz, *Disc. méta.*, 11).

– *Ext.* **2.** (Péj.). Formel⁵, verbal et figé dans les cadres traditionnels : « Une argumentation trop scolastique. »

Second, Secondaire. – Voir *Premier*⁴, *Primaire** et *Secondarité**.

Secondarité. – *Car.* (Opp. : *primarité**). Trait de caractère³ où domine le retentissement* : « Chez le secondaire, le passé ne sert pas uniquement à appuyer le présent : il le prédétermine, l'oriente, le dessine d'avance ; il en refuse certains aspects et le prolonge dans l'avenir » (Berger).

Ségrégation. – **1.** Processus par lequel des êtres ou objets de même nature sont isolés les uns des autres et mis à part.
– **2.** *Psycho.* Dans la *Gestalttheorie* : « ségrégation des unités », processus par lequel se constituent, dans le champ perceptif total, des unités perceptives (cf. Ph. I, p. 98).

Sélection. – **1.** Processus par lequel, parmi plusieurs êtres ou objets de même nature, certains seulement sont conservés.

– *Spéc. Biol.* **2.** *Sélection naturelle* (Darwin) : fait que seuls les êtres vivants les mieux armés pour l'existence dans un milieu déterminé sont appelés à survivre et à perpétuer leur espèce. Cf. *Concurrence*².

Sémantème [G. *sêmainein*, signifier]. – *Ling.* Élément du mot qui exprime sa signification (racine, etc.) : « Les sémantèmes portent les notions ; et les morphèmes*, les rapports » (Delacroix).

Sémantique – *Épist.* Partie de la linguistique qui étudie les signification et l'évolution du sens des mots. ☞ On a dit aussi *séméiotique* et *sémiologie*.

Semences de vérité. – *Hist.* Expression employée par Descartes (*Méth.*, VI) pour désigner les principes innés* des mathématiques. Cf. *Reg.*, IV : « L'âme humaine a je ne sais quoi de divin, où ont été déposées les premières semences des vérités utiles. » St Augustin avait déjà parlé d'une *ratio inseminata*.

Séminales (Raisons) [Trad. G. : *logospermatikoi*]. – *Hist.* Notion d'origine stoïcienne, reprise, mais modifiée par Plotin, puis par St Augustin, et qui désigne les germes dans lesquels auraient été *préformés** dès l'origine les êtres vivants.

Sémiologie. – **1.** *Épist.* Science des signes (not. en Méd. des symptômes). – **2.** *Psycho.* En Psych. sociale, étude des expressions de la vie affective et du langage.

Sens. – *Psycho.* **1.** (Adj. correspondant : *sensible*[2] ou *sensitif*[1]). Fonction psycho-physiologique qui consiste à éprouver une certaine classe de sensations* : « Le sens de la vue » ; « Les sens ne nous sont donnés que pour la conservation de notre corps, non pour apprendre la vérité » (Malebranche, *R. V.*, I, 10, 5). On a *dist.* des sens *internes* et des sens *externes*, des sens impressionnables par *contact* direct et des sens impressionnables *à distance* (Sherrington), des sens du *besoin* et des sens de la *défense* (Pradines). Cf. aussi *Epicritique** et *Protopathique**. – **2.** *Anal.* (Adj. corresp. : *sensible*[3]). Intuition, connaissance spontanée et immédiate : « Avoir le sens de l'opportunité, le sens pratique, le sens du vrai. » *Sens intime :* nom donné autref. à la conscience[1] psychologique : « Cet effort primitif est un fait de sens intime, car il se constate lui-même intérieurement » (Biran). *Sens moral :* la conscience[3] morale, spéc. lorsqu'elle est regardée comme donnant une intuition immédiate du bien et du mal : « Croire avec Hutcheson, Smith et d'autres que nous ayons un sens moral propre à discerner le bon et le beau, c'est une vision... » (Diderot) – **3.** Jugement [cf. L. *sensus, sententia*] : « Pour ce qui touche les mœurs, chacun abonde si fort en son sens... » (Descartes, *Méth.*, VI) ; « Diverses sortes de sens droit » (Pascal, 2) ; « A mon sens... ».

– **4.** *Phol.* (Adj. corresp. : *sensoriel*). Organe des sens[1] : « Ce qui se fait dans les sens et dans le cerveau » (Port-Royal).

– **5.** *Mor.* (Adj. corresp. : *sensuel*). Au plur. : impulsions de la vie animale : « Les sens l'ont emporté [l'homme] à la recherche des plaisirs » (Pascal, 430) ; « Il ne faut rien accorder aux sens quand on veut leur refuser qqc. » (Rousseau).

– **6.** *Épist.* Signification : « Un même sens change selon les paroles qui l'expriment » (Pascal, 50) ; « Le principe essentiel du changement de sens est dans l'existence de groupements sociaux où la langue est parlée » (Meillet).

– **7.** *Phys.* Orientation : « Sens d'un mouvement, des aiguilles d'une montre. »

☞ Ces diverses acceptions ont-elles une unité ? Cette phrase de Claudel le suggère, mais ne la dévoile pas : « Le temps est le sens de la vie, – sens, comme on dit le sens d'un cours d'eau, d'une phrase, d'une étoffe, le sens de l'odorat. »

Sens commun – *Hist.* **1.** *Chez les Scolastiques* (lat. : *sensorium commune*) : *a)* organe central où viendraient se combiner les impressions[2] reçues par les différents sens[4] et qui serait aussi l'organe de l'imagination[1]: « Le sens externe étant mis en mouvement par l'objet, la figure qu'il reçoit est transportée à une autre partie du corps appelée sens commun... Le sens commun joue aussi le rôle d'un sceau pour former dans la fantaisie* ou imagination[1] les mêmes figures ou idées qui viennent des sens externes » (Descartes, *Reg.*, XII); « J'ai cru la connaître [la cire] par le moyen des sens extérieurs ou, à tout le moins, du sens commun, ainsi qu'ils [les scolastiques] appellent, *i. e.* de la puissance imaginative » (id., *Méd.*, II); – *b*) fonction de l'esprit correspondante : « Cette faculté de l'âme qui réunit les sensations, en tant qu'elle fait un seul objet de tout ce qui frappe ensemble nos sens, est appelée le sens commun » (Bossuet).

– *Vulg.* **2.** Bon* sens (au sens 2), intelligence[4] élémentaire : « Le sens commun n'est pas une qualité si commune que l'on pense » (Port-Royal); « *Sens commun* ne signifie que le bon sens, raison grossière, raison commencée, première notion des choses ordinaires » (Voltaire). – **3.** Ensemble des opinions professées sur une question par « le commun » des hommes : « Le sens commun est plein de préjugés* »; « La science[2] et le sens commun sont ici d'accord [pour morceler la durée] » (Bergson, *P. M.*, I); « Le sens commun a raison contre l'idéalisme et le réalisme des philosophes » (*ib.*, VI).

Sensation. – *Psycho.* **1.** Fait de conscience élémentaire provoqué par la modification d'un sens[4], externe ou interne : « Les sensations ne sont pas les qualités mêmes des objets; elles ne sont que des modifications de notre âme » (Condillac). ☞ Sur la *dist.* entre *sensation* et *perception*, cf. Ph. I, pp. 82 et 95.
– **2.** (Imppt). *Faire sensation* : causer qq. émotion : « Nous sommes dans un temps où rien ne fait une grande sensation » (Voltaire).

Sensibilité. – ■ *Phol.* **1.** (Syn. : *excitabilité* ou *irritabilité*). Propriété des tissus vivants de réagir d'une certaine manière aux excitants extérieurs : « La sensibilité d'un muscle au courant électrique ». *Sensibilité différentielle* (J. Lœb) : mouvements par lesquels un être vivant (*vg.* un insecte) réagit aux variations d'intensité d'un excitant (*vg.* la lumière).

– □ *Psycho.* **2.** Faculté d'éprouver des sensations[1] : « La sensibilité représentative devient esthétique et symbolique » (Pradines). – **3.** (Syn. : *affectivité*). Faculté d'éprouver des sentiments, des émotions, des états agréables ou désagréables : « La sensibilité a pour objet tout ce qui peut affecter l'âme en bien ou en mal » (D'Alembert). – **4.** Syn.

d'*acuité** » : « La sensibilité de l'ouïe. » - *Car.* **5.** (Opp. : *insensibilité*). Disposition de caractère qui fait qu'on éprouve facilement des sentiments[5] : « La sensibilité est la condition de la vraie culture » (Roustan).

Sensible. - A) □ Doué de sensibilité* en tous les sens du terme : **1.** « Tous les éléments du corps vivant sont sensibles par essence » (Biran). - **2.** « Les animaux sont des êtres sensibles. » - **3.** « Se montrer sensible aux reproches ». - **4.** « L'œil humain est sensible à une variation de 1/150 en lumière blanche ». - **5.** « Une âme si sensible et si délicate » (Bossuet). - **6.** *Car.* Syn. de *sensuel*[1] : « Les hommes sont devenus sensibles, grossiers, charnels » (Malebranche, *Méditations chrét.*, II).
- B) ■ (Opp. : *intelligible*). **7.** Perceptible par les sens[1] : « Les qualités sensibles » ; « L'étendue sensible » ; « Le sensible, chez Platon, n'est que l'image de l'intelligible ». *Chez les Scolastique :* « sensibles propres », ceux qui sont particuliers à chaque sens, « sensibles communs », ceux qui sont communs à plusieurs sens. - **8.** Saisissable par le cœur ou par l'intuition : « Dieu sensible au cœur » (Pascal, 278) ; « Amitiés sensibles qui font une impression vive sur le cœur » (Bourdaloue) ; « Pour rendre ma pensée sensible. »

Sensitif. - (Opp. : *intellectuel*, dans tous les sens). - *Psycho.* **1.** Qui concerne les sens : « Les opérations sensitives » (Bossuet). - *Hist.* **2.** *Chez les Scolastiques :* « âme sensitive », voir *Ame*[1]. - **3.** *Chez Maine de Biran :* « système sensitif » (opp. : *système perceptif* et *système aperceptif* ou *réflexif*), celui qui est constitué par l'union du *moi* aux impressions de la vie animale.
- **4.** *Car.* Qui a une « sensibilité vive, généralement mobile, passagère et par conséquent assez superficielle » (Malapert)

Sensoriel. - *Phol.* Qui concerne les sens[4] : « Les organes sensoriels. »

Sensorium. - Voir *Sens commun.*

Sensualisme. - *Hist.* △ Nom imppt. donné (pour la discréditer) par les éclectiques[2] à la doctrine de la « sensation transformée » de Condillac, selon laquelle toutes nos connaissances et facultés viennent de la sensation[1].

Sensuel. - □ **1.** Attaché aux plaisirs des sens[5] : « Homme sensuel, ne sauras-tu jamais aimer ? » (Rousseau). - ■ **2.** Qui concerne les sens[5] : « Les plaisirs sensuels ». - **3.** Qui concerne les sensations[1] (avec l'idée d'une valeur propre accordée à l'élément sensitif[1]) : « Une piété sensuelle » (Massillon) ; « L'élément sensuel de l'art ».

Sentiment. - *Vulg.* **1.** Conscience[1] : « Mes pleurs du sentiment lui rendirent l'usage » (Racine) ; « Perdre le sentiment » (s'évanouir). - **2.** Intuition* (en tous

les sens du terme): « Nous n'avons point d'idée de notre âme, mais seulement sentiment intérieur » (Malebranche, *Écl.*, XI); « J'ai un sentiment clair de la liberté » (Bossuet); « Le sentiment engendre l'idée ou l'hypothèse expérimentale » (Cl. Bernard); « Le sentiment des convenances ». – **3.** (Syn.: *sens*[3]. Cf. L. *sententia*). Jugement, opinion: « Il était lui-même dans ce sentiment » (Pascal, *Prov.*, 1); « Heurter de front ses sentiments... » (Molière); « A mon sentiment...
– *Psycho. Lato.* **4.** Tout état affectif*: *vg.*: « Psychologie des sentiments » (Ribot), et même *autref.* la sensation[1]: « Croire qu'il y a je ne sais quoi dans les objets qui cause ces pensées confuses qu'on nomme sentiments » (Descartes, *Princ.*, I., 70); « Ces philosophes jugent des qualités sensibles par les sentiments qu'ils en reçoivent » (Malebranche, *R. V.*, VI, 2, 2). – *Str.* **5.** État affectif* complexe et stable dont les causes sont surtout d'ordre moral[4]: « Un sentiment de tristesse »; « Les sentiments d'une piété sincère » (Bossuet). – **6.** (Syn.: *inclination*). Disposition affective* durable: « Le sentiment du devoir, de l'honneur ». – **7.** *Spéc.*, tendresse, altruisme: « Perfectionner la raison par le sentiment » (Rousseau); « Le langage du sentiment »; « Prendre qqn. par les sentiments ».

Série. – *Épist.* **1.** Suite de termes ordonnés suivant une loi[5]. *Spéc. Math.*: « Les séries convergentes », « La série de Taylor ». – *Biol.* **2.** *Série naturelle:* hiérarchie des êtres vivants dans la nature.

Sérieux. – □ **1.** Grave, qui ne plaisante pas: « Un homme qui n'a de l'esprit que dans une certaine médiocrité est sérieux » (La Bruyère); « On est sérieux par tempérament; par trop ou trop peu de passions, trop ou trop peu d'idées: par timidité, par habitude » (Vauvenargues). – ■ **2.** « Le sérieux, c'est ce qui, en se présentant comme systématique et constructif, satisfait les tendances les plus profondes de l'esprit » (Le Senne).
– **3.** *Chez les existentialistes*: « L'homme sérieux est l'homme d'une seule chose à laquelle il dit oui » (Merleau-Ponty); « L'esprit de sérieux a pour double caractéristique de considérer les valeurs comme des données transcendantes, indépendantes de la subjectivité humaine, et de transférer le caractère « désirable » de la structure ontologique des choses à leur simple constitution matérielle » (Sartre); « Il y a sérieux dès que la liberté[1] se renie au profit de fins qu'on prétend absolues » (S. de Beauvoir).

Servage. – *Soc.* Condition du travailleur manuel qui, tout en possédant la personnalité juridique (dist. *esclavage**), reste attaché à la terre qu'il cultive et « corvéable à merci », *i. e.* à la disposition constante du propriétaire qui l'emploie.

Seuil. – *Phol., Psycho.* Intensité minima d'un excitant nécessaire pour provoquer une réaction : « Le seuil d'excitation d'un muscle ». *Seuil de la sensation* (syn. : *minimum sensible*) : la plus petite excitation (lumineuse, sonore, etc.) capable de provoquer une sensation (visuelle, auditive, etc.). *Seuil différentiel* (syn. : *minimum de différence sensible*) : la plus petite variation d'excitation perceptible.

Signal. – *Psycho.* Geste ou symbole impliquant un ordre ou un avertissement : « Donner le signal du départ, du combat » ; « Les signaux de circulation ».

Signe. – *Psycho.* **1.** (Syn. : *indice*). Phénomène sensible qui permet d'affirmer la présence d'un objet ou d'un autre phénomène non perçu actuellement (*vg.* la fumée, signe du feu) ou non perceptible (le cri, signe de douleur ; la pâleur, signe d'émotion) ; « Les signes extérieurs de richesse ». – **2.** Réaction volontaire d'un sujet conscient destinée à *signifier*, *i. e.* à faire comprendre qqc. à autrui : « Elle fit signe qu'elle ne voulait aucun soulagement » (Fénelon) ; « L'enfant ne commence à avoir des signes que lorsqu'il transforme ses cris en signes de réclame » (Biran). – **3.** Signal* : « Il lui fit signe d'entrer » ; « Le roi fit à l'ambassadeur un signe de tête qui lui fit comprendre qu'il ne voulait point de réplique » (Sévigné). – *Psycho.* et *Épist.* **4.** Symbole* (au sens 2) : « Les signes de l'écriture » ; « Les signes de ponctuation » ; « Les signes arithmétiques, algébriques ». ☞ La distinction entre *signes naturels* (ceux qui sont liés à la chose signifiée par une loi de la nature) et *signes artificiels* (ceux qui y sont liés par une convention) correspond à peu près à celle des sens 1 et 2 d'une part et des sens 3 et 4 de l'autre. Cf. Ph. I, p. 308.

Similitude. – *Épist.* **1.** Ressemblance, identité partielle dans l'ordre qualitatif : « Nous ne concevons presque rien que par similitude » (Voltaire). – *Math.* **2.** Propriété de deux ou plusieurs figures « qui ne diffèrent que par l'échelle sur laquelle elles sont construites » (Cournot).

Simple. – *Méta.* **1.** Indivisible ; où l'on ne distingue ni parties ni éléments : « ... En commençant par les objets les plus simples... pour monter peu à peu jusques à la connaissance des plus composés » (Descartes, *Méth.*, II) ; « La monade[2] n'est autre chose qu'une substance simple, *i. e.* sans parties » (Leibniz, *Mon.*, 1) ; « Le point mathématique est simple » (Voltaire) ; « Il n'est pas sûr que la nature soit simple » (Poincaré) ; « Il n'y a pas de phénomènes simples : le phénomène est un tissu de relations » (Bachelard). *Chez*

Descartes : « natures simples », voir *Nature*².

– *Log.* **2.** *Terme simple* (Ctr. : *complexe*) : celui dont la compréhension² est pauvre.

Simplicité des voies. – *Hist.* Principe posé par Malebranche d'après lequel, « non content que l'univers l'honore par son excellence, [Dieu] veut que ses voies le glorifient par leur simplicité » (*Entr.*, IX, 10). Cf. Leibniz, *Disc. Méta.*, 5 : « Pour la simplicité des voies de Dieu, elle a lieu ppt. à l'égard des moyens, comme au ctr. la variété, richesse ou abondance y a lieu à l'égard des fins ou effets. »

Singulier. – *Log.* Qui s'applique à un sujet unique : « Terme singulier » (*vg.* Socrate). *Proposition singulière :* celle qui a pour sujet un terme singulier. ☞ Dist. *particulier**.

Situation. – *Méta.* **1.** Une des catégories* d'Aristote : *vg.* être couché ou assis. – **2.** *Auj.*, ensemble des conditions concrètes dans lesquelles se trouve l'existant humain : « On peut se représenter le moi au carrefour de deux ensembles idéaux. Celui par lequel il éprouvera des difficultés, bref un *complexe d'obstacles*, définira sa *situation* » (Le Senne) ; « Le point de départ de la philosophie est dans notre situation » (Jaspers).

Social. – **1.** (Ctr. : *individuel*). Qui concerne la société en tant que telle : « Est fait social toute manière de faire, fixée ou non, susceptible d'exercer sur l'individu une contrainte extérieure, ou bien : qui est générale dans l'étendue d'une société donnée tout en ayant une existence propre, indépendante de ses manifestations individuelles. » (Durkheim) ; « Tout fait social est un moment d'une histoire d'un groupe d'hommes. » (Mauss) ; « L'interdépendance est l'essence du social » (Lewin). *Psychologie sociale :* celle des groupes sociaux en tant qu'ils possèdent, comme groupes, une vie psychique propre (cf. *Précis*, Ph. II, p. 170.). *Sciences sociales :* nom générique désignant à la fois la science positive de la société (sociologie*), des études abstraites (droit, économie politique) ou descriptives (histoire, géographie humaine) et même des disciplines normatives (politique, économie* sociale, *qqfs.* morale sociale), etc. – **2.** Qui vit en société : « L'homme est un animal social » ; « Les insectes sociaux. »

– *Pol.* **3.** (Opp. : *politique*). Qui concerne *spéc.* les problèmes du travail et de la vie économique : « La question sociale » ; « Les lois sociales ».

Socialisme. – *Soc.* ▲ **1.** (Sens primitif, *vg.* chez Pierre Leroux. Opp. : *individualisme*⁶). Tendance à tout subordonner à la société : « Nous ne voulons pas sacrifier la personnalité au socialisme, pas plus que ce dernier à la personnalité » (*Le Globe*, journal saint-simonien, 1831). – **2.** Mouvement de la société qui tend à « rattacher toutes les fonctions économiques ou certaines d'entre elles actuellement diffuses* aux centres directeurs et conscients de la société » (Durkheim).

– *Éc. soc.* ou *pol.* △ **3.** Nom générique des doctrines qui, soit au nom d'un idéal de justice ou de fraternité (socialisme dit « utopique » ou idéaliste : *vg.* saint-simonisme, fouriérisme, proudhonisme, socialisme chrétien), soit au nom d'une interprétation de l'évolution économique (socialisme dit « scientifique » ou marxisme), préconisent ou prévoient, à la place de l'organisation capitaliste, « une organisation concertée aboutissant à des résultats non seulement plus équitables, mais plus favorables au plein développement de la personne humaine » (Lalande). Cf. *Collectivisme**.

Société. – ○ **1.** *Latiss.* Ensemble de rapports réciproques de communication* ou de communion* : « Nous pouvons faire avec les hommes deux sortes de sociétés : une société de qqs. années et une société éternelle : une société de commerce et une société de religion : je veux dire une société animée par les passions[1]... et une société réglée par la Raison » (Malebranche, *Traité de Mor.*, II, 6) ; « Les esprits sont capables d'entrer dans une manière de société avec Dieu » (Leibniz, *Mon.*, 84) ; « La société des enfants de Dieu » (Bossuet). – *Soc.* **2.** *Lato.* État de l'homme qui vit d'une vie commune avec ses semblables ; ensemble des groupes humains : « Il n'y a société que là où s'exerce une action générale et combinée » (Comte) ; « En même temps qu'elle est transcendante par rapport à nous, la société nous est immanente » (Durkheim) ; « On diminue la société quand on ne voit en elle qu'un corps organisé... Dans ce corps vit une âme » (id.). – **3.** *Str.* (Opp. : *communauté**). *Chez Tœnnies :* type d'organisation sociale fondé sur la volonté réfléchie et l'échange.

– ● *Soc.* **4.** Un type particulier de société[2] concrète, ou un groupe social particulier : « Plus les sociétés sont vastes, plus elles ont besoin de réflexion pour se conduire » (Durkheim) ; « La famille est une sorte de société complète » (id.) ; « Les sociétés archaïques » ; « Les sociétés modernes ». – *Jur.* **5.** « Contrat par lequel deux ou plusieurs personnes conviennent de mettre qqc. en commun dans la vue de partager le bénéfice qui pourra en résulter » (*C. C.*, 1832).

Sociodrame. – *Soc.* Sorte de psychodrame* qui s'adresse à un groupe et a pour but une catharsis* collective. – Cf. *Sociométrie**.

Sociogramme. – *Soc.* Graphique qui représente, en sociométrie*, les attractions et répulsions entre membres d'un même groupe. Cf. *Précis*, Ph. II, p. 172.

Sociologie. – *Épist.* Science positive de la vie sociale, de ses types[2] et de ses lois[5] : « La sociologie ne pouvait apparaître avant qu'on n'eût acquis le sentiment que les sociétés sont soumises à des lois » (Durkheim).

Sociométrie. – *Soc.* Forme de recherches sociologiques (ou plutôt interpsychologiques) créée par J. Moreno et qui prétend mesurer les rapports de « distance psychique » (voir *Télé**) entre « atomes sociaux », *i. e.* entre individus impliqués en des rapports interpersonnels. Cf. *Psychodrame** et *Sociodrame**.

Socius. – *Soc.* Terme introduit dans la sociologie américaine par Giddings (1898) et qui désigne « l'unité d'investigation en sociologie, *i. e.* l'individu en tant que compagnon, apprenti, maître ou co-travailleur ».

Soi. – *Ps. an.* Autre nom du *Ça**.

Solidarisme. – *Mor.* △ Doctrine qui pose la solidarité[4] comme principe de la morale, de la politique et de l'économie sociale.

Solidarité [L. *solidus*, massif, qui forme bloc]. – **A)** ▲ **1.** *Jur.* Le fait, pour des débiteurs, d'être « obligés à une même chose de manière que chacun puisse être contraint pour la totalité » (*C. C.*, 1200). – **2.** *Phys., Biol., Soc., Psycho.* Dépendance *unilatérale* d'une partie d'un mécanisme à l'égard d'une autre, d'un organe à l'égard d'un autre, d'une génération à l'égard des précédentes et *gén.* du présent à l'égard du passé : « L'hérédité est une forme de solidarité » ; « La *solidarité personnelle* est double : d'une part, selon que la personne s'est déterminée dans le passé, elle veut encore se déterminer dans l'avenir ; ... d'autre part, la nature morale acquise devient un élément des déterminations de la personne actuelle » (Renouvier). – **3.** *Biol., Soc., Psycho.* Dépendance *réciproque* des éléments et des fonctions dans un organisme, une société, etc. : « L'être vivant se définit par la solidarité des fonctions qui lie les parties distinctes » (Ch. Gide) ; « C'est la répartition continue des différents travaux humains qui constitue la solidarité sociale » (Comte). *Spéc. Soc. Chez Durkheim :* « solidarité mécanique », solidarité qui existe dans les sociétés peu différenciées et qui repose sur la *similitude* des unités qui la composent (conformisme, etc.) ; « solidarité organique », celle qui est créée par la division[3] du travail et qui repose sur les *différences* des fonctions devenues nécessaires les unes aux autres.

– **B)** △ **4.** Devoir ou vertu résultant, soit de la solidarité[2] d'une génération à l'égard des précédentes envers qui elle se reconnaît une *dette*, soit de la solidarité[3] des individus qui prennent conscience de leurs *obligations* réciproques en tant que membres d'un même corps : « Le mot *solidarité* a pris depuis qqs. années un sens nouveau... Il exprime alors la *notion d'un devoir* à observer par tout homme vis-à-vis de ses semblables » (L. Bourgeois) ; « Un acte de solidarité ».

Solipsisme [L. *solus ipse*, seul moi-même]. – *Crit.* Attitude philosophique qu'on a qqfs. donnée comme la conséquence de l'idéalisme[4] extrême et selon laquelle « tout esprit est comme un monde à part, suffisant à lui-même » (Leibniz, qui d'ailleurs n'emploie pas ce terme) ; « Autant le solipsisme est déraisonnable quand on y voit une doctrine, autant il est incontestable lorsqu'il se présente simplement comme l'expression de ce fait que les images sont relatives à un sujet individuel » (Blanché) ; « Si le solipsisme doit pouvoir être réfuté, c'est que mon rapport à autrui est fondamentalement une relation d'être à être » (Sartre).

Solution de continuité. – Interruption de ce qui est ou devrait être continu.

Somatique [G. *sôma*, corps]. – Qui concerne le corps[3]

Somnambulisme. – *Ps. path.* État dans lequel un sujet endormi exécute des actes dont il ne garde aucun souvenir au réveil.

Sophisme [de *sophiste*[2]]. – *Log.* **1.** Raisonnement captieux, paralogisme* fait avec l'intention de tromper. – *Ext.* **2.** Paralogisme* en gén. : « Ce sophisme [l'argumentation du parallélisme*] n'a rien de voulu » (Bergson, *E. S.*, VII).

Sophistes [G. *sophia*, sagesse]. – *Hist.* **1.** Primitivement, professeurs de sagesse. – **2.** Plus tard, *péj.* ; philosophes grecs contemporains de Socrate, dénoncés par leurs adversaires [Platon] comme des rhéteurs de mauvaise foi. – **3.** *Ext.* (Au sing.) Homme qui use de sophismes[1].

Sorite [G. *sôros*, tas]. – *Log. form.* Polysyllogisme* où l'attribut[1] de la première proposition devient sujet[2] de la seconde, l'attribut de la seconde sujet de la troisième, etc., et où la conclusion[3] unit le sujet de la première et l'attribut de la dernière (*vg.* le raisonnement du renard qui, de ce que la rivière fait du bruit, conclut qu'elle remue, donc qu'elle n'est pas gelée, donc qu'elle est liquide, donc qu'elle ne peut le porter).

Sotériologie [G. *sôtêr*, sauveur]. – *Théol.* Doctrine du salut*.

Souci [Trad. all. *Sorge*]. – *Méta.* Chez Heidegger : l'être même du *Dasein*[2] en tant qu'anticipation de soi, que « pro-jeté en avant de lui-même ». Cf. *Préoccupation** et *Pro-jet**.

Souvenir. – *Psycho.* **1.** *Lato.* tout état ancien qui est censé « se conserver » dans la mémoire et être susceptible de reparaître dans l'esprit : « Un souvenir affectif ». Spéc., *chez Bergson :* « souvenir pur », notre passé qui « dure » dans l'inconscient : « Le souvenir[2] actualisé en image diffère profondément de ce souvenir pur... [Celui-ci], impuissant tant qu'il demeure inutile, reste pur de tout mélange avec la sensation, sans attache avec le présent » (*Mat. et Mém.*, III). Qqfs. appelé « souvenir personnel » : « Les souvenirs personnels, essentiellement fugitifs, ne se matérialisent que par hasard » (*ib.*, II), ou « souvenir-fantôme » : « Parmi les souvenirs-fantômes qui aspirent à se lester de matérialité, ceux-là seuls y réussissent qui... » (*E. S.*, IV). ☞ Bergson nomme aussi « souvenir » l'habitude : « A ce moment précis je sais ma leçon par cœur : on dit qu'elle est devenue souvenir » [inexact : le lang. courant ne le dit pas], mais dist. radicalement ce souvenir-habitude de l'*image-souvenir* : « ... Deux mémoires théoriquement indépendantes : la première enregistrerait, sous forme d'images-souvenirs, tous les événements de notre vie » (*Mat. et Mém.*, II). – **2.** *Str.* État passé qui revient à la conscience et est, en outre, reconnu comme tel et souvent rapporté à un moment déterminé du passé (cf. *Mémoire*[2]) : « Le souvenir n'est pas l'image, mais un jugement sur l'image dans le temps » (Delacroix). ☞

Très impropre au sens 1. Le seul sens propre est le sens 2.

Spatial. – Qui a les caractères de l'espace ou se localise dans l'espace : « Les perceptions spatiales. »

Spécial. – *Log.* Un terme général[2] est dit *spécial* par rapport à un autre (dit « plus général[3] ») quand son extension[3] est comprise dans celle de ce dernier : *vg.* « losange » par rapport à « parallélogramme » : « Certaines démonstrations [mathématiques] vont du spécial au général » (Goblot).

Spécieux. – *Épist.* **1.** Qui présente une apparence, le plus souvent trompeuse, de vérité : « Un argument spécieux ». – **2.** (Au fém.). L'algèbre : « L'analyse ou l'algèbre spécieuse est assurément la plus belle de toutes les sciences » (Malebranche, *R. V.*, IV, 11, 2). *Chez Leibniz :* « spécieuse universelle », sorte de Logique algorithmique*.

Spécificité. – *Épist.* **1.** Caractère spécifique[2]. – *Phol.* **2.** *Spécificité des sens :* le fait que la qualité d'une sensation dépend de l'organe impressionné, et non de la qualité de l'excitant (voir *Précis*, Ph. I, p. 86).

Spécifique. – *Épist.* **1.** Qui concerne l'espèce* (aux sens 2 ou 3) ou lui appartient en propre. Cf. *Différence*[1]. – **2.** Qui a une nature propre : « Ces faits spécifiques [les faits sociaux] résident dans la société même qui les produit » (Durkheim).

Spéculatif. − **1.** Qui concerne la spéculation[1] pure : « Notre âme n'est guère attentive aux choses purement spéculatives, mais beaucoup plus à celles qui la touchent » (Malebranche, *R. V.*, IV, 11). − **2.** *Chez Kant :* qui concerne la spéculation au sens 2.

Spéculation. − **1.** (Syn. : *théorie*[1]. Opp. : *pratique*[3]). Activité intellectuelle désintéressée ayant pour seul but de connaître : « Cela est permis dans la spéculation, mais je n'en approuve pas la pratique » (Pascal, *Prov.*, XIII) ; « Tous les travaux humains sont ou de spéculation ou d'action » (Comte, *Cours*, II). − **2.** (Opp. : *expérience*[1]). *Chez Kant :* recherche portant sur ce qui est inaccessible à l'expérience : « Le but final auquel se rapporte la spéculation de la raison dans l'usage transcendantal concerne trois objets : la liberté de la volonté, l'immortalité de l'âme et l'existence de Dieu » (*R. pure*, Methodenlehre, II, 1). Cf. *Postulat*[2].

Spiritisme. − Ensemble de pratiques qui visent à entrer en communication avec les esprits[4] des morts.

Spiritualisme. − *Méta.* △ **1.** (Opp. : *matérialisme*[1]). Doctrine selon laquelle l'*esprit*[5] ou l'*âme*[2] constitue une réalité substantielle distincte de la matière[4] et du corps[3] : « Si le matérialisme est insuffisant à expliquer mon existence, le spiritualisme ne l'est pas moins » (Kant, *R. pure*, Dial., II, 1, 4, 2ᵉ éd.) ; « Le spiritualisme est un système d'après lequel il y a des êtres réels, véritables substances et véritables causes, dont les modes d'existence sont absolument différents de ceux des modes d'existence des corps et qui ne peuvent être perçus par les sens » (Franck). − **2.** (Opp. : *matérialisme*[2]. Syn. : *philosophie de l'esprit*). Toute doctrine selon laquelle la vie de l'esprit est irréductible à la matière : « Le spiritualisme moderne n'est plus, à ppt. parler, un spiritualisme de l'Idée, c'est un spiritualisme de la conscience » (Brunschvicg).

− ▲ *Mor.* **3.** (Opp. : *matérialisme*[3]). Pratique de la vie spirituelle, tendance à placer les biens spirituels[2] au-dessus des biens matériels.

☞ Terme mis en honneur dans le lang. philosophique, aux sens 1 et 2, par l'école de Cousin. Au XVIIᵉ siècle, il est pris au sens 3, et plutôt *péj.* pour désigner les pratiques de « spiritualité outrée » (Bossuet).

Spirituel. − *Méta.* **1.** (Opp. : *matériel*). Qui concerne l'esprit[5], *ou* qui est de la nature de l'esprit : « Nos maladies spirituelles » (Bossuet) ; « Ceux-là se trompent, qui croient que la rébellion du corps n'est cause que des vices grossiers, et non de ceux qu'on appelle spirituels, comme l'orgueil et l'envie » (Malebranche, *Écl.*, VII, rép. 11). − *Mor.* **2.** (Opp. : *charnel*). Qui appartient aux fonctions supérieures de l'esprit[6] : « Ce qui est proprement spirituel, c'est ce qui est intellectuel » (Lachelier, d'après Bossuet) ; « Primauté du spirituel » (Maritain).

– (En parlant des personnes). **3.** Qui s'adonne à la vie spirituelle : « Il n'y a de faux spirituels » (Bossuet). – **4.** *Car.* Qui a de l'esprit au sens 8 : « Elle se croit intelligente et spirituelle » (Bourdaloue).

Spontané. – **1.** (Opp. : *réceptif*). Qui implique une initiative de la part de l'agent : « Le caractère de la nature qui fait la vie, est la prédominance de la spontanéité sur la réceptivité » (Ravaisson) ; « Il ne nous paraît pas douteux que le dernier mot de son système [de Kant] soit dans la spontanéité pure, *i. e.* dans le volontarisme, la finalité » (Hamelin). – **2.** (Opp. : *provoqué*). Qui se produit de lui-même, sans sollicitation étrangère : « Les mouvements spontanés des organes » ; « Des aveux spontanés ». – **3.** *Spéc. Psycho.* (Opp. : *réfléchi*). Qui n'implique aucun retour de la conscience sur elle-même : « La conscience spontanée » (syn. : *conscience*[1] *simple*) ; « Une association d'idées spontanée ».

Statique (adj.) – **1.** (Opp. : *dynamique*[1], *mouvant*). Qui a les caractères d'un état, d'un repos ou d'un équilibre. Auj., souvent *péj.* : « Le concept n'est pas qqc. de statique et de mort » (Hamelin). – **2.** *Psycho. Sens statique* (syn. : *ampullaire, labyrinthique*) : celui qui a son organe dans l'oreille interne et qui nous donne les sensations de rotation, de verticalité, d'équilibre, etc.

Statique (nom). – *Épist.* **3.** Partie de la Mécanique[1] qui étudie l'équilibre des forces[4]. – **4.** *Statique sociale : cf. Dynamique*[4].

Statistique [De l'italien *statista*, homme d'État]. – *Épist.* **1.** (Nom). D'abord science qualitative, puis quantitative de l'État. Auj., *gén.*, toute étude « qui a pour objet de recueillir et de coordonner des faits nombreux dans chaque espèce[2], de manière à obtenir des rapports numériques, sensiblement indépendants des anomalies du hasard » (Cournot) : « Tout comptage, même d'un grand nombre d'unités ou de cas, n'est pas une statistique... La première condition est que nos expressions statistiques[2] soient établies sur une base présentant une certaine homogénéité » (Simiand). – **2.** (Adj.) Qui utilise les procédés de la statistique[1] : « Les calculs statistiques ». *Déterminisme* ou *loi statistique :* ceux qui s'appliquent à un ensemble global de phénomènes (*vg.* les mouvements des molécules d'un gaz) sans permettre la prévision du détail (*vg.* le mouvement d'une molécule déterminée).

Statutaire (Droit). – *Jur.* Celui qui repose sur le *status, i. e.* sur la situation des individus ou des groupes dans la hiérarchie sociale au point de vue civil ou politique (opp. *droit contractuel*, fondé sur la volonté des intéressés).

Stéréotypes. – *Psycho. Soc.* Images préconçues des choses et des êtres, que se fait l'homme moyen d'un certain milieu social (W. Lippmann).

Stimulus. – Voir *Excitant**.

Stochastique [G. *stochos*, conjecture]. – *Épist.* Se dit des phénomènes dont le détail relève du hasard[2] (*vg.* rencontre de deux molécules dans un gaz) et à propos desquels on ne peut énoncer que des probabilités d'ensemble fondées sur des lois statistiques[2].

Stratification. – *Phys.* **1.** En Géologie, disposition des terrains par couches superposées. – *Anal. Soc.* **2.** *Stratification sociale* : disposition hiérarchique des éléments d'une société en groupes (castes, classes[3], etc.) de niveaux différents.

Structuralisme. – **1.** *Épist.* D'une façon générale, toute théorie qui, dans une science quelconque, privilégie la structure[2] aux dépens des éléments. – **2.** *Soc.* Spéc., théorie qui substitue à la notion d'évolution historique, dans le temps, celle des structures[2] sociales ou linguistiques, considérées comme des types, des systèmes formels : « Les structures élémentaires permettent de définir des classes ou de déterminer des relations » (Lévi-Strauss). – **3.** *Ext.* Forme de critique littéraire qui recherche dans une œuvre ce qui fait qu'elle est organiquement liée, de « saisir le mouvement de l'œuvre, l'évidence qu'elle trahit ». (P. Bénichou).

Structuration. – Organisation en structures[2], *vg. Soc.* : « La vie en groupe est immédiatement et nécessairement structurée, à tel point que la meilleure définition de la société est sans doute de dire que la société est un phénomène de structuration et même peut-être le phénomène essentiel de structuration » (Davy).

Structure. – **1.** ○ Organisation des parties ou des éléments qui forment un tout : « La structure d'un organe, d'une phrase, d'une théorie ». – **2.** ● Le tout lui-même en tant qu'unité organisée : spéc. *Psycho.*, forme[4] ou *Gestalt* ; *Soc.*, type sociologique, *pattern** : « De tels rapports [entre individus ou groupements] s'inscrivent dans une structure qui les commande » (Davy). *Ext. Log.* : Nous appellerons *structure* toute liaison logique susceptible de jouer, alternativement ou simultanément, le rôle de forme[1] et celui de contenu » (Piaget).

Subalternes (Propositions). – *Log. form.* Propositions opposées* différant seulement en quantité[2] : *vg.* « Tous les A ne sont pas B » et « Certains A sont B ». *Règle* : de la vérité de l'universelle on conclut (a fortiori) à la vérité de la particulière ; et même, de la fausseté de la par-

Subconscient. – *Psycho.* **1.** Faiblement conscient : « Ces phénomènes [demi-morbides] se rattachent à l'activité subconsciente, que nous distinguons soigneusement de l'inconscient pur » (Ribot). – **2.** « Isolé de la conscience totale de l'individu » et par suite « ignoré par le sujet même qui l'éprouve et, en apparence, inconscient » (Janet) : *vg.* les « actes subconscients » des somnambules, hystériques, etc.

Subcontraires (Propositions). – *Log. form.* Propositions opposées*, toutes deux particulières, différant en qualité[3] : *vg.* « Certains A sont B » et « Certains A ne sont pas B ». *Règle :* de la fausseté de l'une, on conclut (a fortiori) à la vérité de l'autre. Mais, de la vérité de l'une, on ne peut rien conclure.

Subjectif. – *Crit.* et *Méta.* (Opp. : *objectif*[2]). **1.** Qui se rapporte au sujet*, dans les différentes acceptions du sens 4 : *a) au sujet transcendantal* : « L'espace et le temps, comme conditions nécessaires de toute expérience, sont des conditions purement subjectives de toute notre intuition » (Kant, *R. pure*, Esth., § 8, I) ; – *b)* au sujet *empirique* et *psychologique* : « La raison devient subjective par son rapport au moi volontaire et libre, siège et type de toute subjectivité » (Cousin) ; « La subjectivité est un caractère qui distingue les phénomènes psychiques » (Hamelin) ; « Le subjectif n'est pas mesurable » (Lagneau). *D'où :* intérieur : « Le retour à la subjectivité, tel que l'entend notre philosophie [contemporaine] est une conversion du dehors au dedans, un appétit de vie intérieure » (Bréhier)

– *Épist.* **2.** (Opp. : *objectif*[3], et souvent *péj.*) Individuel ; qui dépend du point de vue personnel : « Une interprétation toute subjective » ; « Ce qui est subjectif, c'est ce qui est isolé dans le sujet pensant, dans le moi, et à quoi les semblables ne font pas écho » (Alain). *D'où :* apparent, illusoire : « sensations subjectives », celles qui se produisent sans stimulus extérieur (*vg.* couleurs complémentaires, sensations consécutives). – **3.** (Opp. : *objectif*[4]). Fondé sur l'étude des phénomènes subjectifs[1], intérieurs à la conscience. *Psychologie subjective :* celle qui ne fait appel qu'à la « méthode subjective », *i. e.* à l'introspection*.

Subjectivisme. – ▲ **1.** *Péj.* Propension à tout juger d'un point de vue subjectif, au sens 2 : « Les adversaires de ce mouvement [vers l'intériorité : cf. *Subjectif*[1], dernier texte] l'accusent de *subjectivisme*, reproche qui veut dire que, restant dans les limites de ce que nous connaissons de nous-mêmes, nous croyons atteindre des réalités distinctes, alors que nous entendons seulement l'écho informe de réalités physiques et physiologiques sous-jacentes » (Bréhier). – △ **2.** Doctrine d'après laquelle notre connaissance ne peut rien avoir d'objectif[3] : « Le Kantisme a souvent été accusé, à tort, de subjectivisme. » – **3.** *Chez les existentialistes :* « impossibilité, pour l'homme, de dépasser la subjectivité humaine » (Sartre).

Sublimation. – *Ps. an.* Processus par lequel les instincts[4] inférieurs sont transformés en tendances supérieures : *vg.* selon Freud les tendances sexuelles en tendances esthétiques.

Sublime. – *Esth.* Le beau, dans un ordre qui nous dépasse : « Est sublime ce qui, du fait même qu'on le conçoit, est l'indice d'une faculté de l'âme qui surpasse toute mesure des sens » (Kant, *Jug.*, § 25).

Subliminal [L. *sub*, sous, et *limen*, seuil]. – *Psycho.* Inférieur au seuil de la conscience, subconscient : « Le moi subliminal. »

Subordonné. – Voir *Caractère*[1].

Subsomption. – *Épist.* Opération qui consiste à *subsumer, i. e.* à faire entrer un individu[3] ou une espèce[2] dans un genre[1], un fait sous une loi[5].

Substance [L. *substantia* = *quod stat sub*, ce qui est dessous]. – *Méta.* **1.** (Opp. : *attribut*[2]). Ce qui est *en soi*[2] ; réalité permanente qui sert de support aux attributs[2] changeants : « Parce qu'entre les choses créées qqs.-unes sont de telle nature qu'elles ne peuvent exister sans qqs autres, nous les distinguons d'avec celles qui n'ont besoin que du concours ordinaire de Dieu, en nommant celles-ci des substances, et celles-là des qualités ou attributs de ces substances » (Descartes, *Princ.*, I, 51) ; « Ne pouvant concevoir comment des qualités pourraient subsister seules, nous supposons qu'elles existent dans qq. objet commun qui en est le support, et c'est ce support que nous désignons par le nom de *substance* » (Locke). *Principe de substance :* celui d'après lequel toute qualité requiert le support d'une substance[1]. *Chez Leibniz :* substance[1] singulière et active : « Lorsque plusieurs prédicats* s'attribuent à un même sujet et que ce sujet ne s'attribue à aucun autre, on l'appelle substance individuelle » (*Disc. méta.*, 8) ; « La notion de *vis* ou de *virtus*, que les Allemands appellent *Kraft*, les Français *la force*, apporte beaucoup de lumière à la vraie notion de substance » (id., 1694). – **2.** Ce qui est *par soi** : « Lorsque nous concevons la *substance*, nous concevons une chose qui existe en telle façon qu'elle n'a besoin que de soi-même pour exister : à ppt. parler, il n'y a que Dieu qui soit tel » (Descartes, *ibid.* ; cf. *Univoque*) ; « Par *substance*, j'entends ce qui est en soi et est

223

conçu par soi, *i. e.* ce dont le concept n'a pas besoin du concept d'une autre chose dont il doive être formé » (Spinoza, *Éth.*, I, déf. 3).

– *Vulg.* **3.** L'essentiel : « La substance d'un discours » ; « En substance ». – **4.** Un corps[2] : « La substance que les chimistes appellent carbone » (Cournot).

Substantialisme. – *Hist.* (Opp. : *phénoménisme**). △ Doctrine qui admet l'existence d'une ou de plusieurs substances : « Le substantialisme cartésien ». Qqfs. *péj.* : « Il [Kant] fait à peu près [en alléguant une pensée intemporelle] ce que font des substantialistes naïfs » (Hamelin).

Substantialité. – *Méta.* Caractère substantiel[1] : « La substantialité du changement » (Bergson, *P. M.*, V). *Chez Kant* : « paralogisme de la substantialité », celui qui consiste à faire de l'âme une substance[2] pensante (*R. pure*, Dial., II, 1, 1).

Substantiel. – *Méta.* **1.** Qui est une substance ou a les caractères d'une substance : « Donner à l'étendue une existence substantielle ». *Forme substantielle* : v. *Forme*[1]. – *Vulg.* **2.** Qui contient beaucoup de substance au sens 3 : « Un exposé substantiel. »

Substrat, Substratum. – *Méta.* **1.** La substance[2], en tant qu'elle sert de support aux attributs : « Distinguer l'âme de la matière, relativement à son *substrat* » (Kant, *R. pure*, Dial., II, 1, 2). – *Ext.* **2.** Ensemble de phénomènes[1] qui conditionnent d'autres phénomènes : « [Nos habitudes] constituent, réunies, le substrat de notre activité libre » (Bergson, *D. I.*, III). *Chez Durkheim* : « substrat social », base morphologique* de la société consistant : 1. dans la répartition des groupes sur le sol (géographie humaine) ; 2. dans les variations de volume* et de densité* de ces groupes : « La sociologie ne peut se désintéresser de ce qui constitue le *substrat* de la vie collective. »

Subsumer. – Voir *Subsomption**.

Subtil. – Voir *Matière*[1]. Qqfs., nom : « Cette corde peut donc ébranler l'air qui l'environne, et même le subtil qui en pénètre les pores ? » (Malebranche, *Entr.*, III, 10).

Suggestibilité. – *Psycho.* État de l'individu qui subit facilement des suggestions[2] (*vg.* l'hystérique).

Suggestion. – *Ps. path.* **1.** *Lato.* « Il y a suggestion quand un sujet obtient par son autorité morale la confiance aveugle et docile ou l'obéissance passive d'un autre » (Dumas). – **2.** *Str.* « Il y a encore suggestion lorsqu'un sujet agit par sa volonté sur l'automatisme d'un autre sujet au point de lui faire réaliser certaines idées ou certains actes sans qu'il en ait la volonté ou même la conscience » (id.).

– *Psycho.* **3.** ● Idée que l'on a

suggérée, *i. e.* inspirée par insinuation ; conseil : « J'accepterai volontiers vos suggestions ». Autref. *péj.* : « Les suggestions du démon » (Bossuet).

Sujet. – ■ *Vulg.* **1.** Ce sur quoi porte la réflexion, le sentiment, etc. : « Le sujet d'un discours » ; « Un sujet de mécontentement ». – *Log. form.* **2.** (Opp. : *attribut*[1] ou *prédicat**). Dans une proposition : le terme dont on affirme ou nie qqc. : « La logique moderne a été amenée à considérer le sujet comme une variable dont le prédicat est une fonction » (Couturat). – *Méta.* **3.** (Opp. : *attribut*[2]). L'être réel qui sert de substrat* aux attributs : « Toute qualité a son sujet d'inhérence » (Cousin). *Ext. Jur.* « Sujet de droit », la personne qui en est investie.

– □ *Crit.* et *Épist.* **4.** (Opp. : *objet*[5]). L'esprit qui connaît, par opp. à la chose connue. Ce « sujet connaissant » peut être entendu : *a)* soit comme le sujet *épistémologique* ou *transcendantal* (sujet pur), qui *vg.* chez Kant n'est autre que l'ensemble des lois *universelles* a priori de la pensée : « Le sujet des catégories ne peut recevoir, du fait seul qu'il les pense, un concept de lui-même comme objet » (Kant, *R. pure*, Dial, II, 1, 4, 2ᵉ éd.) ; « C'est un sujet tout réduit à sa fonction d'objectivation » (Bréhier) ; « Fonder la nécessité des lois physiques sur leur origine subjective qui permettrait de les déterminer a priori, cela ne se justifie que si l'on vise le sujet pensant en général, principe d'universalité, et non le sujet individuel » (Blanché) ; – *b)* soit comme le sujet *empirique*, *i. e.* le moi individuel : « Une connaissance *subjective* relative à la nature du sujet connaissant n'est pas pour cela moins valable... C'est au contraire le caractère partial, incarné, conditionné d'une connaissance qui fonde sa valeur » (E. Grimal, *R. ph.*, 1945, p. 243). ☞ Se tenir en garde contre la confusion des sens *a* et *b*, nettement accusée dans le dernier texte : « L'irréalité du sujet pur n'excuse point cette confusion : le sujet pur est pour l'épistémologue une idéalisation aussi légitime que le point inétendu pour le géomètre » (Blanché). Cf. Bachelard qui *dist.* « le sujet individuel » du « sujet quelconque » : Ce sujet quelconque ne saurait être le sujet empirique livré à l'empirisme de la connaissance... C'est le sujet rationnel..., le sujet de la cité scientifique ». – *Méta.* **5.** L'existant individuel : « Les sujets personnels incluent aussi les animaux » (Heidegger).

– *Psycho.* **6.** L'individu soumis à une observation ou à une expérience : « Interroger un sujet ».

– *Pol.* **7.** L'individu, soumis à l'autorité souveraine de l'État : « Le peuple est à l'égard des nobles ce que les sujets sont à l'égard du monarque » (Montesquieu, *Lois*, III, 4).

Superstructure. – *Soc.* Voir *Base*[2] : « L'ensemble des rapports de production constitue la base réelle sur quoi s'élève la *superstructure* juridique de la politique » (K. Marx).

Suppôt (L. *suppositum*, placé sous). – Se disait autref. de la substance comme sujet[3] de ses attributs, et *not*, de la personne humaine : « Comment connaîtrions-nous la matière puisque notre suppôt qui agit en cette connaissance est en partie spirituel ? » (Pascal, 72).

Surdétermination. – *Psycho.* Une des formes de syncrétisme* de la pensée de l'enfant qui, au lieu de définir rigoureusement ses concepts, les caractérise par plusieurs attributs à la fois (Piaget).

Surdité psychique. – *Ps. path.* Agnosie* auditive. – *Surdité verbale.* Cf. *Aphasie**.

Sur-moi. – *Ps. an.* (Syn. : *moi idéal*). *Chez Freud* : secteur de la personnalité, né du complexe d'Œdipe et qui est « la source de toutes les réalisations culturelles supérieures de l'homme » (art, littérature, droit, morale, religion).

Surmonter. – Voir *Aufheben**.

Surnaturel. – *Théol.* Ce qui dépasse la nature des êtres créés. Les théologiens dist. : **1.** le surnaturel *quant au mode* (syn. : *préternaturel*), fait naturel en soi, mais qui dépasse la puissance de toute nature créée par la façon dont il se produit : *vg.* guérison instantanée d'un malade ; – **2.** le surnaturel *quant à la chose* : ce qui dépasse toute nature créée ou créable par son essence même : *vg.* la grâce[2], la vision béatifique : « Nos actions ne tirent leur dignité surnaturelle que par J.-C. » (Malebranche, *Entr.*, XIV, 7). *Vérités surnaturelles* : celles qui ne sont connues que par la révélation.

– *Ext. Vulg.* **3.** Extraordinaire : « C'est un aveuglement surnaturel de vivre sans chercher ce qu'on est » (Pascal, 495).

Surréalisme. – *Esth.* Forme de littérature et d'art qui prétend atteindre par la « déréalisation* du monde quotidien » un univers qui aurait « plus de réalité que l'univers logique et objectif » (Alquié).

Survivance. – **1.** Action de survivre : « La survivance de l'âme après la mort ». – **2.** Organe, usage, façon de penser qui survit aux causes qui lui ont donné naissance : « Cette mentalité ne subsiste plus auj. qu'à l'état de survivance » (Durkheim).

Suspension du jugement. – *Hist.* Action par laquelle les Sceptiques (*spéc.* les pyrrhoniens[2]) s'abstenaient de juger. Cf. *Epoché**.

Syllogisme. – *Log. form.* Type de déduction formelle[1] tel que, deux propositions appelées *prémisses** étant posées, on en tire une troisième appelée *conclusion*[3] qui y est logiquement impliquée. Cf. Ph. I, pp. 321 et 329.

Symbiose. – *Biol.* Phénomène d'association entre deux êtres vivants qui vivent de la même vie organique : *vg.* l'algue et le champignon dans le lichen.

Symbole. – *Épist.* **1.** *Latiss.* Substitut du réel : « La science positive travaille avant tout sur des symboles... La métaphysique est la science qui prétend se passer de symboles » (Bergson, *P. M., VI*). – **2.** *Lato.* Signe[4], le plus souvent artificiel et conventionnel, inclus dans un système organisé (cf. *Algorithme**) et destiné à servir à des combinaisons opératoires : « Les symboles algébriques ». – **3.** *Str.* Représentation concrète liée par une correspondance analogique naturelle avec l'abstraction ou la réalité mentale ou morale qu'elle représente : *vg.* le serpent réchauffé, « symbole des ingrats » (La Fontaine). ☞ Cf. Ph. I, p. 309, et dist. *Allégorie* et *Emblème**.

– *Théol.* **4.** Formulaire des articles de la foi : « Le symbole de Nicée ».

Symbolique. – Qui use de symboles* (en tous les sens du terme) : « La philosophie de Pythagore était énigmatique et symbolique » (Diderot). *Logique symbolique* : la Logistique[2]. *Pensée symbolique* : celle qui procède par symboles[2] (*vg.* celle d'un calculateur qui effectue ses opérations sans songer expressément à ce qu'elles représentent) ou bien par symboles[3] (*vg.* celle du poète qui pense par images ou analogies).

Sympathie. – **A)** (Sympathie *avec...*). *Phys.* **1.** *Autref.,* affinité entre certains corps : « j'ai peur que la sympathie [entre les cordes vibrantes] ou qq. autre chimère ne vous empêche de suivre le principe des idées claires » (Malebranche, *Entr.,* III, 16). – *Phol.* **2.** Sorte de contagion *physiologique* qui fait qu'un être reproduit les attitudes ou mouvements d'un autre : *vg.* rire, bâillement. – *Psycho.* **3.** Sorte de contamination *mentale* qui « crée chez deux ou plusieurs individus des dispositions affectives analogues » (Ribot) : *vg.* contagion de la peur dans la panique. – **4.** Participation plus ou moins *volontaire* à la joie ou à la douleur d'autrui (*Mitgefühl* de Scheler : cf. Ph. II, p. 162).

– **B)** (Avoir de la sympathie *pour...*). **5.** Attachement fondé sur une certaine communauté d'idées ou de caractère.

Symptomatique (Acte). – *Ps. an.* Acte machinal, sans finalité consciente (*vg.* à table, jouer avec son couteau, pétrir de la mie de pain). Il est ainsi appelé parce que, selon Freud, il manifeste des tendances inconscientes.

Syncrétisme. – **1.** △ *Péj.* « Réunion factice d'idées ou de thèses d'origine disparate » (Lalande).

– **2.** ▲ *Psycho.* État d'esprit dans lequel les différents éléments d'un ensemble complexe ne sont pas encore distingués ; vue générale et confuse : « L'esprit humain dans sa marche traverse trois états : le syncrétisme, l'analyse, la synthèse » (Renan) ; « Le syncrétisme enfantin » (Piaget) ; « Les perceptions syncrétiques » (Claparède) : cf. Ph. I, pp. 49 et 103.

Syndérèse. – *Hist.* Chez les Scolastiques : conscience[3] morale : « Saint Basile dit que la conscience ou syndérèse est la loi de notre intellect en tant que contenant les préceptes de la loi naturelle » (St Thomas, *S. th.*, Iª IIᵃᵉ, 94, 1).

Synergie [G. *sun*, avec, et *ergon*, travail]. – **1.** Association dynamique de plusieurs fonctions. – **2.** Accord des tendances.

Synesthésie. – *Psycho.* Fusion intime de deux sensations de qualité différente : *vg.* audition* colorée.

Synnomique [G. *sun*, avec, et *nomos*, loi]. – *Épist.* Se dit des jugements « conçus par ceux qui les énoncent comme valables en droit pour tous les autres esprits avec lesquels ils peuvent entrer en société » (Lalande) : « Les normes de conduite synnomiques. »

Syntaxe. – *Ling.* Partie de la grammaire qui étudie la construction des propositions* et les rapports logiques des phrases.

Syntaxe logique : nom donné par l'école de Vienne (*Précis*, Ph. I, p. 371) à la Logique[2] conçue comme une théorie des « formes propositionnelles et autres créations grammaticales » du langage scientifique.

Synthèse. – ○ *Épist.* **1.** (Opp. : *analyse*[3]). Opération qui consiste à recomposer un tout à l'aide de ses éléments : « Les unir entre eux [les corps simples] et reformer par leur combinaison ces mêmes principes naturels qui constituent tous les êtres matériels : tel est l'objet de la synthèse chimique » (M. Berthelot). *D'où*, en gén. : marche du simple au complexe : « La synthèse... démontre clairement ce qui est contenu en ses conclusions et se sert d'une longue suite de définitions, de demandes, d'axiomes, de théorèmes et de problèmes, afin que, si on lui en nie qqs. conséquences, elle fasse voir comment elles sont contenues dans les antécédents » (Descartes, *2ᵉˢ Rép.*) ; « On arrive souvent à de belles vérités par la synthèse, en allant du simple au composé. (Leibniz, *N. E.*, IV, 2, § 7). *Spéc.*, « synthèse historique » : partie du travail de l'historien qui consiste à combiner les résultats de l'analyse des documents pour reconstituer le passé : « Pour un jour de synthèse, il faut des années d'analyse » (Fustel de Coulanges). – *Méta.* **2.** Dans la dialectique[6] hégélienne et hamelinienne : dépassement de la thèse et de l'antithèse en un terme qui les combine d'un point de vue supérieur : « La synthèse qui concilie les opposés ne les nie pas » (Hamelin).

– ● 3. Ensemble complexe où il est difficile de distinguer des éléments, ceux-ci se pénétrant et se fondant les uns dans les autres. Spéc., *Psycho.* : « La synthèse mentale » : « Le psychologue se trouve en présence de synthèses dont les éléments n'existent pas en dehors de ces synthèses mêmes. » (Dwelshauvers). – 4. *Chez Janet :* « activité de synthèse », activité mentale (opp. à l'activité *conservatrice**) qui « réunit des phénomènes donnés plus ou moins nombreux en un phénomène nouveau différent des éléments » (*vg.* dans l'attention) et qui est la source de notre adaptation au réel (voir *Réel*[3]) et des facultés créatrices de l'esprit.

Synthétique. – **1.** Qui se rapporte à la synthèse (en tous les sens du terme) : « L'avantage de la méthode synthétique est double : elle se prête à une exposition plus claire..., elle est plus probante » (Goblot). *Déduction synthétique :* voir le texte de Descartes à *Synthèse*[1]. *Idéalisme synthétique :* celui de Hamelin : voir *Synthèse*[2], et cf. Ph. I, p. 166.

– *Crit.* **2.** *Proposition synthétique* (opp. : *analytique*[4]) : celle où l'attribut[1] ajoute à la compréhension[2] du sujet : *vg.* « Ce corps est un métal. » *Chez Kant :* « jugements synthétiques a priori », ceux qui ne dérivent pas de l'expérience : *vg.*, « 7 + 5 = 12 », « la quantité de matière est invariable », etc.

Syntone. – *Car.* (Syn. : *extraverti*). Qui est en accord avec son entourage.

Systématique. – (Adj.). **1.** *Laud.* Méthodiquement (et souvent consciemment) organisé : « La constitution systématique du Grand Être[2] » (Comte) ; « La composition systématique de la religion » (id.) ; « Le savoir est essentiellement systématique » (Hamelin), *ou* (en parlant des personnes) qui organise méthodiquement sa pensée : « Le véritable esprit systématique, qu'il faut se garder de prendre pour l'esprit de système » (D'Alembert). – **2.** *Péj.* Dominé par des idées préconçues : « Le savant systématique » opp. au « savant expérimentateur » (Cl. Bernard).

– (Nom fém.). **3.** *Épist.* En Biol., classification et description des êtres vivants.

Système. – ● **1.** Ensemble organisé dont les parties ou éléments sont interdépendants ou obéissent à une loi unique : « Le système solaire » ; « Le système nerveux » ; « Tout fait psychique est un système » (Paulhan). – ○ **2.** Combinaison d'idées ou de procédés coordonnés et ramenés à un petit nombre de principes : « Le système héliocentrique » ; « Les systèmes philosophiques » ; « Le système métrique ». Qqfs. *péj.*, spéc. dans l'expression « esprit de système » : voir *Systématique*[3].

T

Table. – *Épist.* **1.** *Chez Bacon :* « tables de comparution », registres d'observations dans lesquelles on « fait comparaître » les faits naturels pour en découvrir « l'essence » (cf. *Précis*, Ph. I, p. 433). – **2.** *Table rase* [L. *tabula rasa*, tablette de cire où il n'y a rien d'écrit] : expression empruntée à Aristote par les empiristes* pour désigner l'état de l'esprit qui, avant toute expérience, serait d'après eux absolument vide.

Tabou [mot polynésien]. – *Soc.* **1.** *Str.* Interdit rituel qui protège une chose ou un être réputé sacré[2]. – **2.** *Ext.* Prohibition morale ou coutumière : « Les tabous sexuels » ; « Certains métiers sont tabou pour le bourgeois » (Goblot).

Tact. – *Ps. phol.* **1.** *Lato.* Le sens du toucher* en gén. – **2.** *Str.* Le sens du contact et des pressions, du lisse, du rugueux, etc. – *Car.* **3.** Délicatesse morale : « Ce tact attentif de l'esprit qui fait sentir les nuances des fines convenances » (Buffon).

Tactile. – Qui se rapporte au tact[2].

Tactisme. – *Phol.* Mouvement de déplacement produit automatiquement chez un animal par un agent physique extérieur (vg. *chimiotactisme* des infusoires).

Talion. – *Soc.* Forme de sanction[3] primitive qui consiste à punir un coupable en lui infligeant un dommage identique ou équivalent à celui qu'il a causé (œil pour œil, dent pour dent).

Tautologie [G. *to auton legein*, dire la même chose]. – *Épist.* **1.** Proposition identique[4]. – **2.** *Chez les logisticiens :* proposition purement formelle[3] qui n'a de sens que par rapport à des objets possibles, mais qui demeure vraie quels que soient ces objets (opp. : *protocole**). – **3.** *(Péj.)* Faute logique qui consiste à présenter une répétition en termes différents comme un progrès[1] de la pensée.

Taxinomie ou **Taxonomie**. – *Épist.* Ancien nom de la systématique[3].

Technique (nom). – **1.** Ensemble des procédés d'un art, d'un métier ou d'une science : « La technique du cinéma » ; « La technique de l'enseignement ». – **2.** La science appliquée, *spéc.* dans le domaine industriel : « Les progrès[2] de la technique. » Qqfs. *péj.* : « Comment a-t-il [l'esprit européen] remporté ses succès meurtriers ? Par la technique ! Et qui créa cet instrument de meurtre ? La science, qui compte, mesure et pèse » (Klages).

Technocratie. – *Pol.* Forme d'organisation politique consistant en un régime directorial de type autoritaire où le pouvoir[4] appartient aux techniciens, aux dirigeants de l'industrie ou de la finance et aux hauts fonctionnaires. Cf. Ph. II, p. 377.

Technologie. – *Épist.* Étude des techniques[2] : « La Technologie est symétrique dans le domaine de l'action à la Logique dans le domaine de la connaissance » (Espinas).

Télé [mot grec = loin]. – *Soc.* En Sociométrie*, facteur qui mesure la « distance sociale » et l'attraction entre individus ou groupes.

Téléologie [G. *telos*, fin, et *logos*, étude]. – *Méta.* **1.** △ Doctrine finaliste* : « Ce serait parce que nous désirons les choses qu'elles seraient bonnes : la proposition de Spinoza serait ainsi retournée en faveur de la téléologie » (Hamelin). – **2.** La finalité elle-même : « C'est bien dans les concepts qu'il convient de situer l'origine primordiale de la téléologie » (id.).

Téléologique. – *Méta.* Qui suppose de la finalité* : « Les explications téléologiques ne sont ni partout désirables ni suffisantes » (Hamelin) ; « L'adaptation est une manifestations téléologique ou elle n'est rien » (Vandel). *Preuve téléologique* ou *physico-téléologique :* celle qui vise à prouver l'existence de Dieu par les causes finales[1].

Télépathie [G. *télé*, loin, et *pathos*, sentiment]. – *Psycho.* Communication directe de la pensée à grande distance.

Témoignage. – *Épist. Str.* **1.** Attestation volontaire d'un fait par un témoin : « Un témoignage juste n'est pas la règle, mais l'exception » (Claparède). – *Lato.* **2.** Document, en gén. : « Une idée surannée : celle du temps où l'on ne savait lire que les témoignages volontaires » (M. Bloch). – *Latiss.* **3.** Preuve, indice : « Cet appétit [d'intériorité] est le témoignage, chez l'homme d'auj., de l'effort pour ne pas se laisser aspirer par les choses extérieures » (Bréhier). ☞ Le seul sens propre est le sens 1.

Tempérament. – *Car.* Ensemble des dispositions organiques d'un individu : « L'esprit dépend si fort du tempérament et de la disposition des organes du corps que... » (Descartes, *Méth.*, VI) ; « Le caractère moral[4] n'est que la physionomie du tempérament physique » (Bichat) ; « Le tempérament sanguin ».

Tempérance. – *Mor.* La vertu de la sensibilité, qui consiste dans la modération à l'égard des plaisirs sensibles et aussi à l'égard des émotions et des passions.

Temporalité. – *Méta.* Dans le lang. existentialiste : caractère du *Dasein*[2] qui est à la fois solidaire de son passé et pro-jet* vers l'avenir.

Temps. – *Crit.* et *Méta.* **1.** Milieu

homogène et infini dans lequel nous paraissent se dérouler les événements : « Le temps n'est rien qu'une certaine façon dont nous pensons à la durée[1] » (Descartes, *Princ.*, I, 57) ; « Tout le temps de ma vie peut être divisé en une infinité de parties, chacune desquelles ne dépend en aucune façon des autres » (id., *Méd.*, III) ; « Le temps n'est que la condition subjective[1] sous laquelle les intuitions sont possibles en nous » (Kant, *R. pure*, Esth., § 6) ; « Il y aurait lieu de se demander si le temps, conçu sous la forme d'un milieu homogène, ne serait pas un concept bâtard, dû à l'intrusion de l'idée d'espace dans le domaine de la conscience pure » (Bergson, *D. I.*, II ; cf. *Durée*[2]). – **2.** Portion finie du temps[1] : « Un temps est une portion de durée mesurée » (Destutt de Tracy). *Spéc. Ps. métr. Temps de réaction* : durée qui s'écoule entre l'excitation[1] et la réponse du sujet[5]. – **3.** Époque : « En ce temps-là... ».

Tendance. – *Psycho.* **1.** *Str.* Forme spontanée de l'activité[2] : « La tendance ne nous est donnée que par l'affection » (Lachelier). On peut, avec Pradines, dist. la « tendance à... », dynamisme mental indifférencié, et la « tendance vers... », activité à objet déterminé. – **2.** *Lato.* Tout mode actif[3] de la vie psychique : « La tendance est une forme dynamique et plurivalente, abstraite et pourtant réelle, innée ou acquise, qui détermine directement ou indirectement un acte » (Burloud). Cf. *Schème*[3] et *Thème*[3]. ☞ Le sens 1 est le sens propre.

Tension psychologique. – *Psycho.* Notion introduite par Janet pour caractériser les différents degrés du *niveau mental*. Sont actes de « haute tension » ceux où : 1. l'unification des éléments est forte (cf. *Synthèse*[4]) ; 2. la masse des éléments est considérable (*vg.* l'attention).

Tensions. – Terme souvent usité pour désigner les oppositions internes qui se manifestent ou existent à l'état latent dans une réalité humaine : « Les tensions immanentes à toute réalité sociale. »

Terme. – *Log. form.* Concept[1] représenté pour son expression verbale : les deux termes d'une proposition sont le sujet[2] et l'attribut[1].

Terminisme. – Syn. de *nominalisme*[1] : « Le terminisme de G. d'Occam. »

Terminologie. – *Ling.* Ensemble des termes spéciaux d'une science ou d'un auteur.

Test [mot anglais = *épreuve*]. *Psycho.* Ensemble d'épreuves permettant de déterminer chez un individu ou un groupe d'individus, soit leur niveau mental (tests d'âge ou de développement), soit la présence et le degré de tel caractère mental (tests d'aptitudes, *vg.* de mémoire, d'attention, etc), soit les caractéristiques de la personnalité (tests de personnalité). Cf. *Précis*, Ph. I, pp. 542-548.

Thanatormée [G. *thanatos*, mort, et *hormê*, tendance]. – *Ps. an.* Instinct[4] de mort, de destruction.

Thaumaturge [G. *thauma*, miracle, et *ergon*, œuvre]. – *Théol.* Qui fait des miracles : « Certains néo-platoniciens se faisaient passer pour thaumaturges. »

Théandrique [G. *theos*, dieu, et *anêr*, *andros*, homme]. – *Méta.* Qui concerne Dieu et l'homme : « Le rapport théandrique est toujours à la fois donné et idéal » (Le Senne).

Théisme. – *Méta.* (Opp. : *athéisme** et *panthéisme**). △ Doctrine qui admet l'existence d'un Dieu* comme cause première[4] transcendante[2] au monde. ☞ Sur la différence entre théisme ancien et théisme moderne, voir *Précis*, Ph. I, pp. 626-628. Cf. *Déisme** et *Démiurge**.

Thème. – **1.** Sujet de réflexion ou de discussion : « Un thème philosophique ». – **2.** *Psycho. Chez Burloud* (syn. : *tendance thématique* opp. à *tendance schématique*) : « ensemble des rapports qui constituent la signification commune d'une catégorie d'objets. »

Théocratie. – *Pol.* Système politique caractérisé par la domination de la caste sacerdotale : « Les premiers Incas établirent une théocratie » (Voltaire).

Théodicée [G. *theos*, dieu, et *dikê*, plaidoyer]. – *Méta.* **1.** *Chez Leibniz :* partie de la métaphysique qui traite du *problème du mal** et « justifie » la bonté de Dieu contre les objections tirées de ce problème. – *Ext.* **2.** *Dans l'école de Cousin,* et imppt. : syn. de *théologie* au sens 1.

Théologie. – *Méta.* **1.** (Théologie naturelle ou rationnelle). Partie de la métaphysique qui traite de l'existence et des attributs de Dieu en s'appuyant uniquement sur la raison[5]. – *Théol.* **2.** (Théologie révélée ou dogmatique). Étude des dogmes de la foi[5], fondée sur les textes sacrés et l'autorité de l'Église : « La théologie qui se rapporte à l'enseignement sacré, diffère en nature de cette autre théologie[1] qui se pose comme partie de la philosophie » (St Thomas, *S. th.*, I. 1, 1).
– *Hist.* **3.** Un système particulier de théologie au sens 1 ou 2 : « La théologie de Plotin. »

Théologique. – **1.** Qui concerne la théologie*, surtout au sens 2. – **2.** *Hist. Chez Comte :* « état théologique », état initial (cf. *États**) de l'esprit humain, caractérisé par la croyance à des « agents surnaturels plus ou moins nombreux dont l'intervention arbitraire explique les anomalies apparentes de la nature » (*Cours*, I) ; l'état théologique comprend trois stades successifs : le *fétichisme*[1], le *polythéisme* et le *monothéisme*.

Théorétique. – *Épist.* **1.** Qui

concerne la théorie[1]. – *Hist.* **2.** *Chez Aristote :* « sciences théorétiques », celles qui ont pour but la spéculation[1] pure (*vg.* mathématiques, physique, métaphysique, *opp.* « sciences poétiques [= créatrices] », telles que poésie, rhétorique, dialectique[2], et « sciences pratiques [= de l'action] », telles que éthique, économie et politique.

Théorie [G. *théôrein*, contempler]. – *Épist.* ○ **1.** (Ctr. : *pratique*[3]). La connaissance spéculative*, la pensée désintéressée : « La théorie a été souvent l'origine de recherches pratiques » (Picard). – ● **2.** Ensemble de conceptions systématiquement[1] organisées sur un sujet déterminé, *not.* dans les sciences expérimentales (syn. : hypothèse[3] générale) : « Nous insisterons sur l'importance des immenses constructions que bâtissent les savants sous le nom de théories » (id.) ; « La théorie électronique » ; « Les théories d'Einstein ».

Théorique. – Spéculatif ☞ *Dist.* abstrait : *théorique* s'opp. à *pratique* ; mais *abstrait* s'opp. à *concret*.

Théosophie. – *Hist.* △ Nom générique des doctrines de certains illuminés (*vg.* Paracelse, Weigel, Bœhme, Swedenborg, Hamann, Saint-Martin, Baader) qui prétendaient communiquer directement avec Dieu et recevoir de lui des pouvoir extraordinaires : « Même Kant et Hegel sont moins exempts de mysticisme et de théosophie qu'ils ne le semblent » (Boutroux).

Thermique (Sens). – *Ps. phol.* Celui qui nous donne les sensations de chaud et celles de froid.

Thermodynamique. – *Épist.* Partie de la Physique[6] qui étudie les rapports entre le travail[1] mécanique et la quantité de chaleur.

Thèse. – **1.** (Sens général). Ce que soutient un philosophe, un écrivain, un orateur. – **2.** *Théol.* (Opp. : *hypothèse*[4]). La doctrine à l'état pur.

– *Hist.* **3.** *Chez Kant* (opp. : *antithèse*[2]) : le premier membre des antinomies*. – **4.** *Chez Fichte :* position du *Moi** par lui-même sans rapport à rien d'étranger. – **5.** *Chez Hegel et Hamelin* (opp. : *antithèse*[2] et *synthèse*[2]) : premier moment de l'opposition dialectique[6] qui se résout dans la synthèse[2].

Thétique. – *Hist.* **1.** *Chez Fichte* (cf. *Thèse*[4]) : qualifie le jugement par lequel une chose est « seulement posée comme identique à elle-même ». – *Lato.* **2.** (Syn. : *positionnel*) : existentiel*, qui pose l'être comme existant, *opp.* à la conscience « non-thétique de soi » (Sartre) qui ne prend pas conscience d'elle-même comme existante.

Théurgie. – *Hist.* « Connaissance des pratiques nécessaires pour faire agir l'influence divine où et quand on veut » (Bréhier), *vg.* chez Jamblique. Cf. *Théosophie**.

Tiers exclu. – Voir *Milieu² exclu*.

Tolérance. – *Mor.* Attitude qui consiste, « non à renoncer à ses convictions ou à s'abstenir de les manifester, mais à s'interdire tous moyens violents, injurieux ou dolosifs pour les propager » (Goblot).

Topologie. – *Épist.* (Syn. : *analysis situs, géométrie de position*). Forme de géométrie fondée sur la notion d'un espace non quantitatif et où l'on ne considère que les relations de position des éléments des figures.

Totalisation. – Voir *Rédintégration**.

Totalitaire. – **1.** Intégral, complet, not. *chez Sartre :* « Une conception totalitaire de l'homme » (*opp.* à la conception analytique « bourgeoise » de l'homme abstrait). – **2.** *Pol.* Qui concerne le totalitarisme* : « Les régimes totalitaires. »

Totalitarisme. – *Pol.* Système politique dans lequel toutes les activités de l'être humain sont soumises à l'État : « Toute activité est politique en puissance, et c'est comme animal politique que l'homme est saisi dans sa totalité sur le plan existentiel » (Carl Schmitt).

Totalité. – *Crit.* **1.** Une des catégories kantiennes : synthèse de l'unité et de la pluralité, elle commande les jugements singuliers*.
– *Vulg.* **2.** L'ensemble : « La totalité des possibles. »

Totem [mot algonquin]. – *Soc.* Être mythique (*gén.* une espèce animale, qqfs. végétale) considéré comme l'ancêtre éponyme du clan et auquel on rend un culte. Selon Durkheim, le *totémisme* serait la forme élémentaire de la religion (thèse discutée).

Toucher. – *Ps. phol.* Le « toucher » comprend : 1. le *tact²* ppt. dit ; 2. le sens *thermique** ; 3. le sens *kinésique** (lui-même complexe) ; 4. le sens *algique**. *Dist.* d'autre part toucher *passif* et toucher *actif*.

Tout (nom). – La totalité² considérée comme ensemble organique⁴ et original : « Un tout n'est pas identique à la somme de ses parties, il est qqc. d'autre et dont les propriétés diffèrent de celles que présentent les parties dont il est composé. » (Durkheim).

Tradition. – *Soc.* Transmission *par la voie sociale* (orale, écrite ou par les actes) des coutumes, institutions, croyances, souvenirs, etc., communs à un groupe : « La tradition est, par excellence, le fait social dans sa réalité positive » (Parodi). ☞ *Dist. hérédité*, transmission par la voie *physiologique*.

Traditionalisme. – ▲ *Vulg.* **1.** Attachement à la tradition*, culte du passé. – △ *Pol.* **2.** Doctrine selon laquelle on doit se fier, en matière politique et religieuse, à la tradition plus qu'à la raison[5] (de Bonald, de Maistre, Bautain).

Transcendance, Transcendant. — *Vulg.* **1.** Supériorité, supérieur à la moyenne : « Un génie transcendant » (Rousseau).

— *Méta.* (Ctr. : *immanent**). **2.** « Une réalité est transcendante *par rapport à une autre* quand elle réunit les deux caractères : 1. de lui être supérieure, d'appartenir à un degré plus élevé dans une hiérarchie ; 2. de ne pouvoir être atteinte à partir de la première par un mouvement continu » (Belot, *in* Lalande, *Vocabulaire*) — **3.** (Transcendance *absolue*). *Chez Kant :* qui est au-delà de toute expérience : « Nous appellerons *immanents* les principes dont l'application se tient dans les bornes de l'expérience possible ; mais *transcendants* ceux qui doivent dépasser ces bornes » (*R. pure*, Dial. introd., I). *Chez Jaspers :* « La Transcendance », Dieu : « Le Transcendant n'est pas dans la conscience, il la dépasse comme qqc. de tout autre : c'est l'Absolu, en opp. avec la finitude, la relativité, l'inachèvement... La Transcendance est au-delà de toute forme » (*Philos.*, I, 50 et III, 39). ☞ Ces termes qui, au sens propre, impliquent toujours une *supériorité* dans l'ordre des valeurs ou de l'être, se sont altérés dans le lang. philosophique contemporain au point : 1. de devenir simplement syn. d'*altérité*, d'*autre* : « Toute application est transcendance » (Bachelard) ; « Par le fait d'*être-là**, l'homme ne peut se connaître comme tel qu'au sein de qqc. qui le dépasse et qu'on peut appeler le monde : le monde est donc un transcendant auquel est lié notre être ; le temps, inhérent à notre existence, nous révèle une autre transcendance, celle du passé et du futur » (Bréhier, exposant Heidegger) ; — 2. de s'*immanentiser* : « La transcendance désigne l'essence du sujet [le *Dasein*[2]], elle est la structure fondamentale de la subjectivité » (Heidegger) ; « Le philosophe aura-t-il la force de transcender la transcendance elle-même et de tomber vaillamment dans l'immanence ? » (Wahl) ; « La transcendance, après avoir été rendue par Hegel horizontale, devient avec l'existentialisme une propriété du sujet. Ainsi l'échec est transformé en triomphe, et le problème en solution » (Alquié) ; — 3. de se fragmenter en *sous-notions* qui les nient : « Une transcendance extra-mentale n'est pas concevable ; au ctr., une transcendance intramentale peut être conçue. A cette transcendance par l'intimité de nous-même, on peut donner le nom d'*intratranscendance*. Elle appelle d'autre part une *extra-transcendance* qui résulte de ce qu'il y aura toujours en Dieu un excès infini par rapport à ce que nous sommes » (Le Senne) ; « Il y a une hiérarchie dirigée vers le bas, celle dont un Lawrence a eu conscience quand il nous présentait au-dessous de nous, dans les bases de l'être, le Dieu inconnu. Il n'y a pas seulement une *transascendance*, il y a une *transdescendance* » (Wahl).

– *Math.* **4.** *Analyse transcendante :* le calcul infinitésimal. *Nombre transcendant :* nombre irrationnel[3] (tel que *e* ou *π*) qui n'est pas la racine d'une équation algébrique à coefficients entiers.

Transcendantal. – *Hist.* **1.** *Chez les Scolastiques :* attribut très général qui dépasse les catégories d'Aristote : « Les termes appelés *Transcendantaux* tels que Être, Chose, Quelque chose » [et qui, selon lui, sont faits d'images confuses] (Spinoza, *Éth.*, II, 40, scolie 1).

– *Crit. Chez Kant :* **2.** Qui concerne les conditions *a priori* de la connaissance : « Je nomme transcendantale toute connaissance qui a affaire non pas tant aux objets que, de façon générale, à nos concepts *a priori* des objets » (*R. pure*, introd., VII) ; « Il ne faut pas nommer transcendantale toute connaissance *a priori*, mais celle-là seule qui nous fait connaître que certaines représentations (intuitions ou concepts) sont appliquées ou possibles exclusivement *a priori* et comment elles le sont » (*ib*, Log., II) ; « Un principe transcendantal est celui qui représente la conditions générale *a priori* sous laquelle seule des choses peuvent devenir objets de notre connaissance » (*Jug.*, introd., V). *Aperception transcendantale :* « cette conscience pure, originaire et immuable » dont l'unité précède toutes les données de l'intuition (*R. pure*, Analyt., I, 2, 2). *Idéalisme transcendantal :* « doctrine d'après laquelle nous regardons les phénomènes[2] dans leur ensemble comme de simples représentations et non comme des choses en soi » (*ib.*, Dial., II, 1, 4). Cf. *Analytique**, *Dialectique*[4], *Esthétique*[1] et *Logique*[5]. – **3.** Qui dépasse les bornes de toute expérience possible : « L'usage des concepts purs de l'entendement ne peut jamais être transcendantal, mais seulement empirique » (*R. pure*, Analyt., II, 3). *Apparence* ou *Illusion* (Schein) *transcendantale :* voir *Dialectique*[4]. *Idées transcendantales :* voir *Idée*[2]. *Objet transcendantal :* la chose en soi (voir *En*[4] soi), *i. e.* « qqc. dont nous ne savons rien et ne pouvons rien savoir », mais qui sert uniquement à « unifier le divers de l'intuition sensible » (*R. pure*, Analyt., II, 3).

Transcendantalisme. – *Hist.* △ Doctrine philosophico-religieuse d'Emerson et de penseurs analogues : « Il faut entendre [par *transcendantalisme*] que toute expérience, si minime qu'elle soit, peut nous conduire à un au-delà qui nous révèle l'Univers... Le transcendantalisme est l'objet d'une foi, non d'une démonstration» (Bréhier).

Transduction. - *Log.* Pseudo-raisonnement qui consiste en un passage direct du singulier au singulier par simple juxtaposition, sans subordination à un concept général.

Transfert. - *Psycho* **1.** *Loi de transfert :* loi selon laquelle la tonalité affective d'une représentation se communique aux autres représentations associées à la première : « La loi de transfert gouverne toute notre vie sentimentale » (Bouglé). - *Ps. an.* **2.** Report sur le psychanalyste des sentiments jadis éprouvés par le sujet à l'égard d'un des personnages de son passé.

Transfini (Nombre). - *Math.* Nombre cardinal qui, dans la théorie des ensembles*, sert à dénombrer les collections infinies (*vg.* des nombres entiers, des nombres pairs). - Voir *Aleph**.

Transformisme. - *Biol.* (Ctr. : *fixisme**). △ Théorie scientifique qui affirme l'évolution[5] des espèces vivantes.

Transitif. - Voir *Immanent*[1].

Transmigration des âmes. - *Hist.* △ Doctrine (*not.* des pythagoriciens) selon laquelle les âmes passent dans différents corps qu'elles animent successivement.

Transrationalisme. - *Hist.* Terme proposé par Cournot pour désigner la « réaction de l'âme contre des habitudes d'abstraction qui la rebutent ».

Transrationnel. - *Crit.* Qui dépasse la raison, sans pourtant la contredire.

Transsexualisme. - *Ps. path.* Sentiment obsédant qu'éprouve un sujet d'appartenir au sexe autre que le sien, avec le désir d'en changer pour vivre conformément à l'image qu'il se fait de lui-même.

Travail. - *Math.* **1.** En Mécanique : produit de l'intensité d'une force[4] par la projection sur sa direction du déplacement subi par son point d'appui.
— *Psycho.* **2.** Type d'action (cf. *Ergétique**) par lequel l'homme agit, selon certaines normes sociales, sur une matière pour la transformer : « Le résultat auquel le travail aboutit, préexiste idéalement dans l'imagination du travailleur » (K. Marx) ; « Les psychologues n'ont pas donné une place suffisante à l'analyse du travail » (Janet). *Éc. soc. Contrat de travail :* « contrat par lequel l'une des deux parties s'engage à faire qqc. pour l'autre moyennant un prix convenu entre elles » (*C. C.*, 1710). *Liberté du travail :* droit qu'a tout individu de travailler dans les conditions qu'il lui plaît d'accepter. *Droit au travail :* droit[5] (revendiqué en 1848) qui oblige l'État à fournir du travail aux individus. *Droit au produit intégral du travail :* droit[5] que le travailleur possède sur la

richesse qu'il a produite sans avoir à subir aucun prélèvement dû à la possession privée des moyens de production.

Tribu. – *Soc.* Groupe de clans* possédant ses institutions propres, qqfs. son culte, et pourvu d'un gouvernement distinct des gouvernés.

Tropes. – *Hist.* Arguments par lesquels les Sceptiques grecs prétendaient montrer l'impossibilité d'atteindre des vérités certaines.

Tropisme. – *Biol.* Phénomène d'orientation sur place d'un être vivant, sous l'action d'un agent physique extérieur : *vg.* géotropisme, phototropisme : « L'idée de tropisme est empruntée à la physiologie végétale » (Guillaume).

Truisme [de l'angl. *true*, vrai]. – *Log.* Vérité banale et trop évidente pour mériter d'être énoncée.

Tsédek [mot hébreu = juste]. *Psycho.* Test de jugement moral inventé par H. Baruk (Ph. I, p. 543).

Tychisme (G. *tychè*, hasard). – △ *Épist.* Doctrine qui affirme l'existence, dans le monde, d'un hasard radical.

Type. – *Méta.* **1.** Modèle idéal d'où dérive un ensemble d'objets : *vg.* l'Idée[1] platonicienne (cf. *Archétype*[1]). ☞ *Dist.* genre[1] *ou* espèce[2] : « Des choses peuvent être de même espèce sans qu'il y ait des motifs d'admettre qu'elles dérivent du même type » (Cournot). – **2.** *Biol, Soc., Psycho.* Loi de structure (cf. *Coordonné*[2]) : « Le type oiseau » ; « Un type racial » ; « Les types de caractère » ; « Les types sociaux » (v. Ph. I, p. 528) ; « Les types moraux » (Rauh). – **3.** *Vulg.* Exemplaire individuel particulièrement représentatif : « Cet homme est le type de l'ambitieux. »

U

Ubiquité [L. *ubique*, partout]. – *Méta.* (Syn. : *omniprésence*). Caractère de l'être qui est partout présent : « L'ubiquité divine. »

Ultra-choses. – *Psycho. Chez Wallon :* objets qui « dépassent les données sensibles », *vg.* les origines, la vie, la mort, le ciel.

Un (L'). – *Hist. Chez Plotin :* l'hypostase* la plus élevée d'où procèdent* les deux autres et qui est le Bien absolu.

Unicité. – Caractère de ce qui est *unique* : « L'unicité de Dieu. »

Unité. – ○ **1.** Caractère de ce qui est *un*, de ce qui forme un tout organique[4] : « L'unité du moi » ; « L'unité sociale ». En ce sens, *Crit.*, une des catégories kantiennes, qui commande les jugements universels[3].
– *Épist.* ● **2.** Élément d'un tout : « Une unité ». *Spéc. Math.* Le nombre 1. – **3.** Base d'un système de mesure : « Les unités M. K. S. A. »

Univers. – **1.** Tout ce qui existe dans le temps et dans l'espace : « L'univers est l'ensemble de tous les êtres créés » (Bonnet) ; « Il y a cette différence entre le monde et l'univers que le monde est infini » (Diderot). – **2.** Le monde visible et qqfs. *spéc.* le monde humain : « Dans ce petit cachot où il [l'homme] se trouve logé, j'entends l'univers... » (Pascal, 72) ; « Voilà les spectacles que Dieu donne à l'univers » (Bossuet). – **3.** Un monde particulier, appréhendé d'un point de vue déterminé : « L'univers de mon imagination » (Staël). Spéc. *Log. Univers du discours :* la Classe[1] totale, ensemble des idées auxquelles on se réfère dans un jugement ou un raisonnement (on le symbolise par le signe $\vee$).

Universaux. – *Hist.* Chez les *Scolastiques* : les idées générales : « Ce que vous alléguez contre les universaux des dialecticiens[2] ne me touche point » (Descartes, *5ᵉˢ Rép.*). Qqfs., les idées *les plus* générales (universaux de Porphyre) : « On compte ordinairement cinq universaux : le genre, l'espèce, la différence, le propre et l'accident » (Descartes, *Princ.*, I, 59).

Universel. – *Vulg.* **1.** Qui concerne l'univers[1] : « Moi qui n'existe que par la force d'une nature universelle » (La Bruyère) ; « L'ordre universel ». – **2.** Qui concerne l'univers[2] et *spéc.* le monde humain : « Les lois universelles de la nature » ; « Un fluide universel, extrêmement subtil [l'éther]... » (Fresnel) ; « Le consentement* universel » ; « Le suffrage universel ».

– *Log. form.* **3.** *Proposition universelle :* celle où le sujet[2] est pris dans toute son extension[3] : *vg.* « Tous les hommes sont mortels ». **4.** Se dit qqfs. des termes : « pris universellement » = dans toute son extension[3]. Imppt., syn. de *général*[2] : « Les concepts universels. »

– *Méta.* **5.** *Chez Hegel :* « universel concret », être réel « dont le concept est la synthèse, à la fois universelle[4], puisqu'il est susceptible d'un nombre indéfini d'applications, et concrète, en tant qu'il est une totalité unique et indivisible » (Lalande) : *vg.* la volonté collective d'un peuple. Cf. Hamelin : « Comment l'*Universel concret* est-il concret ? Il l'est en ce sens et en ce sens seul, qu'il nie toute la série des déterminations dont se compose le fini. Il n'est pas autre chose que la réalité éminente de l'École*, l'être indéterminé de Malebranche, la substance[2] de Spinoza et enfin, comme Hegel nous invite à le dire, l'abîme suprême du Panthéisme oriental. »

Univoque. – *Log.* Qui s'applique avec le même sens dans deux ou plusieurs cas différents : « Le nom de substance n'est pas univoque au regard de Dieu et des créatures » (Descartes, *Princ.*, I, 51).

Urgence. – *Méta. Chez Le Senne :*

« oppression du moi par une situation à la fois constrictive et menaçante » : « L'urgence a pour intimité la souffrance. »

Ustensilité [Trad. all. *Zeughaftigkeit*]. – *Méta. Chez Heidegger :* caractère purement pragmatique de monde dans lequel vit l'être quotidien.

Utilitaire. – *Vulg.* **1.** (Gén. *péj.*). Qui concerne ou considère uniquement la vie pratique[1] ou l'intérêt personnel : « Un esprit bassement utilitaire ».
– *Hist.* **2.** Qui concerne ou professe l'utilitarisme* : « La doctrine utilitaire » ; « Les philosophes utilitaires ».

Utilitarisme [Angl. *Utilitarianism*]. – *Hist.* △ Système de morale qui prend pour principe « l'utile ou le principe du plus grand bonheur » (J. Stuart Mill).

Utopie [G. *ou* et *topos*, qui n'est en aucun lieu]. – **1.** Description d'une société idéale (de l'*Utopia* de Th. Morus, 1516) : « Les utopies sont comme des enveloppes de brume sous lesquelles s'avancent des idées neuves et réalisables » (Ruyer). – **2.** *(Péj.).* Conception irréalisable : « L'égalité absolue est une utopie ». – **3.** *Chez Mannheim :* voir *Idéologie*[4].

V

Valeur. – *Vulg.* **1.** Vaillance, courage physique (cf. « valeureux ») : « La valeur n'attend pas le nombre des années » (Corneille). Étendu ensuite aux autres qualités morales : « Il y a une valeur domestique et privée qui n'est pas moindre que la valeur militaire » (Rollin).
– *Méta.* **2.** ○ Caractère qui fait que certaines choses sont dignes d'estime, *ou :* ● ces choses elles-mêmes : « L'affirmation fondamentale de toute pensée est celle de sa valeur » (Lagneau) ; « Ce qui est *digne d'être recherché* est ce que tout le monde appelle valeur » (Le Senne) ; « L'Être est supérieur aux valeurs et les fonde » (Alquié). *Jugements de valeur* (opp. *jug. de réalité**) : ceux qui énoncent une estimation, une appréciation, ce que les choses valent par rapport à une conscience. *Moi de valeur* (cf. *Moi*[4]) : « Ce moi misérable se dilate jusqu'à se confondre en droit avec l'immensité du moi illimité... Dès lors, au *moi empirique*, au moi de fait, s'oppose le moi *à priori*, le moi de la valeur » (Le Senne).
– Par application de ce sens général : *Mor.* « Nous devons nous servir de l'expérience et de la raison pour distinguer le *bien* d'avec le *mal* et connaître leur juste valeur » (Descartes, *Passions*, 138) ; « Les valeurs morales » ; – *Log.* et *Crit.* « Une fonction[4] propositionnelle est, dans chaque cas particulier, susceptible de deux valeurs, *vrai* et *faux*, et de celles-là seulement » (Couturat) ; « Les logiques à trois valeurs » (cf. Ph. I, p. 372) ; « La valeur de la

connaissance » ; – *Esth.* « Une œuvre d'art a une valeur normale, elle est *belle* quand elle s'adapte à ses fonctions psychiques et sociales... Elle a une valeur négative ou anormale, elle est *laide* quand elle manque à remplir quelqu'une de ces fonctions » (Lalo). ☞ Bien des contresens sont commis auj. à propos de cette notion, comme à propos de celle de *transcendance* à laquelle elle est liée (Ph. II, p. 245). Les principaux sont : 1. de la définir uniquement par l'*affectivité* : vg. « La valeur d'une chose est sa désirabilité » (Ehrenfels) ; Scheler définit la valeur comme un *a priori* (voir *Apriorisme**) émotionnel et compte l'*agréable* et le *désagréable* parmi les valeurs ; or : « L'agréable ne coïncide [même] pas nécessairement avec l'utilité organique » (Gusdorf) ; – 2. de la définir en fonction de l'*individu* : « La valeur est ce qui est recherché en fait par l'individu, ce que nos activités visent spontanément » (Gusdorf) ; or : Une valeur devient d'autant moins valeur qu'elle est plus parfaitement individuelle » (Lalande) ; cf. *Synnomique**) ; – 3. de parler de « valeurs biologiques » : « La notion de valeur doit être comprise dans son sens le plus général... Il faut que soient satisfaits les besoins organiques de nourriture, de boisson... » (Gusdorf), ce qui rabaisse la valeur sur le plan animal : « L'animal aussi constitue son univers en fonction de ses besoins. Mais, chez lui, les valeurs, soudées à l'organisme, demeurent brutes » (id.) ; or : « La notion de valeur est essentiellement spirituelle » (Le Senne).

Éc. pol. **3.** (Valeur d'échange). Celle qui se traduit par le prix. – **4.** (Valeur d'usage). « La valeur des choses est fondée sur leur utilité ou, ce qui revient au même, sur l'usage que nous pouvons en faire » (Condillac). – **5.** (Valeur-travail). « La valeur est du travail humain cristallisé » (K. Marx).

– *Math.* **6.** Expression numérique d'une inconnue ou d'une variable*. *Ext. Log.* 1. expression individuelle[3] d'une variable logique : « Une fonction[1] propositionnelle devient une proposition toutes les fois qu'on y substitue aux variables des valeurs déterminées » (Couturat) ; 2. sens donné à un mot ou à une expression dans le lang. ordinaire : « Connaître la valeur des termes. »

Vanité. – **1.** *Vulg.* Caractère de ce qui est vain, *i. e.* sans importance, sans valeur : « La vanité du monde » (Pascal, 161). – **2.** *Mor.* Sentiment exagéré de la valeur personnelle, qui diffère de l'orgueil* en ce qu'il s'attache surtout aux petites choses et en ce qu'il recherche l'approbation d'autrui : « Curiosité n'est que vanité : on ne veut savoir que pour en parler. » (Pascal, 152).

Variable. − *Math.* et *Log.* Terme qui, dans une fonction[1] mathématique ou dans une fonction[1] propositionnelle *(variable logique)* peut prendre différentes valeurs[6]. Voir *Sujet*[2].

Variations concomitantes (Méthode des). − *Épist.* Une des quatre méthodes expérimentales de J. S. Mill, qui consiste à faire varier quantitativement un phénomène pour voir si celui qu'on suppose en être l'effet (ou la cause) varie corrélativement : « La méthodes des *variations concomitantes*, qu'il faudrait plutôt nommer la méthode des variations liées... » (Renouvier). Cf. Ph. I, pp. 434-435.

Vecteur. − *Math.* Segment orienté, *ou mieux* : synthèse des éléments communs à des segments orientés équipollents[2]. Par *ext.* du sens math., *vection* se prend qqfs. au sens d'orientation, tendance (cf. *Objectivation*[2]).

Végétative (Vie). − *Biol.* (Opp. : *relation*[5]). Ensemble des fonctions[2] vitales communes aux végétaux et aux animaux.

Velléité. − *Psycho.* Volition ébauchée, qui n'aboutit pas à l'acte : « Une volonté imparfaite ou, comme parle l'École*, une velléité » (Bossuet).

Véracité. − Qualité du témoin ou du témoignage qui *dit* vrai. *Véracité divine*, attribut qui fait que Dieu ne peut ni se tromper ni nous tromper : « Chez Descartes, la *vérité* des idées claires et distinctes repose sur la *véracité* divine. »

Verbalisme. − (Péj.) Tendance à se satisfaire de mots creux au lieu d'idées. Cf. *Psittacisme**.

Verbe. − **1.** Parole : « La puissance du verbe. » − **2.** *Théol.* Le Logos*. Spéc., dans la théol. chrétienne, le Fils de Dieu, deuxième personne de la Trinité : « Le Verbe divin, en tant que Raison universelle, renferme dans sa substance les idées primordiales de tous les êtres » (Malebranche, *Entr.*, III, 2).

Véridique. − Qui a de la véracité* : « Un récit véridique. »

Vérifier. − *Épist.* **1.** (En parlant du chercheur). Contrôler la vérité[1] d'une assertion ou d'une hypothèse[3] en la confrontant avec les faits : « L'astronome a confiance dans les principes de sa science, mais cela ne l'empêche pas de les vérifier et de les contrôler par les observations directes » (Cl. Bernard). − **2.** (En parlant des faits). Confirmer : « L'expérience a vérifié l'hypothèse ».

Vérité. − *Crit.* et *Épist.* **1.** ○ Caractère de ce qui est vrai*. ☞ On peut *dist.* : 1. vérité *formelle*[3] : « C'est dans l'accord avec les lois de l'entendement que consiste le formel de la vérité » (Kant, *R. pure*, Dial., introd., 1), et vérité *matérielle*[1] : « Humainement parlant, définissons la vérité : ce qui est énoncé tel qu'il est » (Voltaire) ; « La vérité, de qq. manière qu'on la définisse, implique l'accord du sujet[4] avec l'objet[5] » (Hamelin) ; 2. vérité *mathématique* et vérité *expérimentale* ; 3. vérité *absolue* et vérité *relative* (cf. *Relativité**). – **2.** ● Ce qui est vrai : « Il y a un art pour faire voir la liaison des vérités avec leur principe » (Pascal) ; « Toutes les vérités immuables ne sont que les rapports qui se trouvent entre les idées, dont l'existence est nécessaire et éternelle » (Malebranche, *Entr.*, X, début). *Vérités éternelles :* les vérités de raison, regardées comme immuables et universelles : « Ces vérités éternelles que tout entendement aperçoit toujours les mêmes, sont qqc. de Dieu ou plutôt sont Dieu même » (Bossuet).

– *Méta.* **3.** Qqfs., réalité : « La vérité de la chose [la distinction de l'âme et du corps] » (Descartes, *Méd.*, préf.) ; « On peut douter de la vérité des choses sensibles » (id., *Princ.*, I, 4). ☞ Tous ces divers sens sont réunis dans cette phrase de Bossuet : « De vérité en vérité, vous pouvez aller jusqu'à Dieu, qui est la vérité des vérités, la source de la vérité, la vérité même, où subsistent les vérités que vous appelez éternelles, les vérités immuables et invariables, qui ne peuvent pas ne pas être vérités. »

Vertu. – **1.** *Autref.*, puissance, pouvoir : « La vertu de tout un aimant n'est pas d'autre nature que celle de chacune de ses parties » (Descartes, *Princ.*, IV, 157). *Spéc.*, en parlant des *forces occultes** des Scolastiques : « Façons de parler. Vertu *apéritive* d'une clef, *attractive* d'un croc » (Pascal, 55), et ironiquement : « Voilà des paroles bien puissantes ! Sans doute ont-elles qq. vertu occulte pour chasser l'usure » (id., *Prov.*, 8).

– *Mor.* **2.** Force morale, disposition permanente à faire le bien ou *spéc.* à pratiquer certains devoirs : « Ce que peut la vertu d'un homme ne se doit pas mesurer par ses efforts, mais par son ordinaire » (id., 352) ; « Ils [certains philosophes] confondent les devoirs avec les vertus ou donnent des noms de vertus aux simples devoirs, de sorte que, quoiqu'il n'y ait ppt. qu'une vertu, l'amour de l'Ordre[11], ils en produisent une infinité » (Malebranche, *Traité de Mor.*, I, 2, 4). *Vertus cardinales** : v. ce mot. *Chez Aristote et les Scolastiques* : « vertus intellectuelles », celles qui ont pour objet la connaissance et la contemplation ; « vertus morales », celles qui ont pour objet la conduite ordinaire : « Les vertus morales sont plus nécessaires à la vie humaine, mais les vertus intellectuelles sont plus nobles » (St. Thomas, *S. th.*, I^a II^æ, 66, 3). *Théol. Vertus théologales :* celles qui ont directement Dieu et les fins dernières pour objet (foi, espérance, charité).

– *Pol.* **3.** *Vertu politique :*

«amour des lois et de la patrie..., préférence continuelle de l'intérêt public au sien propre » (Montesquieu, *Lois*, IV, 5).

Vice. – *Lato.* **1.** Défaut : « Le vice d'un raisonnement » ; Un vice d'organisation ; *Jur.* « Un vice de forme ».
— *Str. Mor.* **2.** Disposition permanente à l'immoralité ou à certaines formes d'immoralité : « Le vice, qui nous est naturel, résiste à la grâce surnaturelle » (Pascal, 498) ; « Tous les vices politiques ne sont pas des vices moraux » (Montesquieu, *Lois*, XIX, 11).

Vide. – *Méta.* **1.** Absence de toute matière : « Il ne peut y avoir aucun vide, au sens que les philosophes prennent ce mot » (Descartes, *Princ.*, II, 16). – *Phys.* **2.** Absence de matière pondérable : « Le vide barométrique. »

Vigilance. – *Méta. Chez Heidegger :* attitude de la conscience éveillée (*wach*) au monde : « Nous pouvons définir *moi vigilant* le moi qui réalise continuellement la conscience à l'intérieur de son flux de vécu sous la forme spécifique du *cogito*. »

Virtuel. – *Méta.* (Ctr. : *actuel*[2]). Qui n'existe qu'à l'état de possible, *ou* : qui demeure à l'état implicite : « Ce que vous dites de ces connaissances virtuelles me surprend. – Je suis étonné comment il ne vous est pas venu dans la pensée que nous avons une infinité de connaissances dont nous ne nous apercevons pas » (Leibniz, *N. E.*, I, 1, 5).

Visée. – *Mor.* Orientation générale de la pensée et de la conduite, dont l'*intention*[1] n'est que l'adaptation à une situation déterminée : « La visée est existentiellement la fin[1] de l'intention » (Le Senne).

Vision en Dieu. – △ *Hist. Chez Malebranche :* théorie d'après laquelle l'homme connaît, non seulement les « vérités* éternelles », mais toutes choses, y compris les choses sensibles, par une vue directe des *idées** intelligibles qui constituent l'essence même de Dieu, en tant du moins que ces idées sont « participables » par les créatures.

Vital. – **1.** Qui se rapporte à la vie. *Élan vital :* v. *Élan**. *Sens vital :* autref., syn. de *Cénesthésie**. *Principe vital :* force analogue à l'*âme*[2], mais différente d'elle, différente aussi des phénomènes physico-chimiques, et par laquelle on expliquait les phénomènes de la vie. – **2.** *Laud.* Indispensable à la vie, soit de l'organisme, soit du corps social : « Une nécessité vitale. »

Vitalisme. – △ *Biol.* **1.** (Opp. : *animisme*[2] et *mécanisme*[3]). Théorie biologique (de Barthez, J. Grasset) selon laquelle les phénomènes biologiques s'expliquent par un *principe vital*[1] : « Dans la médecine, la croyance aux causes occultes, qu'on l'appelle vitalisme ou autrement, favorise l'ignorance et entraîne une sorte de charlatanisme involontaire » (Cl. Bernard). – *Méta.* **2.** Doctrine philosophique qui fait de la vie une entité et qui tend à confondre vie et spiritualité : « L'union de la psychologie de l'instinct avec un vitalisme généralisé est l'une des caractéristiques de la philosophie romantique » (René Berthelot) ; « Je ne sais s'il est aisé de tirer au clair la distinction du vitalisme et du matérialisme » (Brunschvicg).

Volition. – *Psycho.* ● Acte de volonté[1] : « Vouloir, c'est agir : la volition est un passage à l'acte » (Ribot).

Volontarisme. – △ *Méta.* **1.** Système philosophique (*vg.* de Schopenhauer) qui fait de la Volonté[4] l'essence même de l'univers. – *Psycho.* **2.** (Opp. : *intellectualisme*[1]) Théorie psychologique selon laquelle l'activité[2] (avec l'affectivité qui s'y rattache étroitement) est plus fondamentale dans la vie psychique que l'intelligence. *Spéc.*, à propos du jugement[1] : théorie selon laquelle l'assentiment relève surtout de l'activité[2] et même de la volonté[1] ppt. dite (cf. Ph. I, p. 273) : « C'est dans et par un acte libre que l'être concret se pose et entre en possession de lui-même : en cela consiste la part de vérité que nous reconnaissons au volontarisme » (Hamelin).

Volonté. – *Psycho. Str.* **1.** ○ Forme réfléchie et pleinement consciente de l'activité[3], qui implique représentation du but et délibération : « La volonté implique le but, puisque vouloir, c'est vouloir qqc. ; elle implique aussi les moyens » (Hamelin). *Qqfs.* ● une volition* particulière : « Pour trop faire ses volontés, l'homme s'empêche lui-même d'être heureux » (Bossuet). *Bonne volonté :* voir *Bonne volonté**. – **2.** ○ *Lato.* L'activité[2] en général : « Nos tendances ne sont que différentes formes d'une tendance unique que l'on a justement nommée la volonté de vivre : nous sommes volonté avant d'être sensation » (Lachelier). *Spéc., chez les Scolastiques,* tendance d'un être vers sa fin : « La volonté de l'homme se porte naturellement d'elle-même vers le bien et vers les choses qui conviennent à sa nature » (St Thomas, *S. th.*, I*ª* II*ᵃᵉ*, 10, 1). Cf. Malebranche : « Ce mouvement naturel et continuel, de l'âme vers le bien en général, vers Dieu, c'est que j'appelle ici *volonté*, parce que c'est ce mouvement qui rend l'âme capable d'aimer différents biens. »

– *Car.* **3.** □ Qualité morale consistant dans l'énergie de la volonté[1] : « Nous avons plus de force que de volonté » (La Rochefoucauld).

– *Hist.* **4.** *a) Chez Schopenhauer :* le vouloir-vivre universel, « poussée aveugle et irrésistible » des êtres, qui constitue l'unique « chose en soi » : « La Volonté est la substance intime, le noyau de toute chose particulière comme de l'ensemble : elle se manifeste dans la force aveugle de la nature et elle se retrouve dans la conduite raisonnée de l'homme » ; – b) *Chez Nietzsche* : « volonté de puissance » (trad. : *Wille zur Macht*), surabondance de force qui s'exprime par le besoin de dominer les autres.

– *Pol.* **5.** *Chez J.-J. Rousseau* : « volonté générale », celle du peuple lorsque : 1. tous ont été consultés ; 2. elle édicte les règles générales, *i. e.* sans acception de personnes ; 3. elle porte sur une question d'inrérêt commun.

Volume social. – *Soc.* Caractère morphologique* des groupes sociaux qui consiste dans le « nombre des unités sociales » (Durkheim) qui en font partie.

Vrai. – *Crit.* **1.** Qui mérite l'assentiment* : « Ne recevoir jamais aucune chose pour vraie que je ne la connusse évidemment être telle » (Descartes, *Méth.*, II) ; « Les choses que nous concevons fort clairement et fort tinctement sont toutes vraies » (*ib.*, IV) ; « Les rapports que nous pouvons affirmer sont qualifiés de *vrais* ou de *faux* selon qu'ils s'accordent ou non avec des lois que nous constatons ou croyons constater, *i. e.* selon que ces lois les impliquent ou les excluent dans les sujets[1] où elles paraissent » (Renouvier) ; « Une géométrie ne peut pas être plus vraie qu'une autre ; elle peut seulement être plus commode » (Poincaré).

– *Méta.* **2.** Réel : « Le vrai est ce qui est ; le faux, ce qui n'est point » (Bossuet) ; « Aucun fait ne saurait se trouver vrai ou existant, sans qu'il y ait une raison[5] suffisante pourquoi... » (Leibniz, *Mon.*, 32).

– *Ext. Vulg.* **3.** Authentique, qui est tel qu'il doit être : « La vraie éloquence se moque de l'éloquence » (Pascal, 4) ; « Le vrai bonheur ». – **4.** Sincère : « Pour les religions, il faut être sincère : vrais païens, vrais juifs, vrais chrétiens » (id., 590) ; « Le premier mérite d'un auteur est d'être vrai » (D'Alembert).

W

Weltanschauung. – *Méta.* Mot allemand [= vision du monde] désignant une conception de l'univers et de la vie : « Une *Weltanschauung* n'est pas encore une philosophie » (Blanché).

Weber (Loi de). – *Ps. phys.* Loi selon laquelle le seuil* différentiel de la sensation dépend de la grandeur de l'excitation première.

Wergeld. – *Soc.* Coutume germanique selon laquelle l'auteur d'un dommage payait une indemnité à la victime ou à ses ayants droit pour se soustraire à la vengeance privée.

Würzbourg (École de). – *Psycho.* École de psychologues allemands qui, vers 1900-1908, chercha, à l'aide de l'introspection* expérimentale, à mettre en lumière ce qui se passe dans l'esprit du sujet[5] au cours d'une opération intellectuelle. Voir Ph. I, pp. 282-283.

Z

Zermelo (Axiome de). – *Épist.* Postulat logique (dit encore *axiome de choix*) qui intervient dans la théorie des ensembles[2] et d'après lequel, dans un ensemble infini de classes[1], on a toujours le droit d'extraire un élément de chacune de celles-ci.

Zététique [G. *zêtein*, chercher]. – *Hist.* **1.** Qualificatif autref. appliqué aux Sceptiques, *spéc.* aux disciples de Pyrrhon. – *Épist.* **2.** Qui concerne ou constitue une recherche. *Analyse zététique :* celle qui consiste à supposer le problème résolu pour trouver la solution.

Index des auteurs cités

(La nationalité n'a été indiquée que pour les auteurs étrangers.)

ADLER Alfred, psychanalyste autrichien, 1870-1937.
AGUESSEAU d', magistrat, 1668-1751.
ALEMBERT J. d', mathématicien et philosophe, 1717-1783.
ALEXANDER S., philosophe anglais, 1859-1938.
ALQUIÉ F., philosophe, 1906-1985.
AMIEL H., écrivain suisse, 1821-1881.
AMPÈRE A.-M., physicien et philosophe, 1775-1836.
ANSELME saint, théologien italien, 1033-1109.
ARISTOTE, philosophe grec, 384-322 avant J.-C.
AUGUSTIN saint, Père de l'Église, 354-430.

BAADER F. X. von, philosophe et mystique allemand, 1768-1841.
BABEUF Gracchus, révolutionnaire, 1760-1797.
BACHELARD G., philosophe, 1884-1962.

BACON Francis, philosophe anglais, 1561-1626.
BAIN A., philosophe anglais, 1818-1903.
BALDWIN J., philosophe américain, 1861-1934.
BARTH Karl, théologien suisse, 1886-1968.
BARTHEZ P. J., médecin, 1734-1806.
BARUK H., psychiatre contemporain.
BAUDOUIN Ch., psychanalyste suisse contemporain.
BAUTAIN abbé L., théologien, 1796-1867.
BAYER R., esthéticien, 1898-1959.
BEAUVOIR Simone de, philosophe, 1908-1986.
BECHTEREV V., physiologiste russe, 1857-1927.
BELOT G., philosophe, 1859-1929.
BENDA J., philosophe, 1867-1956.
BENTHAM J., philosophe anglais, 1748-1832.
BERDIAEV N., philosophe russe, 1874-1948.

INDEX DES AUTEURS CITÉS

Berger G., philosophe, 1896-1960.
Bergson H., philosophe, 1859-1941.
Berkeley G., philosophe anglais, 1685-1753.
Bernard Cl., physiologiste, 1813-1878.
Bersot E., philosophe, 1816-1880.
Berthelot M., chimiste, 1827-1907.
Berthelot R., philosophe, 1872-1960.
Binet A., psychologue, 1857-1911.
Blanché R., philosophe contemporain.
Bleuler E., psychanalyste suisse, 1857-1939.
Bloch Marc, historien, 1886-1944.
Blondel M., philosophe, 1861-1949.
Bœhme J., mystique allemand, 1575-1624.
Bonnet Ch., naturaliste et philosophe, 1720-1793.
Borel É., mathématicien, 1871-1956.
Bossuet J.-B., orateur sacré et philosophe, 1627-1704.
Bouglé C., sociologue, 1878-1940.
Boule M., paléontologiste, 1861-1942.
Bouligand G., mathématicien contemporain.
Bourdaloue L., orateur sacré, 1632-1704.
Bourgeois L., homme politique, 1851-1925.
Bradley F. H., philosophe anglais, 1846-1924.
Bréhier É., philosophe, 1876-1952.
Brissaud E., neurologiste, 1852-1909.
Brochard V., philosophe, 1848-1907.

Broglie L. de, physicien contemporain, 1892.
Brown A. Radcliffe, ethnologue anglais, 1881-1955.
Brunschvicg L., philosophe, 1869-1944.
Büchner L., médecin et philosophe allemand, 1824-1899.
Buffon G., naturaliste, 1707-1788.
Bultmann R., théologien protestant, 1884-1976.
Burloud A., philosophe, 1888-1954.

Camus A., écrivain, 1913-1960.
Cartan É., mathématicien, 1869-1951.
Caullery M., naturaliste, 1868-1958.
Cazeneuve J., philosophe contemporain.
Cicéron, écrivain et philosophe latin, 106-43 av. J.-C.
Claparède E., psychologue suisse, 1873-1940.
Claudel Paul, diplomate et poète, 1868-1954.
Clifford W., philosophe anglais, 1835-1879.
Cohen M., linguiste contemporain.
Comte Auguste, philosophe, 1798-1857.
Condillac É. de, philosophe, 1715-1780.
Condorcet A.-N. de, philosophe, 1743-1794.
Constant B., écrivain, 1767-1830.
Corneille P., 1606-1684.
Cousin V., philosophe, 1792-1867.
Couturat L., logicien, 1868-1914.
Croce B., philosophe italien, 1866-1952.

INDEX DES AUTEURS CITÉS

Darmois G., mathématicien, 1884-1958.
Darwin Ch., naturaliste anglais, 1809-1882.
Davy G., sociologue contemporain.
Delacroix H., psychologue, 1873-1937.
Démocrite, philosophe grec, 460-371 av. J.-C. (?)
Descartes R., mathématicien et philosophe, 1596-1650.
Destutt de Tracy A., philosophe, 1754-1836.
Dewey J., philosophe américain, 1859-1952.
Diderot D., écrivain, 1713-1784.
Dilthey W., philosophe allemand, 1833-1911.
Dufrenne M., philosophe contemporain.
Dumas G., psychologue, 1866-1946.
Dunan Ch., philosophe, 1849-1918.
Dupréel E., philosophe belge.
Durkheim É., sociologue, 1858-1917.
Dwelshauvers G., psychologue, 1866-1936.

Ehrenfels Chr. von, philosophe autrichien, 1859-1932.
Einstein A., physicien américain, d'orig. allemande, 1879-1955.
Eisler R., philosophe allemand, auteur du *Wörterbuch der philosophischen Begriffe* (1901).
Emerson R., philosophe américain, 1803-1882.
Épicure, philosophe grec, 341-270 av. J.-C.
Espinas A., philosophe et sociologue, 1844-1922.
Etcheverry R. P. Aug., philosophe contemporain.
Eucken R., philosophe allemand, 1846-1926.
Eustache de Saint-Paul, philosophe et théologien scolastique, 1573-1640.

Fauconnet P., sociologue, 1874-1938.
Favez-Boutonier Juliette, psychanalyste contemporaine.
Fénelon F. de, écrivain et philosophe, 1651-1715.
Feuerbach L., philosophe allemand, 1804-1872.
Fichte J., philosophe allemand, 1762-1814.
Fléchier E., orateur sacré, 1632-1710.
Fontenelle B. de, écrivain, 1657-1757.
Fouillée A., philosophe, 1838-1912.
France A., écrivain, 1844-1924.
Franck A., philosophe, auteur du *Dictionnaire des Sciences philosophiques*, 1809-1893.
François de Sales saint, prédicateur et écrivain, 1567-1622.
Freud S., psychanalyste autrichien, 1856-1939.
Fustel de Coulanges N., historien, 1830-1889.

Gassendi P., mathématicien et philosophe, 1592-1655.
Genlis Mme de, écrivain, 1746-1830.
Gentile G., philosophe italien, 1875-1944.
Geulincx A., philosophe belge, 1624-1669.

INDEX DES AUTEURS CITÉS

GIDDINGS F.H., sociologue américain, 1855-1931.
GIDE André, écrivain, 1869-1951.
GIDE Charles, économiste, 1847-1932.
GILSON É., philosophe, 1884-1978.
GOBLOT E., logicien, 1858-1935.
GOLDSTEIN K., physiologiste américain, d'orig. allemande, 1878-1965.
GRASSET J., médecin, 1849-1918.
GUITTON J., philosophe contemporain, 1901.
GUSDORF G., philosophe contemporain.
GUYAU J.-M., philosophe, 1854-1888.
GUYON Jeanne, mystique, 1648-1717.

HÆCKEL E., biologiste allemand, 1834-1919.
HAMANN J. G., mystique allemand, 1730-1788.
HAMILTON W., philosophe écossais, 1788-1856.
HARTMANN Ed. von, philosophe allemand, 1842-1906.
HEGEL Fr., philosophe allemand, 1770-1831.
HEIDEGGER M., philosophe allemand, 1889-1976.
HEISENBERG W., physicien allemand contemporain.
HELMHOLTZ H. von, physicien allemand, 1831-1894.
HÉRACLITE, philosophe grec, 576-480 av. J.-C. (?).
HERBART J. F., philosophe allemand, 1776-1841.
HILBERT D., mathématicien allemand, 1862-1943.
HÖFFDING H., philosophe danois, 1843-1931.
HOLBACH P. H. de, écrivain, 1723-1789.
HOUSSAY Fr., biologiste, 1860-1920.
HUBERT R., sociologue, 1885-1954.
HUME D., philosophe anglais, 1711-1776.
HUSSERL E., philosophe allemand, 1859-1938.

JAMBLIQUE, philosophe grec, 283-333.
JAMES W., philosophe américain, 1842-1910.
JANET Pierre, psychologue, 1859-1947.
JANKÉLÉVITCH V., philosophe, 1903-1985.
JAURÈS J., homme politique, 1859-1914.
JUNG C.-G., psychanalyste suisse, 1875-1961.

KANT E., philosophe allemand, 1724-1804.
KIERKEGAARD S., théologien danois, 1813-1855.
KLAGES L., philosophe allemand, 1872-1956.
KRŒBER A.-L., anthropologiste américain, 1876-1960.

LA BRUYÈRE J. de, moraliste, 1645-1696.
LACOMBE P., historien, 1839-1919.
LACORDAIRE H., prédicateur, 1802-1861.
LA FONTAINE J. de, fabuliste, 1621-1695.
LAGACHE D., psychologue, 1903-1972.
LAGNEAU J., philosophe, 1851-1894.
LALANDE A., logicien, 1867-1963,

INDEX DES AUTEURS CITÉS

auteur du *Vocabulaire technique et critique de la Philosophie*, 1867-1963.
LALO Ch., esthéticien, 1877-1953.
LAMARTINE A. de, poète et homme politique, 1790-1869.
LAMENNAIS F. de, philosophe, 1782-1854.
LANGEVIN P., physicien, 1872-1946.
LA ROCHEFOUCAULD F. de, moraliste, 1613-1680.
LASKI H., homme politique anglais, 1893-1950.
LASSALLE F., homme politique allemand, 1825-1864.
LAVELLE L., philosophe, 1883-1951.
LAVERGNE B., économiste contemporain.
LAWRENCE Th. E., aventurier anglais, 1883-1935.
LEENHARDT M., ethnologue, 1887-1954.
LEFEBVRE H., philosophe contemporain, 1901.
LE GALL A., psychologue contemporain.
LEIBNIZ G. W., philosophe allemand, 1646-1716.
LEROUX P., théoricien socialiste, 1797-1871.
LE ROY E., philosophe, 1870-1954.
LE SENNE R., philosophe, 1882-1954
LÉVY-BRUHL Henri, juriste contemporain.
LÉVY-BRUHL Lucien, philosophe, 1857-1939.
LEWIN K., psycho-sociologue américain, 1890-1947.
LIARD L., philosophe, 1846-1917.
LIPPMAN W., publiciste américain, 1889-1974.
LOCKE J., philosophe anglais, 1632-1704.

LOGRE Dr J., psychiatre contemporain.
LUCRÈCE, poète et philosophe latin, 98-55 av. J.-C. (?).

MACH E., physicien et philosophe autrichien, 1838-1916.
MAINE DE BIRAN F. P., philosophe, 1766-1824.
MAIRAN J. J. Dortous de, physicien, 1678-1771.
MAISONNEUVE J., psycho-sociologue contemporain.
MALAPERT P., philosophe, 1862-1937.
MALEBRANCHE N., philosophe, 1638-1715.
MANNHEIM K., sociologue allemand, 1893-1947.
MARC R. P. André, philosophe, 1892-1961.
MARCEL G., philosophe, 1889-1973.
MARCHAL André, économiste contemporain.
MARIE P., psychiatre, 1853-1940.
MARITAIN J., philosophe, 1882-1973.
MARROU H., historien contemporain.
MARX K., théoricien socialiste allemand, 1818-1883.
MAUSS M., sociologue, 1872-1950.
MEILLET A., linguiste, 1866-1936.
MERLEAU-PONTY M., philosophe, 1908-1961.
MEYERSON Émile, chimiste et philosophe, 1859-1933.
MICHEL H., sociologue, 1857-1904.
MILHAUD G., philosophe, 1858-1918.
MILL James, philosophe anglais, 1773-1836.

INDEX DES AUTEURS CITÉS

Mill John Stuart, philosophe anglais, 1806-1873.
Molière, auteur dramatique, 1622-1673.
Molinos M., théologien espagnol, 1640-1696.
Montaigne M. de, moraliste, 1533-1592.
Montesquieu Ch. de, écrivain, 1689-1755.
Musset A. de, poète, 1810-1857.

Nabert J., philosophe, 1881-1960.
Nicole P., moraliste, 1625-1695.
Niel H., philosophe contemporain.
Nietzsche Fr., écrivain allemand, 1844-1900.
Nuttin J., philosophe belge contemporain.

Occam G. d', philosophe anglais, 1270-1347.
Ostwald W., chimiste allemand, 1843-1932.
Otto R., théologien allemand, 1860-1937.

Papy G., mathématicien belge contemporain.
Paracelse Th., médecin suisse, 1493-1541.
Pareto V., sociologue italien, 1848-1923.
Parodi D., philosophe, 1870-1955.
Pascal B., physicien et philosophe, 1623-1662.
Patru O., avocat, 1604-1681.
Paulhan Fr., philosophe, 1856-1931.
Perroux Fr., économiste contemporain, 1903.
Petrement Simone, philosophe contemporaine, 1903.

Philon, philosophe grec, 20-54.
Piaget J., psychologue, 1896-1980.
Picard Ed., mathématicien, 1856-1941.
Piéron H., psychologue, auteur du *Vocabulaire de la psychologie* (1881-1964).
Platon, philosophe grec, 429-347 av. J.-C.
Plotin, philosophe grec, 204-270.
Poincaré H., mathématicien, 1854-1912.
Porphyre, philosophe grec, 233-304.
Pradines M., philosophe, 1874-1958.
Proudhon P. J., théoricien socialiste, 1809-1865.
Pyrrhon, philosophe grec, 360-270 av. J.-C.
Pythagore, philosophe grec, 570-496 av. J.-C. (?).

Quesnay Fr., économiste, 1694-1774.

Rabaud É., biologiste, 1869-1956.
Racine J., 1639-1699.
Ravaisson F., philosophe, 1813-1900.
Raynal G., écrivain, 1713-1796.
Reid Th., philosophe écossais, 1710-1796.
Ribot Th., psychologue, 1839-1916.
Rimbaud A., poète, 1854-1891.
Rolland R., écrivain, 1866-1944.
Rollin Ch., historien, 1661-1741.
Romains J., écrivain, 1885-1972.
Rousseau J.-J., écrivain, 1712-1778.
Roustan D., philosophe, 1873-1941.

INDEX DES AUTEURS CITÉS

Royer-Collard P., philosophe et homme politique, 1763-1845.
Ruyer R., philosophe contemporain, 1902.
Ruysbroek J. de, mystique flamand, 1293-1381.

Sainte-Beuve Ch. A., critique littéraire, 1804-1869.
Saint-Évremond Ch. de, écrivain, 1616-1703.
Saint-Martin L. C., théosophe, 1743-1803.
Saint-Simon H. de, sociologue, 1760-1825.
Saisset É., philosophe, 1814-1863.
Sartre J.-P., philosophe, 1905-1980.
Scheler M., philosophe allemand, 1873-1928.
Schelling F. W., philosophe allemand, 1775-1854.
Schiller F. C. S., philosophe anglais, 1864-1937.
Schiller Fr., écrivain allemand, 1759-1805.
Schmitt Carl, théoricien nazi.
Schuhl P. M., philosophe contemporain.
Schopenhauer A., philosophe allemand, 1788-1860.
Serres A., anatomiste, 1786-1868.
Serrus Ch., logicien, 1886-1946.
Sévigné, Mme de, écrivain, 1626-1696.
Sigaud de Lafond P., auteur d'un *Cours de Physique*, 1769.
Smuts J. C., homme politique sud-africain, 1870-1950.
Sorokin P. A., sociologue américain, 1889-1968.
Sorre Max, géographe, 1880-1962.

Souriau É., esthéticien contemporain.
Spearman, mathématicien anglais.
Spencer H., philosophe anglais, 1820-1903.
Spengler O., philosophe allemand, 1880-1936.
Spinoza B. de, philosophe hollandais, 1632-1677.
Staël Mme de, écrivain, 1766-1817.
Stendhal H., écrivain, 1783-1842.
Stœtzel J., sociologue contemporain, 1910.
Suess E., géologue autrichien, 1831-1914.
Swedenborg E., théosophe suédois, 1688-1772.

Taine H., historien et philosophe, 1828-1893.
Tarde G., sociologue, 1843-1904.
Teilhard de Chardin R. P., paléontologiste et philosophe, 1881-1955.
Théognis, poète gnomique grec, VIe siècle.
Thomas d'Aquin saint, théologien et philosophe italien, 1225-1274.
Tönnies Fr., sociologue allemand, 1855-1936.

Valéry P., écrivain et poète, 1871-1945.
Vandel G., naturaliste contemporain.
Van Helmont J.-B., médecin belge, 1577-1644.
Vauban S. de, ingénieur militaire, 1633-1707.
Vauvenargues L. de, moraliste, 1715-1747.

INDEX DES AUTEURS CITÉS

Vinet A., théologien et écrivain suisse, 1797-1847.
Voltaire F. M., écrivain, 1694-1778.

Wahl J., philosophe, 1888-1974.
Wallon H., psychologue, 1879-1962.
Warren H. C., psychologue américain.
Watson J. B., psycho-physiologiste américain, 1878-1958.

Wehrlé abbé J., théologien et philosophe, 1865-1938.
Whewell W., épistémologue anglais, 1795-1866.
Wundt W., philosophe allemand, 1832-1920.

Xénophane, philosophe grec, VIe siècle av. J.-C.

Zermelo, mathématicien allemand, 1871-1953.

Imprimé en France sur Presse Offset par

BRODARD & TAUPIN
GROUPE CPI

La Flèche (Sarthe).
N° d'imprimeur : 3743 – Dépôt légal Édit. 6008-09/2000
Librairie Générale Française - 43, quai de Grenelle - 75015 Paris.
ISBN : 2 - 253 - 04810 - 0   ⟡ 42/4096/6